会计学原理

(第四版)

刘方池 高 燕 编著

华中科技大学出版社
中国·武汉

内 容 提 要

"会计学原理"是会计学科的入门课程。作为入门课程教材,本书着重介绍会计的基本理论、基本方法和基本操作技能,并以会计基本核算方法为主线展开讲解。第一章至第三章阐述了会计的基本概念及复式记账法的原理;第四章以加工制造企业的资金循环为例展示复式记账法的应用;第五章阐述账户的分类与账户体系;第六章至第九章阐述"凭证→账簿→报表"这一会计循环。

本书严格按照最新企业会计准则进行编写,力求反映会计制度的最新变化,并且叙述通俗易懂,便于学习。本书既可作为高等学校财务会计、经济、金融等专业学生的教材,也可供财会人员培训和自学使用。

图书在版编目(CIP)数据

会计学原理/刘方池,高燕编著. —4 版. —武汉:华中科技大学出版社,2018.7
ISBN 978-7-5680-4234-5

Ⅰ.①会… Ⅱ.①刘… ②高… Ⅲ.①会计学 Ⅳ.①F230

中国版本图书馆 CIP 数据核字(2018)第 140672 号

会计学原理(第四版)　　　　　　　　　　　　　　　　刘方池　高　燕　编著
Kuaijixue Yuanli

策划编辑:钱　坤
责任编辑:包以健　钱　坤
封面设计:杨玉凡
责任校对:张会军
责任监印:周治超

出版发行:华中科技大学出版社(中国·武汉)　　电话:(027)81321913
　　　　　武汉市东湖新技术开发区华工科技园　　邮编:430223
录　　排:华中科技大学惠友文印中心
印　　刷:武汉华工鑫宏印务有限公司
开　　本:710mm×1000mm　1/16
印　　张:16.5
字　　数:320 千字
版　　次:2018 年 7 月第 4 版第 1 次印刷
定　　价:39.80 元

本书若有印装质量问题,请向出版社营销中心调换
全国免费服务热线:400-6679-118　　竭诚为您服务
版权所有　侵权必究

写在前面的闲话

本书的责任编辑是我多年的邻居兼朋友,他对我的评价就是一个字:懒! 为什么这么说呢? 当然来自他对我多年的观察,有一个最直接的观察,与本书有关。当本书的第三版出版三年后,他就对我说,要与时俱进,修订完善吧。我当时的想法很简单,也有点消极,想想粪土当年万户侯,不过如此,自生自灭去吧。读者自有更好的选择。

时间一晃,八年就过去了,编辑告诉我,书,每年都有学校订购,每年都在加印,但又不敢多印,担心压库,劝我修订再版。这次,我也没有动心,修订是个苦活,不想干。但2017年发生的一件小事,打动了我,我必须有所行动。这件小事是这样的:2017年,我为某家银行的客户经理们讲授"财务分析"课程,课堂上有好几位学员说大学的"会计学原理"课程教科书,就是用我写的教材,并说我写的教材通俗易懂,很容易理解。我大受感动,当即决定,修订本书。

修订自己的东西,往往下不了手,这如同对自家孩子下不了手一样。我得找个"狠手"来帮忙。几乎没有犹豫,我第一时间想到好朋友高燕老师,她是位能干的教授,中国注册会计师,身处教学第一线,各种会计资格考试的辅导,都留下她的美名。

会计学原理的基本内容相对稳定,因此,本次的修订,全书的基本结构没有变化,但对某些章节进行了大幅度的修订,将最新的会计准则内容反映到教材里。第二至五章、第八章、第九章由高燕老师编写,其余章节由我完成。我们分别完稿后,交换阅读校对。阅读后的感觉是:本书第四版不会让读者失望。

谢谢您购买本书!

我留下我的邮箱,方便交流学习:LFC875416134582@163.com。

刘方池
2018年4月28日

目 录

第一章 总论 … (1)
第一节 会计的含义 … (1)
一、会计的含义 … (1)
二、会计的产生和发展 … (1)
三、会计的特点 … (3)
第二节 会计的对象 … (4)
第三节 会计的职能 … (5)
一、反映的职能 … (5)
二、监督的职能 … (5)
三、参与经营决策的职能 … (6)
第四节 会计的目的、任务 … (6)
一、会计的目的 … (6)
二、会计的任务 … (7)
第五节 会计的方法 … (8)
一、会计的方法 … (8)
二、会计核算的方法 … (8)
第六节 会计核算的基本假设 … (10)
一、会计主体 … (10)
二、持续经营 … (11)
三、会计期间 … (12)
四、货币计量 … (12)
第七节 会计基础与会计信息质量要求 … (13)
一、会计基础 … (13)
二、会计信息质量要求 … (13)
习题一 … (17)

第二章 会计等式、会计科目与账户 … (21)
第一节 会计等式与经济业务 … (21)
一、会计等式 … (21)
二、经济业务 … (24)

第二节　经济业务对会计等式的影响 …………………………………（25）
第三节　会计科目 ……………………………………………………（30）
　一、设置会计科目的意义和原则 ……………………………………（30）
　二、会计科目的级次 …………………………………………………（34）
第四节　会计账户 ……………………………………………………（35）
　一、账户的概念 ………………………………………………………（35）
　二、账户的结构 ………………………………………………………（36）
　三、账户的记录方法 …………………………………………………（36）
　四、账户的发生额、余额 ……………………………………………（38）
习题二 …………………………………………………………………（40）

第三章　复式记账法 …………………………………………………（47）
第一节　复式记账法 …………………………………………………（47）
第二节　借贷记账法 …………………………………………………（49）
　一、借贷记账法的记账符号——"借"与"贷" …………………（49）
　二、借贷记账法的记账规则 …………………………………………（50）
　三、借贷记账法下的账户设置 ………………………………………（51）
　四、借贷记账法下的试算平衡 ………………………………………（51）
第三节　会计分录及账户的对应关系 ………………………………（54）
第四节　借贷记账法的综合举例 ……………………………………（55）
第五节　总分类账户和明细分类账户 ………………………………（60）
　一、总分类账户和明细分类账户的概念 ……………………………（60）
　二、总分类账户和明细分类账户的关系 ……………………………（61）
　三、总分类账户和明细分类账户平行登记的要点 …………………（61）
　四、总分类账户和明细分类账户平行登记方法举例 ………………（62）
习题三 …………………………………………………………………（65）

第四章　账户和复式记账法的应用 …………………………………（72）
第一节　企业的资金循环 ……………………………………………（72）
第二节　供应过程的核算 ……………………………………………（73）
　一、供应过程核算的主要账户及其应用 ……………………………（73）
　二、材料采购成本的计算 ……………………………………………（78）
第三节　生产过程的核算 ……………………………………………（79）
　一、生产费用概述 ……………………………………………………（79）
　二、生产过程核算应设置的账户 ……………………………………（81）
　三、生产过程的核算举例 ……………………………………………（82）

四、产品生产成本的计算 ……………………………………………… (89)
　第四节　销售过程的核算 ……………………………………………… (91)
　　一、销售过程核算所需设置的账户 …………………………………… (92)
　　二、销售过程基本经济业务的核算举例 ……………………………… (92)
　第五节　财务成果及其分配的核算 …………………………………… (96)
　　一、财务成果及其分配核算的任务 …………………………………… (96)
　　二、核算财务成果及其分配所需设置的账户 ………………………… (97)
　　三、财务成果及其分配的核算举例 …………………………………… (99)
　第六节　其他经济业务的核算 ………………………………………… (105)
　　一、资金筹集业务的核算 ……………………………………………… (105)
　　二、对外投资业务的核算 ……………………………………………… (106)
　第七节　权责发生制与期末账项调整 ………………………………… (107)
　　一、权责发生制与收付实现制的差异比较 …………………………… (108)
　　二、权责发生制下的期末账项调整 …………………………………… (111)
　习题四 …………………………………………………………………… (113)

第五章　账户的分类 ……………………………………………………… (120)
　第一节　账户按经济内容分类 ………………………………………… (120)
　　一、资产类账户 ………………………………………………………… (121)
　　二、负债类账户 ………………………………………………………… (121)
　　三、所有者权益类账户 ………………………………………………… (121)
　　四、成本类账户 ………………………………………………………… (121)
　　五、损益类账户 ………………………………………………………… (121)
　　六、利润类账户 ………………………………………………………… (122)
　第二节　账户按与会计报表的关系分类 ……………………………… (123)
　　一、资产负债表账户 …………………………………………………… (124)
　　二、利润表账户 ………………………………………………………… (124)
　第三节　账户按用途和结构的分类 …………………………………… (125)
　　一、盘存账户 …………………………………………………………… (125)
　　二、结算账户 …………………………………………………………… (126)
　　三、所有者投资账户 …………………………………………………… (129)
　　四、集合分配账户 ……………………………………………………… (130)
　　五、跨期摊配账户 ……………………………………………………… (130)
　　六、成本计算账户 ……………………………………………………… (130)
　　七、收入账户 …………………………………………………………… (131)

八、费用账户 …………………………………………………… (132)
　　九、财务成果账户 ………………………………………………… (132)
　　十、调整账户 ……………………………………………………… (133)
习题五 ……………………………………………………………………… (136)

第六章　会计凭证 …………………………………………………… (139)
第一节　填制和审核会计凭证的意义和会计凭证的种类 ………… (139)
　　一、填制和审核会计凭证的意义 ………………………………… (139)
　　二、会计凭证的种类 ……………………………………………… (140)
第二节　原始凭证的填制和审核 …………………………………… (149)
　　一、原始凭证的基本内容 ………………………………………… (149)
　　二、原始凭证的填制 ……………………………………………… (149)
　　三、原始凭证的审核 ……………………………………………… (150)
第三节　记账凭证的填制和审核 …………………………………… (151)
　　一、记账凭证的基本内容 ………………………………………… (151)
　　二、记账凭证的填制 ……………………………………………… (151)
　　三、记账凭证的填制要求 ………………………………………… (153)
　　四、记账凭证的审核 ……………………………………………… (154)
第四节　会计凭证的传递和保管 …………………………………… (155)
　　一、会计凭证的传递 ……………………………………………… (155)
　　二、会计凭证的保管 ……………………………………………… (155)
习题六 ……………………………………………………………………… (156)

第七章　会计账簿 …………………………………………………… (160)
第一节　账簿的意义和种类 ………………………………………… (160)
　　一、会计账簿的意义 ……………………………………………… (160)
　　二、账簿的种类 …………………………………………………… (161)
第二节　账簿的设置和登记 ………………………………………… (163)
　　一、日记账的设置 ………………………………………………… (163)
　　二、总分类账和明细分类账 ……………………………………… (165)
第三节　账簿的登记和使用的规则 ………………………………… (168)
　　一、会计账簿的启用规则 ………………………………………… (168)
　　二、会计账簿的登记规则 ………………………………………… (169)
　　三、账簿记录错误的更正方法 …………………………………… (170)
第四节　对账和结账 ………………………………………………… (172)
　　一、对账 …………………………………………………………… (172)

二、结账 …………………………………………………………… (173)
　习题七 ………………………………………………………………… (175)
第八章　财产清查 ……………………………………………………… (179)
　第一节　财产清查的作用和种类 …………………………………… (179)
　　一、财产清查的作用 ……………………………………………… (179)
　　二、财产清查的种类 ……………………………………………… (180)
　　三、财产物资的盘存制度 ………………………………………… (181)
　第二节　财产清查的方法 …………………………………………… (182)
　　一、财产清查的准备工作 ………………………………………… (182)
　　二、财产清查的方法 ……………………………………………… (182)
　第三节　财产清查结果的处理 ……………………………………… (186)
　　一、财产清查结果的处理工作 …………………………………… (186)
　　二、流动资产盘盈、盘亏的账务处理 …………………………… (188)
　　三、固定资产盘盈、盘亏的账务处理 …………………………… (190)
　习题八 ………………………………………………………………… (192)
第九章　会计报表 ……………………………………………………… (196)
　第一节　会计报表的作用及其编制要求 …………………………… (196)
　　一、会计报表的作用 ……………………………………………… (196)
　　二、编制会计报表的基本要求 …………………………………… (197)
　第二节　会计报表的种类及其编制程序 …………………………… (199)
　　一、会计报表的种类 ……………………………………………… (199)
　　二、会计报表的编制程序 ………………………………………… (201)
　第三节　资产负债表 ………………………………………………… (203)
　　一、资产负债表的概念及其作用 ………………………………… (203)
　　二、资产负债表的结构 …………………………………………… (204)
　　三、资产负债表的编制方法 ……………………………………… (206)
　第四节　利润表 ……………………………………………………… (212)
　　一、利润表的概念及其作用 ……………………………………… (212)
　　二、利润表的组成要素 …………………………………………… (213)
　　三、利润表的格式 ………………………………………………… (213)
　　四、利润表的编制方法 …………………………………………… (216)
　　五、所有者权益变动表 …………………………………………… (218)
　第五节　现金流量表 ………………………………………………… (222)
　　一、现金流量表的编制基础 ……………………………………… (223)

二、现金流量表的结构 ……………………………………………………（223）
三、现金流量表的编制方法 ………………………………………………（227）
第六节 会计报表的分析 ………………………………………………………（231）
一、会计报表分析的内容 …………………………………………………（231）
二、会计报表分析的方法 …………………………………………………（231）
习题九 ……………………………………………………………………………（240）
参考答案 ……………………………………………………………………………（247）

第一章 总 论

第一节 会计的含义

一、会计的含义

会计是以货币为主要计量手段,借助专门方法和程序,综合反映和监督经济活动的一种管理活动,也是经济管理的重要组成部分,其目的是为了提高经济效益。在企业,会计主要反映企业的财务状况、经营成果和现金流量,并对企业经营活动和财务收支进行监督。

会计是社会生产实践活动的产物。传统的会计以货币为主要计量手段,对单位的经济业务进行全面的、连续的、系统的记录,进行计算、分析和检查,并定期以财务报表的形式向会计信息的使用者提供反映单位财务状况和经营成果的信息。随着经济的发展,会计除了反映和监督外,还通过预测、决策、计划、控制和分析,参与经营决策,谋求经济效益的提高。特别是现代科学技术的进步,新兴学科的出现,为传统会计注入了新的活力,会计的职能、作用也随之扩充,在经济管理方面的作用日益显著。长期的实践证明,经济愈发展,会计愈重要。加强会计工作,对于加强经济管理,搞好对外开放和我国社会主义现代化建设具有十分重要的意义。

二、会计的产生和发展

如同产品的需求导致产品的供应那样,会计的产生,也是某种需求作用下的产物。这种需求就是人类的生产实践活动。但是会计的产生是社会生产活动发展到一定阶段的产物。会计原来从属于生产职能,人们只是在生产活动之外,附带抽出一部分时间把生产的耗费和劳动成果以及它们发生的日期等记载下来。后来随着生产的发展,它逐渐从生产职能中分离出来,成为独立的、特殊的、由专门人员从事的职能,这一职能保留至今,即会计的核算职能。

会计在我国有悠久的历史，远在原始社会末期，即有"结绳记事"、"刻契记数"等原始计算与记录的方法，这是会计的萌芽阶段。到了西周（约公元前11世纪—前771年）有了"会计"的命名和较为严格的会计机构，并开始把会计提高到管理社会经济的地位上来认识，由此"会计"的意义也随之明确。到唐宋两代，我国创建了"四柱结算法"。所谓四柱，即"旧管＋新收－开除＝实在"，相当于现时会计术语的"期初结存＋本期收入－本期支出＝期末结存"。通过"旧管＋新收－开除＝实在"的平衡公式进行结账，为我国曾通行一时的收付记账法奠定了基础。一直到清代，"四柱结算"已成为系统反映封建王朝经济活动或私家经济活动全过程的科学方法，成为中式会计方法的精髓。

明末清初，商业和手工业趋向繁荣，适应这一环境，出现了以四柱为基础的"龙门账"，用以计算盈亏。它把全部账目划分为"进"（各项收入）、"缴"（各项支出）、"存"（各项资产及债权）、"该"（资本及各项负债）四大类，运用"进－缴＝存－该"的平衡公式来计算盈亏，分别编制"进缴表"（利润表）和"存该表"（资产负债表）。在两类上计算得出的盈亏数应当相等，称为"合龙门"，以此钩稽全部账目的正误，现代会计的利润表与资产负债表仍然保持这一钩稽关系。清代，随着商品货币经济进一步发展，又出现了"四脚账"。在这种方法下，一切账项，无论是现金出纳、商品购销、内外往来等，都要在账簿上记录两笔，既登记"来账"，又登记"去账"，以反映同一账项的来龙去脉，这具有鲜明的复式记账特征。"龙门账"和"四脚账"都是我国固有的复式记账法。

会计在国外的历史也很悠久。早在规模小的原始印度公社时期，已经出现一个记账员，负责登记农业账目，登记和记录与此有关的一切事项。在奴隶社会和封建社会时期，由于商品经济不发达，当时的会计主要是政府部门用来记录、计算和考核钱物出纳等财政收支。从13世纪到15世纪，地中海沿岸某些城市的商业和手工业兴旺发达，经济繁荣，产生了科学的复式记账法。1494年意大利数学家卢卡·帕乔利的《算术、几何及比例概要》一书在威尼斯出版发行，对借贷复式记账法做了系统的介绍，并介绍了以日记账、分录账和总账三种账簿为基础的会计制度，以后相继传至世界各国，为现代会计的发展奠定了基础。卢卡·帕乔利也因此被誉为现代会计的奠基人。

在我国，借贷记账法是清朝后期引入的。中华人民共和国成立以后，国家根据不同时期经济发展的要求，制定了一系列按照所有制性质和企业经营方式划分的企业会计制度，并于1985年公布了《中华人民共和国会计法》，成为我国第一部会计大法。随着经济体制改革的深入进行，为了适应社会主义市场经济的发展和扩大对外开放的需要，我国对原有财务会计制度做了进一步改进，于1992年11月公布了《企业财务通则》和《企业会计准则》，并于1993年7月1日起执行。这是适应我国社会主义市场经济的需要，适应政府机关转变职能和企业转换经营机制的需要;也是适应对外开放,与国际惯例接轨的需要。2000年12月29日,财政部颁布《企业会计制度》,并定于2001年1月1日起实施。该制度是根据我国《会计法》和《企业财务会计报告条例》制定的,适用于除不对外筹集资金、经营规模较小的企业,以及金融保险企业以外的所有企业。《企业会计制度》的颁布实施是推进我国会计制度改革进程、完善企业会计核算制度、统一企业会计核算标准、提高企业会计信息质量的又一重大举措。

为适应我国市场经济发展和经济全球化的需要,按照立足国情、国际趋同、涵盖广泛、独立实施的原则,财政部对1992年颁布的《企业会计准则》进行了系统性的修改,并制定了一系列新的准则,于2006年2月15日,发布了包括《企业会计准则——基本准则》和38项具体准则在内的企业会计准则体系,2006年10月30日,财政部又发布了企业会计准则应用指南,从而实现了我国会计准则与国际财务报告准则的实质性趋同。随着经济业务的发展,尤其是金融工具的复杂化和金融工具的大量采用,以及企业收入确认的复杂化,同时,也顺应国际会计准则的修订,2006年的部分准则如收入准则得到了修订,同时新发布了关于公允价值、合营安排等内容的会计准则共4项。可以说,我国现行会计准则与国际会计准则的差别不大了。

三、会计的特点

会计的特点,是指会计作为一种管理活动所具有的个性。这些个性,可从上述会计的发生和发展过程中归纳如下。

(一)会计以货币为主要计量单位

原始的会计计量只是简单地用实物数量和劳动量度对经营活动和财务收支进行计算和记录。随着社会生产的日益发展,会计便从简单的计量记录,逐步地发展成为以货币为计量单位来综合反映和监督经济活动的过程。因为要将所有财产物资和劳动消耗的总括指标按自然度量单位来汇总是难以进行的,因而必须利用价值形式间接地进行计算,从而取得计量单位统一的总括价值指标,使经济核算成为可能。从这个角度讲,金钱是万能的。据此也可推知,作为经济管理组成部分的会计,其进行的管理是价值管理。

(二)会计对经济活动要进行完整、连续、系统而综合的计算和记录

会计核算的基本特点之一,是通过统一的货币量度对经济活动进行综合,借以求得反映经济活动过程和结果的各种总括的价值指标。此外,会计核算的记录还必须是完整的、连续的、系统的。所谓完整,是指对属于会计对象的全部经济活

动都必须加以记录,不允许有所遗漏。所谓连续,是指对各种经济活动应按其发生的时间顺序不间断地进行记录,即我们通常所说的"流水"。所谓系统,是指对各种经济活动既要进行相互联系的记录,又要进行必要的分类。只有这样,才便于全面地反映和监督经济活动的过程和结果,考核经济活动的效益。

(三)会计以凭证为主要依据

会计核算工作是有凭有据的,不可以无中生有,每项经济业务的完成都以会计凭证的形式进行如实记录、反映。会计账簿的登记是以凭证为依据的,费用成本的计算、经济成果的计算都是以一系列凭证为依据的。

第二节 会计的对象

会计的对象是指会计核算和监督的内容,即会计的客体。

会计工作总是在一个企业、行政、事业单位等经济组织里进行的。但是,企业是营利组织,而行政、事业单位是非营利组织,虽然都是运用会计管理经济活动的基本环节,但由于其所承担的任务不同,业务性质不一样,因而会计的具体对象也不一样。对于企业来说,不同行业,会计的具体对象也不完全一样。明确会计对象,对于确定会计任务,特别是对研究和运用会计方法具有重要作用。

马克思关于会计是"对过程的控制和观念的总结"的论述,明确指出"过程"是会计反映和监督的内容。这是对会计对象最一般、最概括的表述。这里所说的"过程",指的是社会再生产过程,由生产、分配、交换和消费四个相互关联的环节所构成。尽管各企业、行政事业单位的工作性质和任务有所不同,但是它们的活动却不同程度地与社会再生产过程相关,都是社会再生产过程的组成部分。

在商品经济发达、价值规律发挥作用的条件下,为了对再生产过程的经济活动和经营成果进行有效的管理,商品生产者和经营者广泛地利用着各种价值形式——资金、成本、利润、价格等进行核算管理。因此,再生产过程不仅表现为物资的运动——使用价值的生产和交换,也表现为价值的运动——价值的形成、实现和分配。会计对社会再生产过程的反映和监督,仅限于社会再生产过程中能以货币表现的经济活动,即社会再生产过程中的资金运动,这就是会计的一般对象;社会再生产过程的社会总资金的运动,是在宏观经济领域中进行的,是社会会计的对象;社会再生产过程中的个别资金运动,是在各个企业、行政事业单位进行的,构成了各个企业、行政事业单位的会计对象。

资金运动具体表现为资金的投入、耗费、分配、收回(包括补偿与增值)以及退出等形式,第四章将以加工制造企业的资金运动为例,展示复式记账法的应用。

第三节 会计的职能

会计的职能是指会计工作应该具有的作用,它伴随着会计的产生而产生,也伴随着会计的发展而不断扩充。马克思曾指出:会计是对"生产过程的控制和观念总结"。以此为依据,形成会计的两项基本职能——反映和监督。而随着会计在经济管理中的作用与日俱增,会计的决策职能日渐突出和加强,参与经营决策也就成了现代会计的新职能。因此,会计的职能归结为三项:反映、监督、参与经营决策。

一、反映的职能

会计的反映职能主要指会计以货币为主要计量单位,对企业资金运动进行连续、系统、全面、综合的反映,为各类报表使用者提供信息。会计的这种功能在会计产生的时候就已经客观地存在了。尽管社会进步了,经济发展了,生产过程日趋复杂,经济活动愈益丰富,但会计的反映职能仍然不变。道理很简单,人们要管理经济,首先得把握事实、了解情况,而这一切离不开会计的反映职能。

会计的反映,并不是简单的机械反映,而是一种能动的反映。经济活动错综复杂,在生产、交换、分配、消费的过程中发生的事实千千万万,纷繁众多,如果事无巨细,不分轻重,都逐一地计量、记录,势必不胜其烦;而得到的信息,浩如烟海,反而重点不突出,不利于管理。因此,人们经过长期实践经验的积累,发挥主观能动性,掌握了有选择地进行反映的方法。如逐日重复发生的耗费,不是每天予以登记,而是一月累计登记一次,或一年累计登记一次。

传统上的反映,是面向过去的经济事实,现代会计意义上的反映,不仅局限于对过去经济事实的反映,也反映未来的经济活动,会计分析和预测可以看作是反映功能活动范围的扩充、对传统意义上反映功能的突破。

二、监督的职能

会计的监督职能主要是对资金运动的控制,监督经济活动按照有关的法规和计划进行。

企业发生的各项经济活动,总要花钱用物,并因此被记入账簿。会计在反映这些事实时,同时审查它们是否符合法令、制度、规定和计划,从而全面、完整地监督每一项经济活动。国家颁布的会计准则及各种财经法规,各单位制定的各种会计规章制度,都是为了更好地实现会计监督。只有按照一定的经济目标对经济活动实行严格的控制,才能真正达到管理的目的。会计本身就是由于人们有了控制经济活动的要求而产生的,而且随着社会生产的发展,会计对经济活动的监督愈显重要。

会计监督是在会计反映各项经济活动的同时进行的,包括事前、事中和事后监督。事前监督,是指会计部门在参与编制各项计划和费用预算时,依据有关政策、法令和制度,对各项经济活动的可行性、合理性和合法性的审查,是对未来经济活动的指导。事中监督,是指在日常会计工作中,对已发现的问题提出建议,促使有关部门采取措施,调整经济活动,使其按照规定的目标和要求进行。事后监督,是指以事先制定的目标、标准和要求为准绳,通过分析会计资料,对已进行的经济活动的合理性、合法性和有效性进行考核和评价。

三、参与经营决策的职能

会计参与经营决策的职能,是在反映和监督两项基本职能基础上的一种新的发展。在现代社会中,小到股民入市,大到国家宏观调控,都面临着决策问题:是干还是不干;是这样干有利,还是那样干有利。决策成功,则可能会绝处逢生,"柳暗花明又一村";决策失败,则往往造成"一失足成千古恨"的局面。因此,决策的成败,是关系生死存亡之大事,大意不得,现代企业的经营管理都必须力求保证经营决策的正确性。要保证经营决策的正确性,必须对经济情况进行全面、及时的预测,而进行经济预测又离不开会计,因此会计又产生了一种新的职能,通过对经济前景的预测和分析未来,参与经营决策。随着社会生产的进一步发展和科学技术的进步,会计参与经营决策的职能也会越来越重要,并将成为会计在经济管理中更直接更有效的职能。

会计的三种职能是相辅相成的,反映是基本的、首要的,没有反映,也就无从监督,参与经营决策更是一句空话。但是,从人的目的来看,改变世界比认识世界更重要,监督经济活动、参与经营决策比反映更接近人的最终目的,因而更有现实意义。

第四节　会计的目的、任务

一、会计的目的

会计的目的,有时也称为会计的目标,通常是指会计资料的使用者对会计的总体要求,是会计活动应达到的境地或标准。会计的目的决定着会计工作的导向,决定着会计工作的程序、方法体系和会计工作的组织,因此是会计理论工作者和实际工作者十分重视的一个重大问题。

会计的目的,取决于信息使用者的要求,也受制于会计的对象和职能。但会计作为一种提供信息的服务活动,其基本目的不变,即为投资者、债权人等会计信息的使用者提供在经济决策中有用的财务会计信息。由于在会计信息使用者的界定上,不同国家和地区会有所不同,因而这一基本目的在具体实施时可能有所差别。在我国,实施的是社会主义市场经济体系,国家宏观经济管理对会计的要求高于其他国家,国家也是会计信息的主要使用者。有鉴于此,我们可将会计的目的总结为:为会计信息使用者提供信息,会计信息应当符合国家宏观经济管理的要求,满足有关各方了解企业财务状况和经营成果的需要,满足企业加强内部经营管理的需要。

二、会计的任务

会计的任务,是根据会计的职能和作用而规定会计应该完成的工作。它取决于会计反映和监督的对象,以及经济管理的目的和要求。作为经济管理重要组成部分的会计,在各企业、行政事业等单位的具体任务不尽相同,但其基本任务是相同的。概括起来主要有以下几个方面。

(一)正确及时地记录和反映经济活动情况,为经济管理工作提供系统的经济信息

任何一个企业、行政事业单位,为了做好经济管理工作,必须对本企业、本单位的经济活动情况做到胸中有数。企业、行政事业单位的经济活动,经济管理工作中的成绩和问题,都会直接或间接地在资金运动中表现出来,而企业、行政事业单位的资金运动,又正是会计的反映对象。因此,会计工作就应当利用本身特有的职能,全面系统地记录和反映企业、行政事业单位的经济活动情况,及时地为有关部门提供管理所必需的数据资料和相关信息,揭示经济管理中存在的问题及其产生的原因,促使其改进经营管理,提高经济效益,达到预期的目标。

(二)监督企业、行政事业等单位的各种经济活动,贯彻执行国家有关财务、计划管理方面的方针、政策、计划、法令、制度,维护财经纪律

正如无规矩不成方圆一样,一切单位进行的经济活动都必须符合某种"规矩"才行,这些"规矩"大都以各种财经方针、政策、法令、制度、工作准则的形式体现。会计在反映经济活动提供会计信息的同时,还应以有关的财经法规和制度为依

据，对经济活动的合规性、合法性实行必要的监督，充分发挥会计监督作用。

会计监督的主要内容包括：监督各项财产收发、转移、保管、使用和报废是否按规定的程序和制度执行；监督各项资金的使用是否按照计划、预算办事，是否节约、合理、高效；监督各项收入是否遵守计划、预算，是否合理、合法；监督成本和盈亏的计算是否真实正确，有无伪造凭证、账目、报表，篡改会计数据等弄虚作假行为。对于违反财经法规、制度的行为，应及时予以制止和揭露。

（三）充分利用会计信息资料及其他有关资料，参与经营决策

随着我国社会主义市场经济体制的确立和市场经济的发展，各企业单位都成了自主经营、自负盈亏的独立体，自主调度企业的资金。在这一转变过程中，会计工作也必须做出相应的改革，以适应时代的变迁，改变过去只是对经济活动和财务收支进行事后反映和监督的被动做法，更加积极主动地参与管理，在掌握历史资料的基础上，根据管理要求，借鉴其他学科发展的成就，对经济前景做出预测，为经营决策提供有用的信息，从而使会计工作在规划和指导未来经济活动中发挥更大的作用。

第五节　会计的方法

一、会计的方法

会计方法是指反映和监督会计对象，完成会计任务的手段。会计方法包括会计核算方法、会计分析方法、会计检查方法、会计控制方法和会计预测决策方法等。会计核算方法是会计的基本环节，会计的其他方法都是在会计核算的基础上，利用会计核算资料进行的。本节的会计方法，只讲会计核算方法，本书的大部分内容也正是围绕会计核算方法展开的，会计的其他方法将在本书后面的章节以及其他相关课程中，结合具体业务讲述。

二、会计核算的方法

会计核算方法是对会计对象（即会计要素，或体现为各种各样的经济业务）进行完整、连续和系统的记录和计算，为经营管理、决策提供必要的财务信息所应用的方法。一般包括设置账户、复式记账、填制凭证、登记账簿、成本计算、财产清查和编制会计报表等方法。各方法的具体内容如下。

(一)设置账户

设置账户是对会计对象的具体内容进行分类、反映和监督的一种专门方法。它可以对会计对象复杂多样的具体内容进行科学的分类和记录,以便取得各种核算指标,并随时加以分析、检查和监督。

(二)复式记账

复式记账作为一种记账方法,其特点是对每一项经济业务都要以相等的金额,同时记入两个或两个以上的有关账户。

任何一项经济业务都会引起资金的增减变动或财务收支的变动,如:以银行存款购买原材料,一方面引起原材料的增加,另一方面引起银行存款的减少;以现金支付费用,一方面引起费用的增加,另一方面引起现金的减少。采用复式记账,就可以全面地、相互联系地反映资金增减变化和财务收支变化的情况,掌握经济业务内容的来龙去脉。而且,采用复式记账,对所有经济业务都能进行试算平衡,可以检查有关业务的记录是否正确。

(三)填制凭证

填制会计凭证是为了保证会计记录完整、真实和可靠,审查经济活动是否合理、合法而采用的一种专门方法,这是保证会计信息真实而采用的必不可少的手段。会计凭证是经济业务的书面证明,是登记账簿的依据。对每一项经济业务填制会计凭证,并加以审核,可以保证会计核算的质量,并明确经济责任。

(四)登记账簿

账簿是用来全面、连续、系统地记录各项经济业务的簿籍,是保存会计数据资料的重要工具。登记账簿就是将发生的经济业务,序时、分类地记入有关账簿。登记账簿的依据是审核无误的会计凭证。账簿要定期进行对账、结账,为编制会计报表提供完整而又系统的会计数据。

(五)成本计算

成本计算是指在生产经营过程中,按照一定对象归集和分配发生的各种费用支出以确定该对象的总成本和单位成本的一种专门方法。通过成本计算,可以确定材料的采购成本、产品的生产成本和销售成本,考核成本计划的完成情况,发现成本节约或超支的原因所在,对于挖掘潜力、促进成本的降低具有重要作用。

(六)财产清查

财产清查是指通过盘点实物、核对账目,确保账实相符的一种方法。借助财产清查,可以查明各项财产物资和货币资金的保管和使用情况,以及往来款项的结算情况,监督财产物资和资金的安全与合理使用。在清查中如发现财产和货币资金的实有数与账面结存数不一致,应及时查明原因,通过一定审批手续进行处理,并调整账簿记录,使账存数与实有数保持一致,为会计报表的编制提供正确的资料。

(七)编制会计报表

会计报表是根据账簿记录定期编制的,总括反映企业和行政事业单位一定时期(月、季、年)财务状况和经营成果的书面文件。从某种意义上讲,会计报表是会计核算的最终产品。会计报表提供的资料,不仅是分析考核财务计划和预算执行情况及编制下期财务计划和预算的重要依据,也是企业外部关系人(如股东、投资者、税务部门等)了解企业、获取信息的重要资料。

上述各种会计核算的专门方法是相互联系、密切配合的,它们共同构成了一个完整的方法体系。在会计核算方法体系中,就其主要工作程序来说,就是三个环节,即填制凭证、登记账簿、编制会计报表。在一个会计期间内所发生的经济业务,都要按顺序经过这三个环节进行会计处理,将大量分散的经济数据转换为会计信息。这个转换过程,从分析经济业务开始到会计报表的编制,就是循着上述程序逐步进行的,周而复始,形成会计循环。其基本内容就是:经济业务发生后,经办人员要填制或取得原始凭证,经会计人员审核整理后,按照设置的会计科目,运用复式记账法编制记账凭证,并据此登记账簿;对于生产经营过程中发生的各项费用,要进行成本核算;对于账簿记录,要通过财产清查加以核实,在保证账实相符的基础上,定期编制会计报表。

第六节 会计核算的基本假设

会计核算的基本假设是指为了保证会计核算工作的正常进行和对会计信息的衡量,对会计领域里某些无法正面加以论证的事物,根据客观、正常的情况和趋势所做的合理界定。

会计核算的基本假设有四个,包括会计主体、持续经营、会计期间和货币计量,分述如下。

一、会计主体

会计主体,是指从事经济活动,并要对其进行核算的一个特定单位。会计主体的弹性很大,凡具有经济业务的任何特定的独立实体,都可以也需要进行独立核算,在会计上就可以成为一个会计主体。因此,小到一个个体工商户,大到由若干家企业通过控股关系组织起来的公司都可以成为一个会计主体。

提出会计主体假设,是为了明确会计核算工作的空间范围。一个会计主体的经济业务不仅要和其他会计主体的经济业务严格区分开来,而且要与所有者的个人经济行为划分清楚。换言之,会计所反映的只是某一特定会计主体的经济业务,而非其他特定会计主体的经济业务,更不能和其所有者个人的财务相混杂。例如:企业作为一个会计主体,对外销售商品时(不涉及税金),一方面形成一笔收入,同时增加一笔资产或者减少一笔负债;采购材料时,一方面导致现金减少、存货增加,或者债务增加、存货增加。

会计主体不同于法律主体。一般来说,法律主体必然是一个会计主体。例如,一个企业作为一个法律主体,应当建立财务会计系统,独立反映其财务状况、经营成果和现金流量。但是,会计主体不一定是法律主体。例如,在企业集团的情况下,一个母公司拥有若干子公司,母子公司虽然是不同的法律主体,但是母公司对于子公司拥有控制权,为了全面反映企业集团的财务状况、经营成果和现金流量,就有必要将企业集团作为一个会计主体,编制合并财务报表。又如,由企业管理的证券投资基金、企业年金基金等,尽管不属于法律主体,但属于会计主体,应当对每项基金进行会计确认、计量和报告。

我国《企业会计准则——基本准则》第五条对会计主体假设的陈述是:企业应当对其本身发生的交易或者事项进行会计确认、计量和报告。

二、持续经营

所谓持续经营,是指会计核算应以企业既定的经营方针、目标和持续、正常的生产经营活动为前提。换言之,会计主体在可以预见的未来将不会面临破产清算,它所持有的资产,将按预定的目的在正常的经营过程中被耗用、出售或转让;它所承担的债务,也将如期偿还。

企业是否持续经营,在会计原则、会计方法的选择上有很大差别。例如,在一般情况下,企业的固定资产可以在一个较长的时期发挥作用,如果可以判断企业会持续经营就可以假定企业的固定资产会在持续进行的生产经营过程中长期发挥作用,并服务于生产经营过程,固定资产就可以根据历史成本进行记录,并采用折旧的方法,将历史成本分摊到各个会计期间或相关产品的成本中。如果判断企业不会持续经营,固定资产就不应采用历史成本来进行记录并按期计提折旧。

需要注意的是:任何企业都存在破产、清算的风险,如果可以判断企业不会持续经营,就应当改变会计核算的原则和方法,并在企业财务会计报告中作相应披露。

我国《企业会计准则——基本准则》第六条对持续经营假设的陈述是：企业会计确认、计量和报告应当以持续经营为前提。

三、会计期间

持续经营假设，通俗地说，是假设会计主体的寿命无限，但这一假设为评价企业的财务状况和总结其经营成果带来了麻烦。因为一个会计主体经营是否成功，最精确的度量方法莫过于把会计主体从经营起点到终点或最后清算为止的整个期间的经营业务累计起来，而持续经营假设使这一累计变为不可能。为了充分发挥财务会计管理的积极作用，必须人为地把企业持续不断的生产经营活动划分为一个个首尾相接的时间片段，以作为考核生产经营活动或预算执行情况的起讫日期，这一起讫日期所跨越的时期，称为会计期间。

有了会计期间这个假定，才产生了本期与非本期的区别，才产生了收付实现制与权责发生制的区别，才使不同类型的会计主体有了记账的基准，进而出现了应收、应付、预提、待摊等会计处理方法。只有正确地划分了会计期间，才能提供反映企业经营成果和财务状况的会计资料，才能进行会计期间的信息对比。

我国《企业会计准则——基本准则》第七条对会计期间假设的陈述是：企业应当划分会计期间，分期结算账目和编制财务会计报告。会计期间分为年度和中期。中期是指短于一个完整的会计年度的报告期间。

四、货币计量

货币计量假设是指对所有会计的对象采用同一种货币作为统一尺度来进行计量，并把企业经营活动和财务状况的数据转化为按统一货币单位反映的会计信息。换言之，会计所反映的，只限于那些能够用货币来计量的企业经济活动及其结果。

我国《企业会计准则——基本准则》第八条对货币计量假设的规定是：企业会计应当以货币计量。

以货币作为统一计量单位，还隐含着这样一个假定：假定货币是一个恒定不变的尺度，即币值稳定，因而可用它去度量不同时间的各种会计要素，并将不同时间的货币直接相加减。但实际上货币本身的价值是有可能变动的，同样一个货币单位，在不同时点上会表现出不同的购买力。按国际惯例，当货币本身的价值波动不大，或前后波动能相抵消时，会计核算中可以不考虑这些波动，仍认为币值是稳定的；但在发生恶性通货膨胀时，就需要采用特殊的会计处理方法（物价变动会计方法）来处理有关的会计事项。

第七节　会计基础与会计信息质量要求

一、会计基础

我国《企业会计准则——基本准则》第九条对会计基础的规定是：企业应当以权责发生制为基础进行会计确认、计量和报告。

权责发生制基础要求，凡是当期已经实现的收入和已经发生或应当负担的费用，无论款项是否收付，都应当作为当期的收入和费用，记入利润表；凡是不属于当期的收入和费用，即使款项已在当期收付，也不应当作为当期的收入和费用。

在实务中，企业交易或者事项的发生时间与相关货币收支时间有时并不完全一致。例如，款项已经收到，但销售并未实现；或者款项已经支付，但并不是为本期生产经营活动而发生的。为了更加真实、公允地反映特定会计期间的财务状况和经营成果，基本准则明确规定，企业会计应当以权责发生制为基础。

二、会计信息质量要求

会计信息质量要求是对企业财务报告中所提供会计信息质量的基本要求，是使财务报告中所提供会计信息对投资者等使用者决策有用应具备的基本特征，它主要包括可靠性、相关性、可理解性、可比性、实质重于形式、重要性、谨慎性和及时性这八项要求。

（一）可靠性

我国《企业会计准则——基本准则》第十二条对可靠性要求的规定是：企业应当以实际发生的交易或者事项为依据进行会计确认、计量和报告，如实反映符合确认和计量要求的各项会计要素及其他相关信息，保证会计信息真实可靠、内容完整。

会计信息要有用，必须以可靠为基础。如果财务报告所提供的会计信息是不可靠的，则会给投资者等使用者的决策产生误导甚至损失。为了贯彻可靠性要求，企业应当做到以下两点。

第一，以实际发生的交易或者事项为依据进行确认和计量，将符合会计要素定义及其确认条件的资产、负债、所有者权益、收入、费用和利润等如实反映在财务报表中，不得根据虚构的、没有发生的或者尚未发生的交易或者事项进行确认、计量和报告。

第二,在符合重要性和成本效益原则的前提下,保证会计信息的完整性,其中包括应当编报的报表及其附注内容等应当保持完整,不能随意遗漏或者减少应予披露的信息,与使用者决策相关的有用信息都应当充分披露。

(二)相关性

我国《企业会计准则——基本准则》第十三条对相关性要求的规定是:企业提供的会计信息应当与财务会计报告使用者的经济决策需要相关,有助于财务会计报告使用者对企业过去、现在的情况做出评价或者对未来的情况做出预测。

会计信息是否有用,是否有价值,关键是看其与使用者的决策需要是否相关,是否有助于使用者决策或者提高决策水平。相关的会计信息应当能够有助于使用者评价企业过去的决策,证实或者修正过去的有关预测,因而具有反馈价值。相关的会计信息还应当具有预测价值,有助于使用者根据财务报告所提供的会计信息预测企业未来的财务状况、经营成果和现金流量。例如区分收入和利得、费用和损失,区分流动资产和非流动资产、流动负债和非流动负债以及适度引入公允价值等,都可以提高会计信息的预测价值,进而提升会计信息的相关性。

会计信息质量的相关性要求,需要企业在确认、计量和报告会计信息的过程中,充分考虑使用者的决策模式和信息需要。但是,相关性是以可靠性为基础的,两者之间并不矛盾,不应将两者对立起来。也就是说,会计信息在可靠性前提下,尽可能地做到相关性,以满足财务报告使用者的决策需要。

(三)可理解性

我国《企业会计准则——基本准则》第十四条对可理解性要求的规定是:企业提供的会计信息应当清晰明了,便于财务会计报告使用者理解和使用。

企业编制财务报告、提供会计信息的目的在于使用,而要使使用者有效使用会计信息,应当能让其了解会计信息的内涵,弄懂会计信息的内容,这就要求财务报告所提供的会计信息应当清晰明了,易于理解。只有这样,才能提高会计信息的有用性,实现财务报告的目标,满足向投资者等财务报告使用者提供对决策有用信息的要求。

会计信息毕竟是一种专业性较强的信息产品,在强调会计信息的可理解性要求的同时,还应假定使用者具有一定的有关企业经营活动和会计方面的知识,并且愿意付出努力去研究这些信息。对于某些复杂的信息,如交易本身较为复杂或者会计处理较为复杂,但与使用者的经济决策相关的信息,企业就应当在财务报告中予以充分披露。

（四）可比性

我国《企业会计准则——基本准则》第十五条对可比性要求的规定是：企业提供的会计信息应当具有可比性。同一企业不同时期发生的相同或者相似的交易或者事项，应当采用一致的会计政策，不得随意变更。确需变更的，应当在附注中说明。不同企业发生的相同或者相似的交易或者事项，应当采用规定的会计政策，确保会计信息口径一致、相互可比。

可比性的要求主要包括以下两层含义。

第一，同一企业不同时期可比。为了便于投资者等财务报告使用者了解企业财务状况、经营成果和现金流量的变化趋势，比较企业在不同时期的财务报告信息，全面、客观地评价过去、预测未来，从而做出决策，会计信息质量的可比性要求同一企业在不同时期发生的相同或者相似的交易或者事项，应当采用一致的会计政策，不得随意变更。但是，满足会计信息可比性要求，并非表明企业不得变更会计政策，如果按照规定或者在会计政策变更后可以提供更可靠、更相关的会计信息的，可以变更会计政策，并将有关会计政策变更的情况在附注中予以说明。

第二，不同企业相同会计期间可比。为了便于投资者等财务报告使用者评价不同企业的财务状况、经营成果和现金流量及其变动情况，会计信息质量的可比性要求不同企业同一会计期间发生的相同或者相似的交易或者事项，应当采用规定的会计政策，确保会计信息口径一致、相互可比，以使不同企业按照一致的确认、计量和报告要求提供有关会计信息。

（五）实质重于形式

我国《企业会计准则——基本准则》第十六条对实质重于形式要求的规定是：企业应当按照交易或者事项的经济实质进行会计确认、计量和报告，不应仅以交易或者事项的法律形式为依据。

企业发生的交易或者事项在多数情况下，其经济实质和法律形式是一致的。但在有些情况下，会出现不一致。例如，以融资租赁方式租入的资产，虽然从法律形式来讲企业对其并不拥有所有权，但是由于租赁合同中规定的租赁期相当长，接近于该资产的使用寿命；租赁期结束时承租企业有优先购买该资产的选择权；在租赁期内承租企业有权支配资产并从中收益等，因此，从其经济实质来看，企业能够控制融资租入资产所创造的未来经济利益，在会计确认、计量和报告上就应当将以融资租赁方式租入的资产视为企业的资产，列入企业的资产负债表。

又如，企业按照销售合同销售商品但又签订了售后回购协议，虽然从法律形式上实现了收入，但如果企业没有将商品所有权上的主要风险和报酬转移给购货方，没有满足收入确认的各项条件，即使签订了商品销售合同或者已将商品交付给购货方，也不应当确认销售收入。

（六）重要性

我国《企业会计准则——基本准则》第十七条对重要性要求的规定是：企业提供的会计信息应当反映与企业财务状况、经营成果和现金流量等有关的所有重要交易或者事项。

在实务中，如果会计信息的省略或者错报会影响投资者等财务报告使用者据此做出决策的，则该信息就具有重要性。重要性的应用需要依赖职业判断，企业应当根据其所处环境和实际情况，从项目的性质和金额大小两方面加以判断。

例如，我国上市公司要求对外提供季度财务报告，考虑到季度财务报告披露的时间较短，从成本效益原则的考虑，季度财务报告没有必要像年度财务报告那样披露详细的附注信息。因此，中期财务报告准则规定，公司季度财务报告附注应当以年初至本中期末为基础编制，披露自上年度资产负债表公布日之后发生的，有助于理解企业财务状况、经营成果和现金流量变化情况的重要交易或者事项。这种附注披露，就体现了会计信息质量的重要性要求。

（七）谨慎性

我国《企业会计准则——基本准则》第十八条对谨慎性要求的规定是：企业对交易或者事项进行会计确认、计量和报告应当保持应有的谨慎，不应高估资产或者收益、低估负债或者费用。

在市场经济环境下，企业的生产经营活动面临着许多风险和不确定性，如应收款项的可收回性、固定资产的使用寿命、无形资产的使用寿命、售出存货可能发生的退货或者返修等。会计信息质量的谨慎性要求，需要企业在面临不确定性因素的情况下做出职业判断时，应当保持应有的谨慎，充分估计到各种风险和损失，既不高估资产或者收益，也不低估负债或者费用。例如，要求企业对可能发生的资产减值损失计提资产减值准备、对售出商品可能发生的保修义务等确认预计负债等，就体现了会计信息质量的谨慎性要求。

谨慎性的应用也不允许企业设置秘密准备，如果企业故意低估资产或者收益，或者故意高估负债或者费用，则不符合会计信息的可靠性和相关性要求，损害会计信息质量，扭曲企业实际的财务状况和经营成果，从而对使用者的决策产生误导。这是会计准则所不允许的。

（八）及时性

我国《企业会计准则——基本准则》第十九条对及时性要求的规定是：企业对于已经发生的交易或者事项，应当及时进行会计确认、计量和报告，不得提前或者延后。

会计信息的价值在于帮助所有者或者其他方面做出经济决策,具有时效性。即使是可靠、相关的会计信息,如果不及时提供,就失去了时效性,对于使用者的效用就大大降低,甚至不再具有实际意义。在会计确认、计量和报告过程中贯彻及时性,一是要求及时收集会计信息,即在经济交易或者事项发生后,及时收集整理各种原始单据或者凭证;二是要求及时处理会计信息,即按照会计准则的规定,及时对经济交易或者事项进行确认或者计量,并编制财务报告;三是要求及时传递会计信息,即按照国家规定的有关时限,及时地将编制的财务报告传递给财务报告使用者,便于其及时使用和决策。

在实务中,为了及时提供会计信息,可能需要在有关交易或者事项的信息全部获得之前即进行会计处理,这样就满足了会计信息的及时性要求,但这样做可能会影响会计信息的可靠性;反之,如果企业等到获得与交易或者事项有关的全部信息之后再进行会计处理,这样的信息披露可能会由于时效性问题,对于投资者等财务报告使用者决策的有用性将大大降低。这就需要在及时性和可靠性之间作相应权衡,以最好地满足投资者等财务报告使用者的经济决策需要为判断标准。

习 题 一

一、单项选择题

1. 会计核算中,主要采用的计量手段是( )。
   A. 实物量度   B. 货币量度   C. 劳动量度   D. 时间量度
2. 会计核算应当按照规定的会计政策进行,会计信息应当口径一致是指的( )。
   A. 可比性   B. 权责发生制   C. 重要性   D. 相关性
3. 处理企业不确定的经济业务时,应采用不会导致夸大资产、虚增利润的方法,这符合( )的要求。
   A. 客观性   B. 权责发生制   C. 谨慎性   D. 有用性
4. 持续经营和会计分期假设明确了会计核算的( )。
   A. 空间范围   B. 时间范围   C. 核算程序   D. 计量方法
5. 在会计核算的基本假设中,界定会计工作和会计信息的空间范围的是( )假设。
   A. 会计主体   B. 持续经营   C. 货币计量   D. 会计期间
6. 导致权责发生制的产生,以及摊销、折旧等会计处理方法的运用的基本前提和核算原则是( )。

A. 会计主体　　　　B. 持续经营　　　　C. 会计期间　　　　D. 货币计量

7. 将证券投资基金作为核算主体,与基金管理公司的核算区别开来的规定,体现了(　　)。

A. 会计主体不同于法律主体

B. 重要的会计事项要单独核算和披露

C. 会计事项的经济实质重于法律形式

D. 持续经营条件下不应改变核算原则和方法

8. 2007年1月1日开始实施的企业会计准则提出了八条会计信息质量要求,其中不包括(　　)。

A. 及时性　　　　B. 重要性　　　　C. 可理解性　　　　D. 权责发生制

9. 会计核算中将融资租入的固定资产视为企业资产反映了(　　)要求。

A. 实质重于形式　　B. 客观性　　　　C. 相关性　　　　D. 权责发生制

10. 发生在当月的经济业务应该在当月进行相应的账务处理,体现了(　　)要求。

A. 重要性　　　　B. 可理解性　　　　C. 及时性　　　　D. 可靠性

二、多项选择题

1. 会计的两大基本职能是(　　)。

A. 反映　　　　B. 预测　　　　C. 监督　　　　D. 决策

2. 会计核算的基本假设包括(　　)。

A. 会计主体　　　　B. 持续经营　　　　C. 会计期间　　　　D. 货币计量

3. 会计核算具有(　　)。

A. 连续性　　　　B. 系统性　　　　C. 真实性　　　　D. 完整性

4. 我国的会计期间中,称为会计中期的是(　　)。

A. 月度　　　　B. 季度　　　　C. 年度　　　　D. 半年度

5. 根据《企业会计准则——基本准则》的规定,企业可比性会计信息质量要求的含义是(　　)。

A. 不同的企业可能处于不同行业、不同地区,经济业务发生于不同时点,为了保证会计信息能够满足决策的需要,应当采用规定的会计政策和会计处理方法,确保会计信息口径一致

B. 同一企业不同时期发生的相同或者相似的交易或者事项,应当采用一致的会计政策,不得变更

C. 同一企业不同时期发生的相同或者相似的交易或者事项,应当采用一致的会计政策,可以随意变更

D. 同一企业不同时期发生的相同或者相似的交易或者事项,应当采用一致的会计政策,不得随意变更

6.友谊公司经营活动往来中发生相关业务,以下(　　)不属于友谊公司应该核算的内容。
   A.四海公司向友谊公司提供甲原材料 4 000 公斤,价值 2 000 元
   B.友谊公司的大股东纵横公司销售 M 型设备 50 台,价值 30 万元
   C.友谊公司偿还银行借款 75 000 元
   D.友谊公司的客户红光公司向银行贷款 10 万元

7.属于会计核算方法的有(　　)。
   A.设置账户　　　　　　　　B.填制和审核凭证
   C.登记账簿　　　　　　　　D.编制会计报表

8.会计方法包括(　　)。
   A.会计核算方法　　　　　　B.会计分析方法
   C.会计检查方法　　　　　　D.会计控制方法

9.根据权责发生制,应记入本期收入和费用的有(　　)。
   A.本期实现的收入,尚未收款　　B.本期实现的收入,已收款
   C.属于本期的费用,尚未付款　　D.属于以后各期的费用,已付款

10.下列各项中,体现会计核算的谨慎性要求的有(　　)。
   A.将融资租入固定资产视为自有资产核算
   B.对固定资产计提折旧
   C.对固定资产计提减值准备
   D.对存货计提跌价准备

三、判断题

1.会计核算只能采用货币计量进行反映和监督。　　　　　　　　(　　)
2.我国境内的企业一律以人民币为记账本位币。　　　　　　　　(　　)
3.重要性是指会计处理方法和程序不能改变。　　　　　　　　　(　　)
4.会计主体一般也是法律主体。　　　　　　　　　　　　　　　(　　)
5.会计主要以货币计量进行监督,不必进行实物监督。　　　　　(　　)
6.凡是会计主体都应进行独立核算。　　　　　　　　　　　　　(　　)
7.会计核算工作以会计分录为主要依据。　　　　　　　　　　　(　　)
8.会计的一般对象是资金运动。　　　　　　　　　　　　　　　(　　)
9.某一会计事项是否具有重要性,在很大程度上取决于会计人员的职业判断。对于同一会计事项,在某一企业具有重要性,在另一企业则不一定具有重要性。　　　　　　　　　　　　　　　　　　　　　　　　　　　(　　)
10.会计方法就是指的会计核算方法。　　　　　　　　　　　　(　　)

四、填空题

1.在现实经济活动中,常用的计量尺度有多种,会计以_____作为主要计

量单位。

2. 可靠性要求企业应当以实际发生的交易或者事项为依据进行会计确认、计量和报告,如实反映符合确认和计量要求的各项会计要素及其他相关信息,保证会计信息_____。

3. 实质重于形式要求的规定是:企业应当按照交易或者事项的_____进行会计确认、计量和报告,不应仅以交易或者事项的法律形式为依据。

4. 根据_____要求,企业提供的会计信息应当清晰明了,便于财务会计报告使用者理解和使用。

5. 根据_____要求,企业对于已经发生的交易或者事项,应当及时进行会计确认、计量和报告,不得提前或者延后。

6. 会计是以货币为主要计量单位,借助专门方法和程序,综合反映和监督经济活动过程的一种管理活动,也是经济管理的重要组成部分,其目的是为了_____。

7. 对于那些对企业的经济活动或者会计信息的使用者相对重要的会计事项,企业应分别核算,单独反映,力求准确,并在会计报告中作重点说明,这就是会计信息质量要求的_____。

8. _____是会计核算的最终产品。

9. 复式记账的特点是对每一项经济业务都要以相等的金额,同时记入_____的有关账户。

10. 会计的三种职能中,_____是最基本的和最首要的。

五、实训题

某企业20×8年9月发生下列经济业务:

(1) 销售产品收到现款120元。

(2) 销售产品120元,购买单位A交来现款50元,余款暂欠。

(3) 收到购买单位A前欠货款120元。

(4) 收到购买单位B预交货款120元。

(5) 收到C单位交来9—12月份仓库租金120元。

(6) 本月已销售产品的生产成本100元。

(7) 本月应交所得税100元,尚未交纳。

(8) 本月交纳上月所欠办公电话费100元。

(9) 本月财产保险费100元,已交50元,余款暂欠。

(10) 支付管理部门10—12月份报纸订阅费100元。

要求:按权责发生制和收付实现制分别确认该企业20×8年9月的收入、费用和利润。

第二章 会计等式、会计科目与账户

第一节 会计等式与经济业务

一、会计等式

(一)企业的资产

俗话说:巧妇难为无米之炊。一个企业也是如此,它要能开展正常的生产经营活动,也必须具备其下锅之"米"——会计上称之为资产的经济资源。

我国《企业会计准则——基本准则》第二十条对资产所下的定义是:资产是指企业过去的交易或者事项形成的、由企业拥有或者控制的、预期会给企业带来经济利益的资源。资产按其流动性的大小,通常分为以下几个部分。

(1)流动资产。指可以在一年以内或长于一年的一个营业周期以内变现或耗用的资产。如库存现金及银行存款、交易性金融资产、应收及预付款项、存货等。

(2)长期投资。指不准备在一年以内变现或收回的投资。如对外的长期股权投资、企业有明确的意图和有能力持有至到期的各种债权投资等。

(3)固定资产。指使用年限较长、价值较高,并在使用过程中保持原来物质形态的资产。如房屋及其他建筑物、机器设备等。

(4)无形资产。指企业长期使用而没有实物形态的资产。如专利权、商标权、著作权、场地使用权等。

(5)长期待摊费用。指不能全部记入当年损益,应当在以后年度内摊销的各项费用。如开办费、经营租入的固定资产的改良支出等。

(6)其他资产。指不属于以上各项的资产。

(二)企业的负债

企业的资产,如同水之有源一样,也一定有其来源。企业资产的来源,不外乎有两个途径:一是企业以"借"的名义向企业的债权人筹集而得;二是企业向自己的股东筹集，即由股东出资。会计上把第一个资金来源称之为负债，把第二个资金来源称为所有者权益。其书面的定义和包括的内容如下。

按我国《企业会计准则——基本准则》第二十三条的规定，负债是指企业过去的交易或者事项形成的、预期会导致经济利益流出企业的现时义务。

按偿还时间的长短，负债通常分为流动负债和长期负债两种。

流动负债。指将于一年（含一年）或者超过一年的一个营业周期内偿还的债务。如短期借款、应付票据、应付账款、预收账款、应付职工薪酬、应交税费、应付利润、其他应付款、预提费用等。

长期负债。指偿还期在一年或超过一年的一个营业周期以上的债务，包括长期借款、应付债券等。

（三）所有者权益

按我国《企业会计准则——基本准则》第二十六条的规定，所有者权益是指企业资产扣除负债后由所有者享有的剩余权益。公司的所有者权益又称为股东权益。

所有者权益的来源包括所有者投入的资本、直接记入所有者权益的利得和损失、留存收益等，通常由实收资本（或股本）、资本公积（含资本溢价或股本溢价，其他资本公积）、盈余公积和未分配利润构成。

所有者投入的资本是指所有者投入企业的资本部分，它既包括构成企业注册资本或者股本部分的金额，也包括投入资本超过注册资本或者股本部分的金额，即资本溢价或者股本溢价，这部分投入资本在我国企业会计准则体系中被记入了资本公积，并在资产负债表中的资本公积项目下反映。

直接记入所有者权益的利得和损失，是指不应记入当期损益、会导致所有者权益发生增减变动的、与所有者投入资本或者向所有者分配利润无关的利得或者损失。其中，利得是指由企业非日常活动所形成的、会导致所有者权益增加的、与所有者投入资本无关的经济利益的流入。损失是指由企业非日常活动所发生的、会导致所有者权益减少的、与向所有者分配利润无关的经济利益的流出。

留存收益是企业历年实现的净利润留存于企业的部分，主要包括累计计提的盈余公积和未分配利润。

（四）会计等式

在任一时日，企业持有多少资产，换一个侧面看，也就有多少资产的来源（会计统称为权益，即对资产的要求权），两者在金额上既不会前者高于后者，也不会后者高于前者，而是永远保持恒等的关系，即：

$$资产 = 权益 = 负债 + 所有者权益$$

再次强调,上述会计等式之所以能够成立,并永远保持其平衡的关系,是因为资产与权益分别从两个方面反映了同一经济资源。即一方面是归企业所持有的或能够支配的各项资产,另一方面是回答企业的这些资产从何而来。资产与权益的这种相互依存关系,决定了资产总额必然等于权益总额。

会计等式"资产=负债+所有者权益"是从静态角度,对企业在某一特定时日的财务状况所做的描述,是企业资金运动的静态表现。这一会计等式也被称为会计静态方程式或财务状况方程式,它是会计中设置账户、复式记账和编制会计报表的理论依据。

企业持有资产,当然不是为了让其处于"静态",而是要让其"运转"起来,为企业带来"增值"。在资金不断运转的过程中,企业会不断地取得收入,而为了取得这些收入,企业也要不断地耗费各种资产,形成为取得收入而发生的各种费用。从企业的角度看,它当然希望收入在补偿各种费用耗费后还有盈利。资金运转中的收入、费用、利润三要素的关系体现为:

$$利润=收入-费用$$

这里必须指出的是,按会计准则的要求,利润公式应为:利润=收入-费用+直接记入当期利润的利得-直接记入当期利润的损失。其中收入减去费用后的净额反映的是企业日常活动的业绩,而这里的直接记入当期利润的利得和损失指的是非日常活动中发生的应当记入当期损益、最终会引起所有者权益发生增减变动的、与所有者投入资本或者向所有者分配利润无关的利得或者损失。此处为了教学需要,略去非日常活动中的利得和损失,更有助于理解会计平衡。

各要素的定义及包括的内容如下。

收入。按我国《企业会计准则——基本准则》第三十条的规定,收入是指企业在日常活动中形成的、会导致所有者权益增加的、与所有者投入资本无关的经济利益的总流入。它包括主营业务收入和其他业务收入。销售退回、销售折让和销售折扣,应作为营业收入的抵减项目。

费用。按我国《企业会计准则——基本准则》第三十三条的规定,费用是指企业在日常活动中发生的、会导致所有者权益减少的、与向所有者分配利润无关的经济利益的总流出。包括为生产产品和提供劳务所发生的直接费用和间接费用。

利润。按我国《企业会计准则——基本准则》第三十七条的规定,利润是指企业在一定会计期间的经营成果。它包括营业利润、利润总额和净利润三个层次。其中营业利润是营业活动中的收入减各种成本费用及流转税后的差额。利润总额是在营业利润的基础上加营业外收支净额构成的。在利润总额的基础上减去所得税后为净利润。营业外收支净额是指与企业生产经营无直接关系的收入和支出的差额。

会计等式"利润=收入-费用"是资金运动的动态表现,反映企业某一会计期间的经营成果。

上面两个会计等式分别从静态和动态的角度对企业资金运动进行了描述。等式中出现的六要素,即资产、负债、所有者权益、收入、费用、利润正是资金运动的具体体现,是会计对象的具体内容,在会计上称为会计要素,它们也就是会计核算的内容,构成财务报表要素。

资金运动是静态表现和动态表现的综合,会计等式中描述资金运动静态表现的等式"资产＝负债＋所有者权益"与描述资金运动动态表现的等式"利润＝收入－费用"也可以综合为一个会计等式,其推导如下。

营业收入的取得,将会导致资产的增加或负债的减少,同时也导致所有者权益的增加,费用的发生将会引起资产的减少或负债的增加,同时也导致所有者权益的减少。换言之,可以合理地假定,企业因获得营业收入所增加的资产归属于所有者,而为获得营业收入所发生的耗费则从所有者权益中扣减,因此,收入为所有者权益的加项,费用为所有者权益的减项,因此静态方程和动态方程可综合为一个方程:

$$资产＝负债＋所有者权益＋(收入－费用)$$

上面等式在更多的情况下写成下面形式:

$$资产＋费用＝负债＋所有者权益＋收入(动、静态结合方程)$$

这个等式也可理解为资金的占用等于资金的来源。等式左边的资产和费用正是反映的资金的去向,即资金的占用,而等式右边的负债、所有者权益和收入反映的资金的来源。

当企业期末结算时,收入、费用账户要结平,收入和费用配比后的利润(或亏损)将作为所有者权益的附加(或抵减)向所有者权益结转,上面的等式又归之于静态方程:

$$资产＝负债＋所有者权益$$

二、经济业务

企业在经营过程中将不断从事各种各样的经济活动,有些经济活动能客观地用货币进行量度,并足以使会计要素的有关项目发生增减变化,如借款的取得和归还,材料的购入和耗费,产品的产出和出售,往来款项的发生、收回和清偿等;有些经济活动则不能客观地用货币进行量度,且不致使会计要素的有关项目发生增减变化,如下达生产任务,与某单位签妥产品供销合同等等,这些活动也属于经济活动,有的能用货币表现其量的多少,但不致使会计要素的任何项目发生增减变化。凡能客观地用货币量度进行计价,并足以影响会计要素的有关项目发生增减变化,因而应系统地加以整理、归类和记录的各项具体经济活动,在会计上称为经济业务,也称会计交易和事项。平时所说的记账,就是对经济业务的记录、整理、归类。

判断一项经济活动是否为经济业务,并正式地加以记录,其标准有两个:一是能以货币进行计量;二是使会计要素的有关项目发生增减变化。注意,这里并不要求使某个会计要素的总额发生增减变化。如从银行提取现金,资产要素的总额并未发生改变,但其构成项目中的银行存款和现金发生了增减变化,因而也是经济业务。

企业日常发生的经济业务可按不同的标准进行分类,这里选择在两种不同标准下的分类,主要是为以后对凭证的识别与编制提供方便。

(1)按经济业务所涉及的关系和范围,经济业务可分为外部经济业务和内部经济业务。外部经济业务是指本企业发生对外经济往来所发生的业务。如上交税金、向银行借款、向供货单位购货、向客户销售产品、与其他单位进行款项结算等。内部经济业务是指本企业范围以内发生的各种经济业务,如在经营过程中耗用的材料和物料用品、完工产品的入库等。

(2)按经济业务是否与货币资金发生关系,可分为收款经济业务、付款经济业务和转账经济业务。收款经济业务,是指涉及现金或银行存款增加的经济业务,如销售产品收入存入银行、应收账款的收回等等。付款经济业务,是指涉及现金或银行存款减少的经济业务,如以现金发放工资、以银行存款支付购料款等。转账经济业务,是指不涉及现金、银行存款收付的经济业务,如固定资产折旧的计提、生产领用材料、完工产品入库等。

有一点要注意,银行存款和现金之间的相互划转业务(从银行提取现金,或将现金存入银行),用上面收款经济业务或付款经济业务的概念去判断,它既是收款经济业务也是付款经济业务。会计上避开这一左右为难的方法是:假定此类业务全为收款经济业务或付款经济业务。我国的惯例是:站在减少方,假定现金与银行存款之间相互划转的业务为付款经济业务。今后编制专用凭证时,也只为这一类业务编制付款凭证。

第二节 经济业务对会计等式的影响

会计对象的具体内容体现为会计要素,即资产、负债、所有者权益、收入、费用、利润六要素,这六要素又通过会计等式联结在一起,本节将用实例展示经济业务是如何影响会计等式及影响后的结果。

为使下面的实例更易理解,我们对动态方程进行"归并",将收入视为所有者权益的增加,费用作为所有者权益的减少,而收入与费用二者相配比的结果——

净收益或净损失——作为所有者权益的增减处理。这样处理的好处是可以把会计主体的所有经济业务对会计等式的影响都简化为对静态方程的影响。至于这样处理的理由,在这里简要地说明一下:在每个会计期末,有一个结账程序,将所有的收入、费用账户向损益汇总账户结转,在损益汇总账户里将收入和费用进行配比,配比之后的净收益或净损失再向所有者权益账户结转。这样一来,收入、费用也最终地进入了所有者权益账户,其影响正如前面的"归并"假定。

例1:假定 ABC 公司于 20×8 年 11 月 1 日成立,成立时股东投入货币资金 300 000 元,厂房设备 1 000 000 元。

分析:这笔经济业务的一个显而易见的结果是 ABC 公司的银行存款、厂房设备资产增加,而这些资产的来源,即能对资产提出要求权的,是 ABC 公司的股东,因此,这笔业务使得公司的资产增加,所有者权益也等额增加,其对方程式的影响如下:资产增加,所有者权益增加。

$$资\ 产\ =\ 负\ 债\ +\ 所有者权益$$

+300 000 元   +1 300 000 元
(银行存款)   (实收资本)
+1 000 000 元
(固定资产)

例2:11 月 2 日,ABC 公司向银行借入一笔为期两年的借款 60 000 元,该笔借款年利率为 12%,到期一次还本付息。

分析:这笔业务一方面使公司银行存款增加 60 000 元,另一方面公司对银行的负债也增加 60 000 元。但请注意,这笔负债的利息 14 400 元(60 000 元×12%×2)在 11 月 2 日不要记载,道理是利息为时间的"函数",只有随着时间的推移,才会有相应的利息费用。这笔业务对方程式的影响如下:

$$资\ 产\ =\ 负\ 债\ +\ 所有者权益$$

+60 000 元   +60 000 元
(银行存款)   (长期借款)

例3:11 月 5 日,公司开出支票 70 000 元,购买设备一台,不需安装调试,直接交付使用。

分析:此笔业务属于用此物换彼物的类型,一方面公司的设备增加,其价值正好同公司减少的银行存款数一致,为 70 000 元。请注意,这是一笔应该记载的业务,尽管它的发生并未改变资产总额,但资产总额的内部构成发生了变化,其影响如下:

$$资\ 产\ =\ 负\ 债\ +\ 所有者权益$$

+70 000 元
(固定资产)

−70 000 元

（银行存款）

例 4：11 月 15 日，公司从某单位以商业信用的方式赊购设备一台，其价值为 10 000 元，公司允诺于设备使用 5 天后付款。

分析：此笔业务一方面使公司资产增加 10 000 元，另一方面它对某单位的负债为因占有资产而未付款的 10 000 元，导致对方程的影响如下。

  资 产 ＝ 负 债 ＋ 所有者权益
  ＋10 000 元 ＋10 000 元
  （固定资产） （应付账款）

例 5：11 月 20 日，公司如期支付赊购的设备款 10 000 元。

分析：此笔业务一方面使公司的银行存款减少了 10 000 元，另一方面也因此笔款项的付出解除了一笔等额的债务 10 000 元。影响如下：

  资 产 ＝ 负 债 ＋ 所有者权益
  −10 000 元 −10 000 元
  （银行存款） （应付账款）

例 6：11 月 20 日，ABC 公司为某公司提供修理服务，取得现金 4 800 元。

分析：此笔业务使公司现金增加 4 800 元，这笔增加的现金来源于公司对客户提供的劳务，属于经营收入，使所有者权益增加 4 800 元，其影响如下。

  资 产 ＝ 负 债 ＋ 所有者权益
  ＋4 800 元   ＋4 800 元
  （库存现金）   （主营业务收入）

例 7：11 月 25 日，ABC 公司为客户提供修理服务，金额为 900 元，但客户允诺在 3 天后付款。

分析：此笔业务与例 6 业务的不同之点在于该笔业务的收入并未立即收取，但在会计处理上，该笔收入一样认为已经实现，其增加的资产项目与例 4 的负债项目刚好性质相反，会计上称为"应收账款"。这里，先做一点简要的解释，会计上确认收入的原则是以权利的取得为标准，而不是习惯上的现金的收取，也就是权责发生制的原则，联系到本题的情形，尽管并未收取现金，但公司因向客户提供服务而获得了在未来收取现金的权利。

根据以上分析，其影响可标示如下：

  资 产＝负 债 ＋ 所有者权益
  ＋900 元   ＋900 元
  （应收账款）   （主营业务收入）

例 8：3 天后的 11 月 28 日，ABC 公司如期收到客户支付的 11 月 25 日的修理费 900 元。

分析:例8与例7相联系,在例7中已确认了应收的收入,例8无非是收取了应收的收入。因此,本笔业务使现金增加900元,应收账款减少900元,公司的资产总额并未发生变化,而是一种资产向另一种资产转化,这与例3的情形一样,其影响如下:

　　资　　产 ＝ 负　　债 ＋ 所有者权益

　　＋900(库存现金)

　　－900(应收账款)

例9:月末,支付当月工资2 000元(假定为管理费用)。

分析:在现实生活中,我们见到的大多是月薪制,而且当月的工资,实际是在下月支付。在这里,我们假定当月的工资当月支付。

工资,是公司赚取收入必不可少的开支,可以理解为只要公司想赚取收入,就得发生这笔支出,而且这种支出只对当期收入的赚取有所贡献。会计上对一次支付多期受益的支出,不做费用处理,而作为资本性支出,记为某项资产,如固定资产、无形资产、长期待摊费用等。这是划分收益性支出与资本性支出的要求。

此笔业务使公司现金减少2 000元,费用增加2 000元,按前面的假定,费用的增加使所有者权益减少2 000元,其影响如下:

　　资　　产 ＝ 负　　债 ＋ 所有者权益

　　－2 000元　　　　　　　－2 000元

　　(库存现金)　　　　　　(管理费用)

例10:月末,接电力公司的账单一份,本月份公司应付电费1 000元(假定为管理费用),按惯例,下月5号支付该账单。

分析:题目已给出该份账单在下月履行,但账单上显示的电费是本月的电费,这是为赚取本月收入而必不可少的又一代价,尽管它并未支付,但这份支付义务已因电力公司提供了服务而确实存在了,会计上要对其确认,其影响为一笔负债增加,一笔费用增加(即所有者权益减少)。

　　资　　产 ＝ 负　　债 ＋ 所有者权益

　　　　　　　＋1 000元　　 －1 000元

　　　　　　　(应付账款)　　(管理费用)

上面10个例题的单个影响可综合在一起,总结果如表2-1所示。

上面的"综合"可帮助我们得出如下结论。

(1)每一笔业务发生后,会计等式仍然维持其平衡性。因此,所有业务发生后,会计等式仍然保持平衡。换言之,任何经济业务的发生,都不会改变方程的平衡性,这一点是永恒的。

(2)经济业务是多种多样的,但就其对会计等式的影响而言,可归纳为四种(见图2-1)。

表 2-1 资产权益表

项目\例题	资产			权益(负债+所有者权益)				
				负债		所有者权益		
	库存现金	固定资产	应收账款	长期借款	应付账款	实收资本	主营业务收入	管理费用
1	+300 000	+1 000 000				+1 300 000		
2	+60 000			+60 000				
3	−70 000	+70 000						
4		+10 000			+10 000			
5	−10 000				−10 000			
6	+4 800						+4 800	
7			+900				+900	
8	+900		−900					
9	−2 000							−2 000
10					+1 000			−1 000
增减合计	+283 700	+1 080 000	0	+60 000	+1 000	+1 300 000	+5 700	−3 000
总变动	+1 363 700(资产)			+1 363 700(权益)				

* ①本表中的数字,其单位为人民币的元。
②本书中涉及金额的数字,凡是不写明单位的,其单位均为人民币的元。

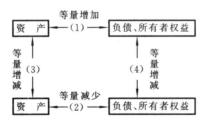

图 2-1 经济业务对会计等式的影响示意图

(3)真正使资产总额或权益总额发生改变的业务是图 2-1 中的业务(1)、(2),而图 2-1 中的业务(3)、(4)并不改变资产总额或权益总额,仅使其内部构成发生变化,下面的例 11 就强调了这一点。

例 11:某企业资产总额为 500 万元,在发生下列业务之后:(1)取得长期借款

20万元,(2)用存款10万元购回材料,(3)用存款5万元交税,(4)收回客户货款5万元。其资产总额是_____。

A. 500万元　　　　B. 510万元　　　　C. 515万元　　　　D. 540万元

解：当你做此题,或类似的题目时,一定要明了每笔业务对方程的影响。实质上,(2)、(4)并不改变资产总额,是一物换一物,属图2-1中的类型(3)。因此,资产总额为515万元(500+20+10-10-5+5-5)。

在本节的最后,必须向读者说明的是：如果用后面所学知识来看待本节的例题,是不完善的,如利息的计提、折旧费用的计提,都被我们忽略了。这里仅仅是为了说明本节的主题,不完备之处,待后补正。

第三节　会　计　科　目

一、设置会计科目的意义和原则

借助上节的释例,我们不难看到,经济业务对会计要素的影响从量上来看,无非是增加或减少两种。单从某笔业务对会计要素的影响来看,很难找到可供决策者直接使用的决策信息。因为单笔经济业务所承载的信息是零星的、分散的,难以从整体上来评价一个企业的现状或未来,必须将这些零星、分散的信息进行分类,加工成综合信息,才可为决策者使用于决策之中。会计上分析、加工经济业务的技术之一,便是对会计要素进行合理恰当的分类,进而产生分类信息,这便是本节的主题。

对会计要素的具体内容进行恰当的分类,而分类形成的项目就是会计科目。例如,为了反映和监督各项资产的增减变动,将资产大类进行划分,设置了"库存现金"、"固定资产"、"原材料"等科目。为了反映、监督企业债权人权益的增减变动,对负债进行了划分,设置"短期借款"、"应付账款"等科目。为了反映所有者权益的增减变动,设置了"实收资本"、"资本公积"、"盈余公积"等科目。

对会计要素的具体内容进行分类,可"粗"可"细",在某种程度上讲,只要你觉得有某种必要,就可以采用某种分类,进而设置相应的科目,而且同一分类往往因人而异地用不同名称来称呼它。因此,在学习过程中,每遇到一个科目,应关心它的核算内容,而不要为其名所惑。在实际工作中,会计科目是预先通过制度规定的,它是设置账户、处理账务所必须遵守的规则和依据,是正确组织会计核算的一个重要条件。

我国《企业会计准则》设置的主要会计科目如下。

会计科目名称和编号

（一）资产类

顺序号	编号	名称	顺序号	编号	名称
1	1001	库存现金	20	1501	持有至到期投资
2	1002	银行存款	21	1502	持有至到期投资减值准备
3	1012	其他货币资金	22	1503	可供出售金融资产
4	1101	交易性金融资产	23	1511	长期股权投资
5	1121	应收票据	24	1512	长期股权投资减值准备
6	1122	应收账款	25	1521	投资性房地产
7	1123	预付账款	26	1531	长期应收款
8	1131	应收股利	27	1601	固定资产
9	1132	应收利息	28	1602	累计折旧
10	1221	其他应收款	29	1603	固定资产减值准备
11	1231	坏账准备	30	1604	在建工程
12	1401	材料采购	31	1606	固定资产清理
13	1402	在途物资	32	1701	无形资产
14	1403	原材料	33	1702	累计摊销
15	1404	材料成本差异	34	1703	无形资产减值准备
16	1405	库存商品	35	1711	商誉
17	1411	周转材料	36	1801	长期待摊费用
18	1461	融资租赁资产	37	1811	递延所得税资产
19	1471	存货跌价准备	38	1901	待处理财产损溢

（二）负债类

顺序号	编号	名称	顺序号	编号	名称
39	2001	短期借款	46	2232	应付股利
40	2201	应付票据	47	2241	其他应付款
41	2202	应付账款	48	2501	长期借款
42	2203	预收账款	49	2502	应付债券
43	2211	应付职工薪酬	50	2701	长期应付款
44	2221	应交税费	51	2801	预计负债
45	2231	应付利息	52	2901	递延所得税负债

(三)共同类

顺序号	编号	名称	顺序号	编号	名称
53	3001	清算资金往来	56	3201	套期工具
54	3002	货币兑换	57	3202	被套期工具
55	3101	衍生工具			

(四)所有者权益类

顺序号	编号	名称	顺序号	编号	名称
58	4001	实收资本	62	4103	本年利润
59	4002	资本公积	63	4104	利润分配
60	4101	盈余公积	64	4201	库存股
61	4102	一般风险准备			

(五)成本类

顺序号	编号	名称	顺序号	编号	名称
65	5001	生产成本	69	5401	工程施工
66	5101	制造费用	70	5402	工程结算
67	5201	劳务成本	71	5403	机械作业
68	5301	研发支出			

(六)损益类

顺序号	编号	名称	顺序号	编号	名称
72	6001	主营业务收入	79	6403	税金及附加
73	6051	其他业务收入	80	6601	销售费用
74	6101	公允价值变动损益	81	6602	管理费用
75	6111	投资收益	82	6603	财务费用
76	6301	营业外收入	83	6701	资产减值损失
77	6401	主营业务成本	84	6711	营业外支出
78	6402	其他业务成本	85	6801	所得税费用

在会计科目的设置上必须遵守一些基本原则,这些原则主要有以下6个。

(一)结合会计对象的特点

各种组织形式的企业,其日常经济业务有其共性,也有其个性。企业在不影响会计核算的要求和会计报表指标的汇总,以及对外提供统一的财务会计报告的前提下,可以根据实际情况自行增设、减少或合并某些会计科目和明细科目。

（二）会计科目的设置从会计科目总体上讲应保证完整性，从会计科目之间看应具有互排性

所谓完整性，是指所有的经济业务都必须有相应科目涵盖它，不能有任何遗漏。所谓互排性，是指一个科目的核算内容（即口径）与另一个科目的核算内容不能有任何共同的部分。如果没有完整性，将会有经济业务不能转化为会计记录。如果没有互排性，将会有经济业务的记录面临何去何从的尴尬境地。

如果你具有集合论的知识，这两"性"有一个简单的表述：所有会计科目是会计要素的一个划分，即

$$\bigcup_{i=1}^{n} A_i = I, \qquad A_i \cap A_j = \varnothing \, (i \neq j)$$

此处 A_i 表示一个会计科目的核算内容，I 表示所有会计要素的内容。

（三）既要满足对外报告的要求，又要符合经营管理的需要

一个企业的所作所为，其现状如何，前景怎样，都为企业外部人士，如企业的债权人、工商税务部门、往来银行等所关注，也为企业内部人士，如职工、股东、管理人员等所关注。无论是外部人士还是内部人士，他们对企业现状的把握、对企业未来的展望，其根据大多来源于企业的会计信息。外部人士要求的信息往往要综合一些，总括性强；内部人士要求的信息往往要详细些。在会计科目的设置上，要兼顾这种双重要求。会计上满足外界人士的要求是通过设置总分类科目来实现的，而满足内部人士的要求是通过设置明细分类科目来达到的。

（四）既要适应经济业务发展的需要，又要保持相对稳定

会计科目的设置要适应经济环境的变化和本单位业务发展的需要。最典型的例子是"无形资产"这一科目的设置。随着全社会对知识产权的重视，以及各种与知识产权有关的专利法、商标法等颁布和实施，企业对其自身拥有的专利权、商标权等无形资产的价值及其变动，要专设"无形资产"科目予以反映。可以说，完全是经济环境的变化产生了设置这一科目的要求。再如，随着市场经济的发展，有些单位大量使用商业信用，商品交易中的延期付款或延期交货而形成的债权债务关系也随之大量产生，为了反映和监督这种债权债务的增减变动，有必要将原置于"应收账款"和"应付账款"科目中核算的预收账款和预付账款分离出来，单独设置"预收账款"和"预付账款"科目。

（五）做到统一性与灵活性相结合

所谓统一性，指在设置会计科目时，应根据提供会计信息的要求，按照《企业会计准则》，对一些主要科目的设置及其核算内容进行统一的规定，以保证会计核

算指标在一个部门以至全国范围内综合汇总,分析利用。所谓灵活性,指在保证提供统一核算指标的前提下,各单位可以根据本单位的具体情况和经济管理要求,对统一规定的会计科目做必要的增补或简并。例如,在统一规定的会计科目中,未设"废品损失"和"停工损失"科目,企业可以增设"废品损失"和"停工损失"科目。

(六)会计科目要通俗易懂,并且按国家规定的会计制度统一编号

在设置会计科目时,对科目的命名要做到通俗易懂,方便理解,对科目核算的内容进行严格界定,在电算化日渐普及的今天,每个科目都要有相应的编号,以便编制凭证、登记账簿、查阅账目,实行会计电算化处理。

二、会计科目的级次

正如前面所提到的,在对会计要素的具体内容进行分类反映时,其分类的口径可大可小,反映的内容可粗可细,这完全取决于会计管理上的需要和企业的实际情况。在会计上,会计科目按其反映内容的详细程度的不同,可分为以下两类。

(一)总分类科目,也称一级科目

这是对会计要素的具体内容作总括分类,反映核算指标总括情况的科目。对此类科目,一般只要求提供货币指标信息,按我国现行会计制度规定,总分类科目一般由财政部或企业主管部门统一制定。前面所附的企业主要会计科目表就是一张一级科目表。

(二)明细分类科目,也称明细科目

这是对总分类科目所含内容做进一步分类,反映核算指标的详细、具体情况的科目。对此类科目,除要求提供货币指标予以反映外,还要求提供其他辅助或补充情况。如:对"应付账款"总分类科目按具体往来单位分设明细科目,具体反映应付哪个单位的货款;在"原材料"总分类科目下,按材料的品名、规格设置明细科目,可以提供材料的实物指标,如重量、体积等。

为了适应管理工作的需要,有的总分类科目下要求设置的明细科目太多,此时可在总分类科目与明细科目之间增设二级科目(也称子目),也可以多层次地更进一步分类。如同树有树干,树干上有枝,枝上有叶,层峦叠嶂,如表2-2所示。

表 2-2

总分类科目	明细分类科目	
	二级科目(子目)	明细科目(细目)
库存商品	五金类	铜锁
		钢锉
	家用电器	电视机
		收录机

请注意,随着会计科目愈分愈细,其反映的内容呈下面的规律:从总括看,上一级比下一级总括,从详细情况看,下一级比上一级详细。因此,子目提供的内容比明细科目来得总括,但比总分类科目又来得详细,呈现某种"比上不足,比下有余"的状况。

当然,也不是所有总分类科目都设置明细分类科目。如"库存现金"总分类科目就不设明细分类科目,除非既有人民币现金,又有某种外币现金。

第四节　会计账户

一、账户的概念

上节的会计科目概念帮助我们解决了一个问题:根据提供分类信息的要求,对会计要素的具体内容进行了分类,形成会计科目,而且对每一科目所容纳的经济内容进行严格界定。因此,根据经济业务引起增减变动的经济内容,我们可以找到该种增减变动应置于哪一个科目去反映,至于如何去反映该科目的增减变动,则要依赖于另一种工具——会计账户。

账户是根据会计科目开设的,它是分类连续记录各项经济业务,反映各个会计要素增减变化及其结果的一种工具。会计科目是账户的名称(户名)。

会计科目与会计账户在会计学中是两个不同的概念,但人们往往在使用中又不加区别地等同使用。这说明两者之间既有联系,又有区别,其联系在于:账户是根据会计科目开设的,有什么类型的会计科目,也就有什么类型的会计账户,从数量上,两者是等额的;从核算内容上看,一个会计科目与同一名称的会计账户,其核算内容相同。其区别在于:会计科目只为每一科目界定了反映的内容,而不能解决如何反映的问题,而账户不但界定了其反映的经济内容,而且因其存在一定的结构而能解决如何反映的问题。

二、账户的结构

经济业务对会计要素变动的影响,从其数量方面看,不外乎是增加或减少两种。因此,为了反映各个会计要素的增减变动,在为会计账户设置结构时必须有反映其增加数和减少数的两个部分。同时,为了反映增减变动抵消后的结果,即"余额为多少",还必须设置能反映结余数的部分。这样,反映会计要素增加数、减少数、结余数等三个部分就构成了账户的基本结构。

为了能在账户中更加完整地反映经济业务的来龙去脉,往往为账户开设一些辅助部分,如日期部分、凭证部分等。

在一般情况下,账户包括的基本内容有:

(1)账户的名称(即会计科目);

(2)日期和摘要(记录经济业务的日期和概括说明经济业务的内容);

(3)增加数、减少数、余额数;

(4)凭证号数(说明账户记录的依据)。

账户的一般格式如表 2-3 所示。

表 2-3　账户名称(会计科目)

××年		凭证号	摘　要	借方金额	贷方金额	借或贷	余　额
月	日						

要注意的是,表 2-3 格式中的金额部分并未指明是增加部分还是减少部分,因为这与账户的类型有关。

出于教学与研究上的方便,表 2-3 中的账户格式简化为"T"字形,只保留左右方,其他略去,余额写于下面,称"T"形账户(见图 2-2)。

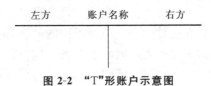

图 2-2　"T"形账户示意图

三、账户的记录方法

账户被我们简化为只有左方和右方的"T"字形结构,在借贷记账法下,会计人员习惯上将账户的左方称为借方,账户的右方称为贷方。请注意,会计上所谓的借方和贷方已失去其生活中的含义,即没有债权债务的意思,仅指账户的两个部位。

账户的两个部位——借方与贷方——是用来记录项目的增加数与减少数的,但至于哪一方用来记增,哪一方用来记减,则取决于账户所反映的经济内容。

我们试图借助会计基本方程式做一些解释,基本方程式如下:

$$资\ 产 = 负\ 债 + 所有者权益$$

观察上述方程式的外形,资产位于其左边(可理解为借方),负债、所有者权益位于其右边(可理解为贷方)。由于方程式的两边是从不同的方面反映企业的经济资源,无论发生任何经济业务,相应的账户的增减变动予以记载后,方程式的外形应保持不变。因此,我们可以导出下面的增减记账规则:

(1)资产类账户的借方记录增加数,贷方记录减少数;
(2)负债、所有者权益类账户的贷方记录增加数,借方记录减少数。

如此规定的增减记载规则,从历史上看,带有偶然性,但这种带有偶然性的巧合安排给会计工作如记账规则的表述,试算平衡表、会计报表的编制带来极大的方便。随着学习的继续,你会深有体会的。

在前面的章节中,对收入、费用是直接作为所有者权益的增减来处理的。但是,在实务上这种做法是不足取的。因为一个时期的收入、费用是我们决定这个时期经营成果的重要指标,是损益表的基本组成部分,有必要单独设置账户来记录收入、费用的增减变动。使用下面的两组推导过程能使我们获得收入、费用、利润账户的增减记账规则:

$$收入\uparrow \Rightarrow 利润\uparrow \Rightarrow 所有者权益\uparrow \Rightarrow 记"贷方"$$
$$费用\uparrow \Rightarrow 利润\downarrow \Rightarrow 所有者权益\downarrow \Rightarrow 记"借方"$$

因此有下面的规则:

(1)收入、利润的增加数记入账户的贷方,其减少数记入借方;
(2)费用、成本的增加数记入账户的借方,其减少数记入贷方。

至此,六类账户的增减记账规则已全部获得,可浓缩如图 2-3 所示。

借方	账户名称	贷方
资产(+)		资产(-)
负债(-)		负债(+)
所有者权益(-)		所有者权益(+)
收入、利润(-)		收入、利润(+)
成本、费用(+)		成本、费用(-)

图 2-3 账户增减记录规则

如果用综合方程显示,则有如下形式:

$$\frac{\text{资产}}{+ \mid -} + \frac{\text{费用}}{+ \mid -} = \frac{\text{负债}}{- \mid +} + \frac{\text{所有者权益}}{- \mid +} + \frac{\text{收入}}{- \mid +}$$

应用上面的增减记账规则,将本章第一节的10个例题中的增减变化显示于"T"形账户中,如图2-4所示。

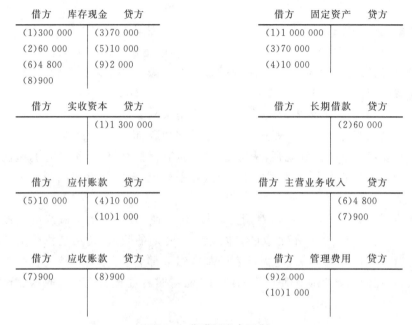

图 2-4 "T"形账户示例

上面10笔业务在"T"形账户中,都显示出如下规律:如果金额记入一个账户的借方,则相等的金额就记入另一个(也可能是几个)账户的贷方;反之亦然。这便是后面要学的记账规则:有借必有贷,借贷必相等。

四、账户的发生额、余额

项目的增减变动是在账户的借方或贷方记录的。在一段时期内,记入账户借方的金额合计,称为本期借方发生额;记入账户贷方的金额合计,称为本期贷方发生额。无论是借方发生额还是贷方发生额,都与"期间"有关,是两个"流量"指标。

企业在一段时期内的所有经济业务在账户中予以记录后,如果问:企业现在的财务状况如何?我们可以通过对账户期末余额的计算来回答这一问题。

任何账户的期末余额都可以综合为一个算式:

$$\frac{\text{期末}}{\text{余额}} = \frac{\text{期初}}{\text{余额}} + \frac{\text{本 期}}{\text{增加额}} - \frac{\text{本 期}}{\text{减少额}}$$

但因各类账户记录增减的具体方法不同,上面的综合公式具体到各类账户上又有不同的体现。对资产、费用而言,其账户的借方记录增加,贷方记录减少,借方数一般大于贷方数,余额体现在借方。对负债、所有者权益、收入而言,其账户的借方记录减少,贷方记录增加,贷方数一般大于借方数,其余额体现在贷方。因此,上面的综合算式又可细分为下面的两种形式:

$$\frac{期初余额}{(借方)} + \frac{本\ 期}{借方发生额} - \frac{本\ 期}{贷方发生额} = \frac{期末余额}{(借方)} \quad (Ⅰ)$$

$$\frac{期初余额}{(贷方)} + \frac{本\ 期}{贷方发生额} - \frac{本\ 期}{借方发生额} = \frac{期末余额}{(贷方)} \quad (Ⅱ)$$

(Ⅰ)式适用于资产、成本费用类账户,(Ⅱ)式适用于负债、所有者权益、利润类账户,但无论是(Ⅰ)式还是(Ⅱ)式,都可能出现特殊情况:期末余额与期初余额体现在不同的方向,类似于"透支"。此时的账户发生了根本性质的变化。例如,如果应收账款账户的期末余额体现在贷方,则期末的应收账款账户已变为负债性质了,相当于收多了,多余的部分成了预收部分。再如,如果预收账款账户的期末余额体现在借方,则期末的预收账款账户已转化为资产性质了,相当于收少了,少收的部分成了应收了。总之,账户的期末余额若在借方,期末时该账户反映资产性质,而不问该账户原先归为哪一类。同样,账户的期末余额若在贷方,期末时该账户反映权益性质,而不问该账户原先归为哪一类。一言以蔽之:余额性质决定账户性质。

发生额、余额的关系可用下面三个具体账户显示(见表 2-4、表 2-5、表 2-6)。

表 2-4 资产类账户

账户名称:银行存款

200×年		凭证号	摘 要	借方	贷方	借或贷	余 额
月	日						
6	1		期初余额			借	30 900
	4	略	归还借款		15 000	借	15 900
	12		支付购料款		4 000	借	11 900
	18		收上月货款	10 000		借	21 900
	30		本期发生额及期末余额	10 000	19 000	借	21 900

表 2-5 负债类账户

账户名称:短期借款

200×年		凭证号	摘　要	借　方	贷　方	借或贷	余　额
月	日						
6	1		期初余额			贷	15 000
	4	略	归还借款	15 000		平	0
	24		取得借款		25 000	贷	25 000
	30		本期发生额及期末余额	15 000	25 000	贷	25 000

表 2-6 所有者权益类账户

账户名称:实收资本

200×年		凭证号	摘　要	借　方	贷　方	借或贷	余　额
月	日						
6	1		期初余额			贷	800 000
6	25		接受投资		200 000	贷	1 000 000
	30		本期发生额及期末余额	0	200 000	贷	1 000 000

在教学中,将其简写为图 2-5。

借方	账户名称	贷方
期初余额:××		
本期发生额:××		本期发生额:××
期末余额:××		

图 2-5 账户缩写示意图

注:这里列示的是资产类账户,其余额在借方。如果是负债、所有者权益类账户,其期初、期末余额一般应在贷方。

习　题　二

一、单项选择题

1. 应在账户借方核算的是(　　)。

A. 负债的增加额　　　　　　　　B. 所有者权益的增加额

C. 收入的增加额　　　　　　　　D. 资产的增加额

2. 下列属于资产类账户的是( )。
   A. 利润分配　　　B. 制造费用　　　C. 预付账款　　　D. 预收账款

3. 一般情况下,一个账户的本期增加发生额与该账户的期末余额都应该体现在账户的( )。
   A. 借方　　　　　B. 贷方　　　　　C. 同方向　　　　D. 反方向

4. 某企业资产总额为 100 万元,当发生下列经济业务后:①向银行借款 10 万元存入银行;②用银行存款偿还应付账款 5 万元;③收回应收账款 2 万元存入银行,其权益总计为( )万元。
   A. 107　　　　　 B. 105　　　　　 C. 117　　　　　 D. 103

5. 下列经济业务发生不会使会计等式两边总额发生变化的是( )。
   A. 用银行存款支付前欠购料款
   B. 出售一种固定资产但货款尚未收到
   C. 从银行取得借款存入银行
   D. 收到预收账款存入银行

6. 一个企业的资产总额与所有者权益总额( )。
   A. 必然相等　　　　　　　　　　　B. 有时相等
   C. 不会相等　　　　　　　　　　　D. 只有在期末时相等

7. 在只考虑两要素变动的情况下,一项资产增加,不可能引起( )。
   A. 另一项资产减少　　　　　　　　B. 一项所有者权益增加
   C. 一项负债增加　　　　　　　　　D. 一项负债减少

8. 假如某企业固定资产本期期初余额为 5 600 元,本期期末余额为 5 700 元,本期减少发生额为 800 元,则该企业本期增加发生额为( )元。
   A. 700　　　　　 B. 10 500　　　　C. 900　　　　　 D. 12 100

9. 甲企业本期期初资产总额为 150 万元,本期期末负债总额比期初增加 20 万元,所有者权益比期初减少 40 万元,则该企业期末资产总额为( )万元。
   A. 90　　　　　　B. 130　　　　　 C. 170　　　　　 D. 210

10. T 形账户的基本结构分为左、右两方,分别登记由经济业务引起的会计要素的增加或减少,至于哪一方登记增加,哪一方登记减少,则取决于( )。
    A. 会计等式的要求
    B. 会计科目的性质
    C. 记账方法和所记录的经济业务内容
    D. 企业经营管理的需要

二、多项选择题

1. 在借贷记账法下,在下列各类账户的借方登记增加额的有( )。
   A. 资产　　　　　B. 负债　　　　　C. 成本　　　　　D. 费用

2. 会计科目按反映经济内容的详细程度,分为( )。
A. 总分类科目 B. 明细分类科目
C. 资产和权益类科目 D. 成本和权益类科目

3. 下列经济业务中,引起资产一增一减的有( )。
A. 以银行存款购买设备 B. 从银行提取现金
C. 以银行存款偿还前欠货款 D. 接受现金投资存入银行

4. 反映资金运动的静态账户包括( )。
A. 资产 B. 利润 C. 负债 D. 所有者权益

5. 以下( )账户属于负债类账户。
A. 预收账款 B. 预付账款
C. 其他应付款 D. 应交税费

6. 以下( )属于会引起会计等式两边会计要素变动的经济业务。
A. 购买材料 80 000 元,货款暂欠
B. 从银行提取现金 50 000 元
C. 购买机器一台,以银行存款支付 10 万元价款
D. 接受企业投资 2 000 万元

7. 以下( )不属于企业所使用的总分类会计科目。
A. 机器设备 B. 库存现金 C. 银行借款 D. 材料 A

8. 一项所有者权益增加的同时,引起的另一方面变化可能是( )。
A. 一项资产增加 B. 一项负债增加
C. 一项负债减少 D. 另一项所有者权益减少

9. 下列会计科目属于损益类科目的有( )。
A. 制造费用 B. 财务费用 C. 管理费用 D. 销售费用

10. 在会计工作中,账户一般应包括以下( )要素。
A. 账户名称 B. 日期和摘要
C. 凭证字号 D. 增加和减少的金额及余额

三、判断题

1. 所有者权益是指企业投资人对企业资产的所有权。 ( )

2. 企业接受某方面投入物资一批,计价 10 万元,该项经济业务会引起收入增加,权益增加。 ( )

3. 企业收到某单位还来前欠货款 1 万元,该项经济业务会引起会计等式左右两方会计要素发生同时增加的变化。 ( )

4. 不管是什么企业发生任何经济业务,会计等式的左右两方金额永远不变,故永远相等。 ( )

5. 为了满足会计核算质量的要求,会计科目设置的越多越好。 ( )

6. 会计科目按其经济内容分类,可以分为总分类科目和明细分类科目。
( )

7. 资产是指由于过去、现在或将来的事项和交易形成,并由企业拥有或者控制且预期会给企业带来经济利益的资源。 ( )

8. 不是所有会计科目都应设置明细科目,进行明细核算。 ( )

9. 由于资产＝负债＋所有者权益,所以,资产总额必然大于负债总额。
( )

10. 所有经济业务的发生,都会引起会计恒等式两边发生变化。 ( )

四、填空题

1. 反映资金运动的动态账户有收入、费用和_____三类账户。

2. 债权人和投资人对企业资产的要求权,在会计上总称为_____。

3. 每一项经济业务的发生,都会影响会计要素中的_____项目发生增减变化。

4. 收入是指企业在日常活动中形成的、会导致_____增加的、与所有者投入资本无关的经济利益的总流入。

5. 某企业资产总额为 800 万元,当发生下列业务之后:①取得长期借款 20 万元;②用存款 10 万元购回材料;③用存款 5 万元交税;④接受投资者投入资本 10 万元,其资产总额是_____万元。

6. 从数额上看,有一定数额的资产,就必定有一定数额的_____。

7. 权益类账户期末余额一般在_____。

8. 借贷记账法的记账规则是_____。

9. 如果某企业发生一项经济业务后,一项资产增加,但负债和所有者权益没有变动,则必然有_____。

10. 会计恒等式直接反映出资产负债表中_____三要素之间的内在联系和数量关系。

五、实训题

1. 大洋商店 20×8 年年初开业,11 月份发生的 6 笔经济业务列示在下列等式里。

	资产				＝ 负债 ＋ 所有者权益	
	银行存款 ＋	应收账款 ＋	存货 ＋	固定资产 ＝	应付账款 ＋	实收资本
期初	9 000	5 600	10 800	6 600	4 200	27 800
业务 1	＋1 200	－1 200				
业务 2	－2 000		＋2 000			
业务 3				＋3 000	＋3 000	
业务 4			＋1 000		＋1 000	
业务 5	－3 000				－3 000	
业务 6	＋1 000		＋2 000			＋3 000

要求:根据上述资料,说明该商店 11 月份发生的经济业务内容。

2. 长江工厂 20×8 年 10 月发生下列经济业务:

(1)购入 A 材料一批,计价 6 000 元,货款由银行存款支付,并已验收入库;

(2)收到黄河工厂所欠货款 4 700 元,存入银行;

(3)以现金预付职工出差费 800 元;

(4)从银行提取现金 12 000 元;

(5)收到投资者投入全新的机器设备一台,价值 59 000 元;

(6)向银行借款 50 000 元;

(7)计算出本月应支付给行政管理人员的工资 90 000 元,款项未付。

要求:分析上述经济业务对会计等式的影响。

3. 20×8 年 3 月 1 日,光明公司"银行存款"账户的期初余额为 32 840 元,3 月份该公司发生的存款收支经济业务如下:

(1)2 日,向银行存入现金 40 800 元;

(2)5 日,用银行存款支付采购材料款 28 000 元;

(3)10 日,提取现金 20 000 元,备发工资;

(4)15 日,收到销售甲产品的货款 32 000 元,存入银行;

(5)22 日,银行计付一季度存款利息 45.75 元,转入存款户;

(6)28 日,提取现金 4 800 元,用于支付水电费。

4 月 1 日,该公司"应付账款"账户的期初余额为 30 000 元,4 月份该公司发生的借款和还款业务如下:

(1)1 日,购入生产用 A 钢材,货款 42 800 元暂欠;

(2)8 日,归还欠供应单位的部分货款 22 000 元;

(3)14 日,前购入的 A 钢材因规格不符,退回其中的 20 000 元;

(4)20 日,归还 A 钢材的欠款 22 800 元;

(5)26 日,购入生产用机器设备,价款为 165 000 元,其中 100 000 元用银行存款支付,剩余部分暂欠。

要求:

(1)根据光明公司 3 月份资料,开设"银行存款"T 形账户,将上述经济业务登入该账户中,并计算该公司 3 月 31 日"银行存款"账户的期末余额;

(2)根据光明公司 4 月份资料,开设"应付账款"T 形账户,将上述经济业务登入该账户中,并计算该公司 4 月 30 日"应付账款"账户的期末余额。

4. 曙光公司 20×8 年 5 月 31 日资产、负债、所有者权益账户的期末余额如下:

账户名称	借方余额	账户名称	贷方余额
库存现金	600	短期借款	20 000
银行存款	150 000	应付账款	19 000
应收账款	18 000	应付职工薪酬	9 600
原材料	35 000	实收资本	200 000
库存商品	40 000	资本公积	50 000
固定资产	100 000	盈余公积	45 000
合计	343 600	合计	343 600

该企业6月份发生以下经济业务：
(1)以银行存款购置汽车一辆，价款50 000元，直接交付使用；
(2)收到购货单位归还所欠货款8 000元，存入银行；
(3)从银行提取现金9 600元；
(4)以现金9 600元发放工资；
(5)购入材料一批，货款5 000元，验收入库，货款尚未支付；
(6)吸收其他单位投入资金50 000元，存入银行；
(7)以银行存款偿还货款10 000元。
要求：开设相关科目的T形账户，并登记期初余额和期末余额。

5. 文华厂20×8年8月31日资产和权益的状况如下：

账户名称	借方余额	账户名称	贷方余额
库存现金	100	短期借款	9 000
银行存款	18 000	应付账款	4 000
应收账款	2 900	应交税费	2 000
其他应收款	200	实收资本	482 000
原材料	26 000	本年利润	11 000
生产成本	4 800		
库存商品	6 000		
固定资产	450 000		
合计	508 000	合计	508 000

该厂9月份发生以下经济业务：
(1)财务科以现金预借给采购员差旅费300元；
(2)以银行存款缴清上月欠缴税金2 000元；
(3)从文光厂购入材料，货款8 000元，货款尚未支付；
(4)投资者投入新机器一台，价值35 000元；
(5)向银行借入短期借款15 000元，存入银行；

(6)以银行存款偿还文光厂货款12 000元(包括上月所欠4 000元);
(7)生产车间领用材料,材料费16 000元,材料全部投入产品生产;
(8)收到文汇厂还来上月所欠货款2 900元,存入银行;
(9)以银行存款归还银行短期借款9 000元。

要求:根据上述资料,分清资产、负债和所有者权益的增减变化及其结果,并编制9月30日的资产和权益平衡表。

第三章 复式记账法

第一节 复式记账法

从前面的内容可以看到,经济业务的发生对会计要素项目的影响,无非是增加或减少两种情况,而且发生后不改变会计等式的平衡性。在分类记载信息的工具——账户——被引进之后,每笔经济业务都被载入至少两个账户的相对部位——借方与贷方,而且记载的方式富有规律性(如"有借必有贷,借贷必相等"),这便是对经济业务进行复式记账的方法。

所谓复式记账法,就是对发生的每笔经济业务,以相等的金额在两个或两个以上的账户中进行相互联系登记的方法。如从银行存款户中提取现金,一方面要记入银行存款账户的减少方,另一方面要记入现金账户的增加方。这种记账方法能对每笔经济业务的来龙去脉进行跟踪反映。可以说,复式记账法的一个基本功能就是对经济业务的运行建立"轨迹方程"。

在复式记账法出现以前,人们应用的记账方法都是单式记账法。按照单式记账法,对每笔经济业务,只用一笔数字,在一个账户中作单方面的记录。如用现金支付费用,只记现金方面的减少,而不记费用方面的增加。这种记录方法不能表现出经济业务的来踪去迹,也不存在账户之间的"对应关系"和由此产生的"数字平衡"关系。而且,从整体上看,单式记账法无法使所有的账户形成一个账户体系,在账户与账户之间,有关数据也就缺乏严密的内在联系。用"今之视昔"的观点来看,单式记账法在损益计算、报表编制方面显得吃力。实际上,单式记账法只能提供小生产所需要的为数不多的经济信息,而且,这些有限的经济信息也不能组成一个科学的信息系统。这样,单式记账法作为提供经济信息的一种手段,就难以适应社会化大生产的要求。

复式记账法的出现,突破了单式记账法的局限,改变了传统的记录方法,使会计的记录体现了全面的、辩证的观点。这就是对每一项经济业务,都同时在两个或两个以上的相互联系的账户中,用相等的金额,进行对立而又统一的记录。这样一种记录方法,保证做到:第一,在有关账户之间确立了明确的科目对应关系和数字钩稽关系;第二,在账户中,一切经济业务都有来龙去脉可寻;第三,在对全部经济业务进行记录后,全部账户的发生额和余额能够自动平衡。

记录经济业务的方法由单式推进到复式,其意义决不限于记账方法本身。正如有的会计学家所说,复式记账法是"科学的伟大建筑"。它的出现,一方面是记账方法本身的进步,另一方面,也推动了会计核算的一系列其他方法的出现。例如,复式记账法要求对经济业务进行既相互联系又相互对立、在数量上相等的双重记录。双重记录所涉及的两个事物在量上要同质,否则在量上就不可比,当然也就无所谓相等。在商品货币经济中,一切商品转化为价值才会同质。价值的表现形式是货币。所以,复式记账法必然要求会计运用货币来进行金额相等的双重记录,即要求以货币作为主要的计量尺度。这是现代会计核算的前提条件之一(货币计量假定)。又如,复式记账法要求账户组成一个完整的体系,把账户体系和复式记账法结合起来,通过一系列账户的多次汇总、分配、再汇总、再分配,人们可以在账上完整地反映成本计算过程,并进行损益的计算,这在单式记账法下是难以完成的。最后,利用复式记账法在数字上所形成的自动平衡,可以方便地对账户记录进行适当的分类和重组,编制资产负债表、利润表、现金流量表等现代财务会计的主干报表。

总之,可以毫不夸大地说,如果没有复式记账法,会计记录能否成为经济活动的科学记载,会计核算能否形成连续性、系统性、全面性和综合性的特点,换句话说,会计能否成为一门科学,都是难以肯定的。"生产过程越是按社会的规模进行,越是失去纯粹个人的性质,作为对过程的控制和观念总结的簿记就越是必要。"这是马克思对会计职能的一个著名论断。马克思这里说的簿记,当然不是指当时就已过时的单式簿记,而是指当时为资本主义大生产所需要的复式簿记,即当时已在世界上广泛流行的以借贷记账法为基础的一整套记账、算账方法。从这个意义上讲,马克思的上述论断也是对以借贷记账法为代表的复式记账法的高度评价和充分肯定。

复式记账法,据其使用的记账符号、记账规则、试算方法的不同,可以分为借贷记账法、增减记账法、收付记账法。三种复式记账法各具其长,也各有其短。例如:增减记账法、收付记账法的记账符号"增"、"减"、"收"、"付"均是其字面含义,使用起来含义单一,但记账规则的表述、试算的进行,又显得有点"吃力";借贷记账法的记账符号"借"、"贷"已失去其字面含义,在使用时其意义可以是双重的,"借"有时为增,有时又为减,"贷"亦如此,让人有不可捉摸之感,但其记账规则的表述、试算平衡公式的表述,完全是一种"对偶"的表述,如表述为"有借必有贷,借贷必相等"的记账规则,表述为"全部账户的本期借方发生额(余额)合计等于全部账户本期贷方发生额(余额)合计"的试算平衡公式,读起来朗朗上口,给人一种节奏感、音乐美。

从历史上看,三种复式记账法中以借贷记账法的历史最为悠久,也是目前世界上使用最为广泛的复式记账法,其科学性已得到世界各国的公认。我国曾错误地对待借贷记账法,怀疑其科学性,创造了增减记账法、收付记账法,试图取而代之,但效果是适得其反,在应用中用反证法证明了借贷记账法的科学性。我国《企业会计准则——基本准则》第十一条明确规定:企业应当采用借贷记账法记账。这使得我国的会计主体无论是什么行业和所有制性质,都采用了统一的记账方法,方便了会计信息的交流,体现了会计作为一种商业语言的特征,为会计信息的交流带来了方便。

第二节　借贷记账法

借贷记账法是历史上第一个复式记账法,历经数百年的锤炼,在账户设置、理论依据方面已经成熟,已为世界各国所普遍接受。借贷记账法是以"借"、"贷"为记账符号,以"资产=负债+所有者权益"为理论依据,以"有借必有贷,借贷必相等"作为记账规则的一种复式记账法。

借贷记账法有其自身的鲜明特点,主要有以下三个特点。一是它特有的记账符号——"借"与"贷"。"借"、"贷"作为记账符号具有抽象的双重含义,与其字面含义剥离。二是对于每笔经济业务的记录,都要在两个或两个以上账户的相反方向作等额反映,正如其定义中所描述的,有借必有贷,借贷必相等。没有同是借方的会计记录,也没有同是贷方的会计记录,这体现了一种"对偶"思想。三是在借贷记账法下,无论是其账户的设置、记录的形式,还是报表体系的安排,都构成了一个相互提供信息、彼此沟通、相互印证的"良性系统"。

现在,借贷记账法几乎为复式记账法的代名词了,这种地位的取得,凭借的是其"实力"。借贷记账法的基本内容包括以下四个方面。

一、借贷记账法的记账符号——"借"与"贷"

借贷记账法以"借"、"贷"二字作为其记账符号,这一对符号常给初学会计的人添加烦恼。推究起来,其原因不外乎是人们常将借、贷二字的字面含义附于作为记账符号的借、贷二字上面。当"借"、"贷"二字作为记账符号使用时,应从以下几个方面来把握它们。

(1)不能对借和贷望文生义,把它们等同于借方(债务)和贷方(债权)。借贷记账法所使用的借、贷,已经同借、贷两个字的本来含义完全脱离,借和贷是作为一对纯粹的记账符号在借贷记账法中使用的。

(2)借和贷指账户两个对立的部位:借方和贷方,用来指明在账户中应记入的两个不同方位。从这点上看,它们显示记账的方向。

(3)单独地谈借、贷二字,只能有上面(2)的含义,但若把借、贷符号同具体账户联系在一块,就可了解借方反映了什么,贷方反映了什么,余额显示什么性质。因为:

对资产、费用而言,借为增,贷为减;

对权益、收入而言,借为减,贷为增;

凡余额在借方的,一般可判定为资产性质;

凡余额在贷方的,一般可判定为权益性质。

(4)在把经济业务加工为"有借必有贷,借贷必相等"的会计记录后,借、贷能显示出账户之间的对应关系,并进而了解经济业务引起的资金运动的来踪去迹。

二、借贷记账法的记账规则

正如借贷记账法的概念中所指明的,借贷记账法以"有借必有贷,借贷必相等"作为其记账规则,这一规则在前面的内容中已通过部分实例给予了验证,但那不能称为证明。下面借助于对经济业务的分类而给出一个证明。

经济业务是多种多样的,但就其对会计方程式的影响而言,不外乎以下四种:

```
          资　产    ＝    权　益
(1)       ＋A              ＋A（两边同时增加）
(2)       －B              －B（两边同时减少）
(3)       ＋C－C    (4)    ＋D－D
         （等量增减）      （等量增减）
```

联系前面对增减变动记入账户方向的规定,将上面四类业务显示在账户中的情形如图3-1所示。

借方　资产　贷方	借方　权益　贷方
(1)A　　　(2)B	(2)B　　　(1)A
(3)C　　　(3)C	(4)D　　　(4)D

图3-1　经济业务与记账方法对应示意图(1)

四类经济业务在账户中记录有如下规律:

(1)需要记账的任何一类经济业务,都必须同时记入两个(或两个以上)账户;

(2)所记入的账户可以属于同一类,也可以属于不同类,这取决于经济业务的内容,但无论在什么情况下,记入的账户,必须有的在借方,有的在贷方,决不会全部记在借方或全部记在贷方;

(3)借方和贷方所记录的金额,必须相等。

上面的几条记账规律可以概括为一条规则:有借必有贷,借贷必相等。这便是借贷记账法的记账规则。

上面在账户中显示记账规则的办法也可以用图3-2明白显示出来。

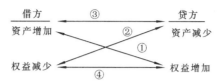

图 3-2 经济业务与记账方法对应示意图(2)

三、借贷记账法下的账户设置

作为会计对象的资金运动,有其静态表现,也有其动态表现。静态表现综合体现为"资产=负债+所有者权益",动态表现综合体现为"收入-费用=利润"。作为复式记账法的借贷记账法,理所当然地要记录资金运动的静态表现与动态表现,这就决定借贷记账法下必须按会计要素来设置资产、负债、所有者权益、收入、费用、利润等六类账户,并使这些账户组成一个内部严密的账户体系。关于各类账户记录增减的方法如前述,此处略。

借贷记账法下的账户设置是灵活的,账户的性质归属也不是一成不变的,这两点往往给初学者带来不少麻烦。这里,我们对此一一解释。

在借贷记账法下,账户在按会计要素设置时,区别为资产类、负债类等等账户,一般教科书也是向读者如此显示的。实质上,在借贷记账法下,还可以设置"兼容"多种性质的所谓"共性账户",其性质的判断则要取决于其余额体现。如:有些企业将"其他应收款"和"其他应付款"两账户简并为一个"其他往来"账户,此时的"其他往来"账户是难以直接归属于资产类或负债类的,而必须具体分析其余额性质,方可判断其性质归属。如果其余额在借方,则此时是资产性质账户;如果其余额在贷方,则为负债性质账户。另外,在借贷记账法下,账户的性质也不是一成不变的,如"应收账款"账户,在科目表上,归之为资产性质,这与望文生义是一致的。但实质上,当客户付来的款项多于企业应收的款项时,此时的"应收账款"账户就发生了性质上的转变——变为负债性质的预收账款。总而言之,借贷记账法下账户的性质归属是利用余额的性质来判定的。即:余额在借方,判定为资产性质;余额在贷方,判定为权益性质。

四、借贷记账法下的试算平衡

借贷记账法以"有借必有贷,借贷必相等"作为其记账规则,在此规则之下做成的每笔会计记录都是借方和贷方的金额相等。如果将全部经济业务的会计记录区分"借方"、"贷方",并按同方向进行"叠加",则全部账户的借方发生额之和与全部账户的贷方发生额之和在数字上应保持平衡,再根据数学上"等量减等量,其差相等"的原理,全部账户的借方余额合计也必定等于全部账户的贷方余额合计。

但是,在进行会计记录和据以登账的过程中,记录和计算难免失误,上面所说的数字平衡关系可能遭到破坏。为了检查记账工作有无错误,保证为财务报表的编制输入正确的数据,一个重要的方法是定期进行试算平衡。

在借贷记账法下,试算平衡是在总计全部账户记录的基础上,验算如下三组数字是否平衡。

期初余额: 全部借方合计＝全部贷方合计 （Ⅰ）
本期发生额: 全部借方合计＝全部贷方合计 （Ⅱ）
期末余额: 全部借方合计＝全部贷方合计 （Ⅲ）

我们已经知道,账户余额在借方的,体现为资产性质;账户余额在贷方的,体现为负债及所有者权益性质。因此关于余额的（Ⅰ）、（Ⅲ）两式,在本质上体现的是一个早已熟知的方程:资产＝负债＋所有者权益,而关于发生额的（Ⅱ）式,则是记账规则的直接结果。

在实务上,上述三式的验算是通过编制一种试算表(见表3-1)来进行的。在该表中,把一定时期内全部账户的记录集中起来,分别按期初余额、本期发生额和期末余额,来试算上列三组数字是否平衡。

表 3-1 试算平衡表

20×8 年×月

会计科目编号（或账户名称）	期初余额		本期发生额		期末余额	
	借方	贷方	借方	贷方	借方	贷方
1	a_1		b_1	c_1	$a_1 + b_1 - c_1$	
1	a_2		b_2	c_2	$a_2 + b_2 - c_2$	
⋮	⋮		⋮	⋮	⋮	
m	a_m		b_m	c_m	$a_m + b_m - c_m$	
$m+1$		a_{m+1}	b_{m+1}	c_{m+1}		$a_{m+1} + c_{m+1} - b_{m+1}$
$m+2$		a_{m+2}	b_{m+2}	c_{m+2}		$a_{m+2} + c_{m+2} - b_{m+2}$
⋮		⋮	⋮	⋮		⋮
n		a_n	b_n	c_n		$a_n + c_n - b_n$
合计	$\sum_{i=1}^{m} a_i$	$\sum_{j=m+1}^{n} a_j$	$\sum_{i=1}^{n} b_i$	$\sum_{j=1}^{n} c_j$	$\sum_{i=1}^{m} (a_i + b_i - c_i)$	$\sum_{j=m+1}^{n} (a_i + c_i - b_i)$

我们假定用科目编号来代替各具体账户,并将余额在同一方向的账户归拢在一块,表 3-1 便是试算表的通用格式,该表也称为总分类账户本期发生额和期末余额试算表。

请注意,三组合计数字应保持相等,否则,记账过程中的某个环节便发生了错误。而且,前两组数字保持相等,第三组数据的相等会自动形成。可推算如下:

因为 $\sum_{i=1}^{m} a_i = \sum_{j=m+1}^{n} a_j$

$\sum_{i=1}^{n} b_i = \sum_{j=1}^{m} c_j$

所以 $\sum_{i=1}^{m} a_i + \sum_{i=1}^{n} b_i = \sum_{j=m+1}^{n} a_j + \sum_{j=1}^{m} c_j$

进而有 $\sum_{i=1}^{m} a_i + \sum_{i=1}^{m} b_i + \sum_{i=m+1}^{n} b_i = \sum_{j=m+1}^{n} a_j + \sum_{j=1}^{m} c_j + \sum_{j=m+1}^{n} c_j$

移项便有:$\sum_{i=1}^{m} (a_i + b_i - c_i) = \sum_{j=m+1}^{n} (a_j + c_j - b_j)$

表 3-1 的编制方法如下。

(1)根据分类账(T 形账户)的记录,对各个账户在该期内的记录进行总结,结出各账户的本期发生额及余额,并分别方向填入相应的金额栏内。

(2)计算各金额栏的总数,填入最后一行,如果没有记账错误,会自动形成三对合计数字的平衡。

试算平衡表除了可据以查验分类账的正确性外,在会计上还可以用来作为编制资产负债表、损益表和其他报表的根据。虽然我们也可以根据分类账的记录直接编制会计报表,但试算平衡表已经集中了各账户的发生额、余额,就可以不须翻阅分类账的记录,在编表上少费一些精力。

试算平衡表上的三对数据在记账无误的情况下,会自动形成平衡,但不能反过来推断,即三对合计数据如果平衡,则分类账的记录无误。因为借、贷双方平衡只能表示在各账户的借、贷双方曾经记入相等的金额,但记入的金额即使相等,不一定就是完全正确的。有许多错误对于借、贷双方的平衡并不发生影响,因而就不能由试算平衡表发现。这类错误可以略举如下:

(1)一笔会计事项的记录全部遗漏或完全重复;

(2)一笔会计事项的借、贷双方,在进行分录时,同时多记或少记相同金额;

(3)一笔会计事项应借应贷的账户,在进行分录时,互相颠倒或误用了账户名称;

(4)分录的借、贷双方或一方,在过入分类账时误记了账户;

(5)借方或贷方的各项金额偶然一多一少,其金额恰好相互抵消。

鉴于账户中的记录可能有这些不能由试算平衡来发现的错误,这就提醒我们对试算平衡表不能寄予厚望。即不能完全依赖试算平衡表来判断会计记录的正确性。所以,我们对于一切会计记录必须于日常或定期作及时的复核,平时记账也要力求谨慎细心,以求数据的准确。

第三节 会计分录及账户的对应关系

为了讲述和理解的方便,前面对经济业务做出了有悖于实务的处理,将经济业务引起的增减变动直接记入相关账户。这样处理会带来两个缺陷。缺陷之一是:由于经济业务分散于大量原始凭证之中,直接根据原始凭证转抄于账户,加大了工作量,也增加了记账错误出现的概率。缺陷之二是:为今后的账证数据核对带来了麻烦。在实务上为克服上述缺陷,采用先将经济业务加工为会计分录(编制记账凭证),然后将会计分录转抄于各相关账户(记账)。

会计分录,是一种将每笔经济业务所涉及的应借应贷的账户名称及其金额,按照一定的格式所进行的记录。这种记录的程序称为"编制分录"。在实务上,会计分录在具有专门格式的凭证上编制,第二章第二节的例1与例2的会计分录如下。

(1)借:银行存款　　　　300 000
　　　固定资产　　　　1 000 000
　　贷:实收资本　　　　1 300 000
说明:收到投资者投入的货币资金、厂房。

(2)借:银行存款　　　　60 000
　　贷:长期借款　　　　60 000
说明:从银行取得期限为两年,年利率为12%,到期一次还本付息的借款。

会计分录的形式有两种:一种是分录中只涉及两个账户,其形式为一借一贷,称为简单分录;另一种是分录中涉及几个借方账户与一个贷方账户的关系,或一个借方账户与几个贷方账户的关系,其表现形式为多借一贷或一借多贷,称为复合分录。

上面的分录格式在习惯上已为人们使用了很久,所以也就成为大家公认的通用格式。它的写法是:先写应借账户的名称,在记账符号与账户名称之间略留一点空隙,再向右隔开一些,写上应借记的金额,然后紧接着在下一行约比借记的记账符号向右缩退两个字的地位,写上应贷记的账户名称,再隔开一些,写上应贷记的金额,这项应贷记的金额要写在比借记的金额向右缩退两个字的地位,这可以使人们看到一笔分录后,立即分清借方和贷方的记录。最后,紧接着在下一行上,从此借记的账户名称向右缩退一个字的地位开始写明有关该笔会计事项的简要说明。在教科书上,会计事项的简要说明往往略而不写,而在实务上却要求填写。

初学会计学的人在为经济业务编制分录时,往往急于求成,直奔结果,如此风风火火的原因,很大程度上来源于他(或她)自认为手中握有一个战无不胜的法宝:"有借必有贷,借贷必相等"的记账规则。他(或她)内心也许如此活动:反正对任何经济业务所做的分录都是"有借必有贷,借贷必相等",也就不顾账户之间是否确有内在联系,做一笔有借有贷、借贷相等的分录。如果照此办法用20笔业务来测试其可靠性,其结果将很可能出错。

编制会计分录可按下列步骤进行。①将经济业务所引起的会计要素的增减变化在方程式中显示出来。这样既可验证方程式的平衡性,也可以进一步把握经济业务。②寻求引起增减变动的会计要素的具体项目,也就是寻找经济业务所涉及的账户。③在①②的基础上再联系借贷记账法下各类性质账户记录增减的办法,即可确定账户之间的应借应贷的相互关系,从而形成会计分录。

在上述编制会计分录的过程中,有关账户之间建立了应借应贷的相互关系,这种相互关系叫作账户的对应关系。发生对应关系的账户叫作对应账户。

借助于账户之间的对应关系,我们可以了解一笔经济业务的来龙去脉,如某笔业务的会计分录如下。

借:银行存款   200 000
　　贷:实收资本   200 000

此时,"银行存款"与"实收资本"两账户发生了对应关系,从借方观察,知道存款增加,从贷方观察,知道所有者权益增加。联系起来看,便是银行存款的增加来源于投资者的投入。因此一笔资金从何处来到何处去的运行轨迹就完整地描述出来了。

借助于账户之间的对应关系,我们可以检查经济业务的合法性。如"银行存款"和"库存商品"账户发生如下对应关系。

借:银行存款   10 000
　　贷:库存商品   10 000

此时联系这笔业务的一个直观解释是:用产品换货币资金,这意味着是销售。但是,库存商品是按成本记账的,存款是按售价记入的。常识告诉我们:在正常情况下,售价高于产品的制造成本。因此,例中的对应关系不合理,应把"库存商品"账户换为"主营业务收入"账户。

因此,在为经济业务编制会计分录时,一定要遵循相应的步骤,考虑账户之间的对应关系。

第四节　借贷记账法的综合举例

本节用一个综合性较强的例子,将前面的内容串联在一处。在例子中,我们尽可能给予分析,写得明白一些,并遵循以下步骤。

(1)给出经济业务。在实务上,经济业务体现为多种形式的单据凭证,如购货发票、收据等。

(2)在方程式中分析各经济业务对会计要素增减变动的影响,观察方程式的平衡性。并在此基础上按借贷记账法的要求进行会计分录。

(3)把步骤(2)中所做分录过入"T"形账户,并在全部经济业务得以过账的基础上,结出各账户的本期发生额和期末余额。

(4)将步骤(3)中各账户的结账资料,以清单的形式列示出来,验算试算平衡公式是否得以维持,即编制试算平衡表。

(5)在试算平衡基础上,利用试算平衡表中的资料编制会计报表。

上面各步骤是环环相扣的,上一步骤的结果是下一步骤的输入,最终的结果便是财务报表。为使举例不至于太复杂,此处举例仅限于涉及静态要素的经济业务,因此所编制的报表也就只能是资产负债表了。

例:设某企业20×8年3月31日各账户余额如下。

固定资产	450 000元	原材料	26 000元
应交税费	2 000元	应收账款	2 900元
银行存款	18 000元	实收资本	482 000元
本年利润	11 000元	库存现金	100元
应付账款	4 000元	短期借款	9 000元
库存商品	6 000元	其他应收款	1 000元
生产成本	4 000元		

该厂4月份发生下列经济业务:
(1)从银行存款账户提取现金300元;
(2)采购员张立暂借差旅费300元,财务科以现金付讫;
(3)以银行存款缴清上月欠缴税金2 000元;
(4)从勤丰厂购入原材料,价值8 000元,货款尚未支付;
(5)以银行存款购入机器一台,价值2 000元,投入生产使用;
(6)向银行借入短期借款15 000元,存入银行存款户;
(7)以银行存款偿还勤丰厂货款12 000元(包括上月所欠4 000元和本月所欠8 000元);
(8)生产车间领用原材料,价值16 000元,全部投入产品生产;
(9)收到新华厂还来上月所欠货款2 900元,存入银行存款户;
(10)以银行存款归还短期借款9 000元。

根据所给资料,按前面约定的步骤,逐一解答如下。

将经济业务对方程式的影响列示出来,结果如下:

　　　　资　　　产　＝　负　　债　＋　所有者权益
(1)＋300元(库存现金)
　　－300元(银行存款)
(2)＋300元(其他应收款)
　　－300元(库存现金)
(3)－2 000元(银行存款)　　－2 000元(应交税费)
(4)＋8 000元(原材料)　　　＋8 000元(应付账款)
(5)＋2 000元(固定资产)
　　－2 000元(银行存款)
(6)＋15 000元(银行存款)　＋15 000元(短期借款)
(7)－12 000元(银行存款)　－12 000元(应付账款)
(8)－16 000元(原材料)
　　＋16 000元(生产成本)
(9)＋2 900元(银行存款)
　　－2 900元(应收账款)
(10)－9 000元(银行存款)　－9 000元(短期借款)

根据各项经济业务在方程式中的增减显示,再联系借贷记账法下各类性质账户记录增减方面的规定,上面各项经济业务的会计分录如下。

　　(1)借:库存现金　　300　　(2)借:其他应收款　　300
　　　　贷:银行存款　300　　　　　贷:库存现金　　300
　　(3)借:应交税费　2 000　　(4)借:原材料　　8 000
　　　　贷:银行存款　2 000　　　　贷:应付账款　8 000
　　(5)借:固定资产　2 000　　(6)借:银行存款　15 000
　　　　贷:银行存款　2 000　　　　贷:短期借款　15 000
　　(7)借:应付账款　12 000　　(8)借:生产成本　16 000
　　　　贷:银行存款　12 000　　　贷:原材料　　16 000
　　(9)借:银行存款　2 900　　(10)借:短期借款　9 000
　　　　贷:应收账款　2 900　　　　贷:银行存款　　9 000

在上面的分录中,有两笔须作点解释。一是业务(2)的分录,初学者很容易将企业暂付的差旅费直接记入某种费用。的确,出差人员的差旅费最终会记入某种费用,但只有当出差人归来据实报销时,企业才会将相应的差旅费作为某种费用处理。而在企业预支差旅费时,企业是以暂付的名义借出的,属企业的债权,应在企业的"其他应收款"账户中反映。另一是业务(8)的会计分录,领用材料用于生产产品,产品从开始生产到完工之间往往存在时间差,当领用材料用于产品生产时,不要将材料费用直接记入"库存商品"账户,而应先记入"生产成本"账户,对完工之前的产品进行成本归集。

将上面分录中的资料过入相应的"T"形账户,并结出各账户的本期发生额和余额。

在为具体会计分录过账时,凡有期初余额的账户,应将其期初余额按所示方向过入相应账户,然后过入本期资料。但在所给期初余额资料中,各账户的期初余额资料并未标明方向,因此,先得判断余额的方向。一般情况下的判断准则是:资产、成本费用类账户的余额在借方,负债、所有者权益类账户的余额在贷方。在期初余额资料中,还有两个账户的资料要做点解释:一是"本年利润"账户,其期初余额表示本年前3个月的累计盈利,属企业的所有者权益项目;二是"生产成本"账户,其期初余额表示企业月初尚未完工的在产品的成本,属企业的资产项目。

各会计分录过账及结账后的结果如图3-3所示。

银行存款		库存现金	
余额:18 000	(1)300	余额:100	
(6)15 000	(3)2 000	(1)300	(2)300
(9)2 900	(5)2 000	发生额:300	发生额:300
	(7)12 000	余额:100	
	(10)9 000		
发生额:17 900	发生额:25 300		
余额:10 600			

固定资产		生产成本	
余额:450 000		余额:4 000	
(5)2 000		(8)16 000	
发生额:2 000	发生额:0	发生额:16 000	发生额:0
余额:452 000		余额:20 000	

库存商品		原材料	
余额:6 000		余额:26 000	
		(4)8 000	(8)16 000
发生额:0	发生额:0	发生额:8 000	发生额:16 000
余额:6 000		余额:18 000	

其他应收款		应收账款	
余额:1 000		余额:2 900	
(2)300			(9)2 900
发生额:300	发生额:0	发生额:0	发生额:2 900
余额:1 300		余额:0	

图3-3 各会计分录过账及结账后的结果"T"形账户

短期借款		应付账款	
	余额:9 000		余额:4 000
(10)9 000	(6)15 000	(7)12 000	(4)8 000
发生额:9 000	发生额:15 000	发生额:12 000	发生额:8 000
	余额:15 000		余额:0

应交税费		实收资本	
	余额:2 000		余额:482 000
(3)2 000			
发生额:2 000	发生额:0	发生额:0	发生额:0
	余额:0		余额:482 000

本年利润	
	余额:11 000
发生额:0	发生额:0
	余额:11 000

续图 3-3

把上面各"T"形账户的结账资料以清单形式展列出来,编制试算平衡表(见表 3-2)。

表 3-2 试算平衡表

20×8 年 4 月

账户名称	期初余额		本期发生额		期末余额	
	借方	贷方	借方	贷方	借方	贷方
库存现金	100		300	300	100	
银行存款	18 000		17 900	25 300	10 600	
其他应收款	1 000		300	—	1 300	
应收账款	2 900			2 900	—	
原材料	26 000		8 000	16 000	18 000	
生产成本	4 000		16 000		20 000	
库存商品	6 000		—		6 000	
固定资产	450 000		2 000		452 000	
短期借款		9 000	9 000	15 000		15 000
应付账款		4 000	12 000	8 000		—
应交税费		2 000	2 000			0
实收资本		482 000	—	—		482 000
本年利润		11 000	—	—		11 000
合 计	508 000	508 000	67 500	67 500	508 000	508 000

利用试算平衡表中的资料,编制该企业 4 月 30 日的资产负债表(见表 3-3)。

表 3-3　资产负债表

××单位　　　　20×8年4月30日

资　产	期　末　数	负债及所有者权益	期　末　数
货币资金	10 700	短期借款	15 000
其他应收款	1 300	应交税费	0
存货	44 000	实收资本	482 000
固定资产	452 000	未分配利润	11 000
资产合计	508 000	负债及所有者权益合计	508 000

注:货币资金项目的金额为库存现金和银行存款两者之和。存货项目的金额为原材料、生产成本、库存商品三者之和,未分配利润应为本年利润与利润分配相抵后的结果,但因本例无利润分配事项,未分配利润即为本年利润。

第五节　总分类账户和明细分类账户

一、总分类账户和明细分类账户的概念

账户是根据会计科目开设的。因会计科目按所提供资料的详细程度的不同而有总分类科目和明细分类科目之分,账户也就相应地有总分类账户和明细分类账户之分。所谓总分类账户,它是根据总分类科目开设的,对各个会计要素的具体内容按大类分别设置,用货币作为统一的计量单位登记,总括反映各要素具体内容的增减及其结果的账户。在总分类账户中,一般只能提供所反映对象的货币指标。所谓明细分类账户,是为提供所反映对象的更加详细的辅助指标,在总分类账户的基础上按实际需要以更加详细的分类来设置的。在此类账户中,除了提供反映对象的货币指标外,还能提供一些具有辅助性质的其他指标。如在"原材料"总分类账户下,按材料的品名、规格开设明细账户,应用货币、实物双重计量单位进行登记,就可以获得材料的货币指标、实物指标(如重量、体积等)。

前面提到过,企业除设置总分类科目和明细科目外,还可设置二级科目(子目)。因此,企业除设置总分类账户和明细分类账户外,出于经营上的需要,还可设置二级账户。就二级账户核算的内容来说,它比总分类账户详细(总分类科目为二级科目的上级),而又比明细分类账户概括(二级科目为明细科目的上级),它是介于总分类账户和明细分类账户之间的一种账户,如商业企业在"库存商品"总分类账户下,除按商品品名分别设置明细账外,为了便于核算,还按商品的类别设置"百货类"、"五金类"等二级账户。

二、总分类账户和明细分类账户的关系

总分类账户,是根据总分类科目开设的账户,它按大类提供所反映对象的总括资料。明细分类账户是在总分类账户的基础上,按照更为详细地反映对象的要求而开设的账户,就两者反映的对象和性质而言,是相同的,差别仅在于所提供的反映信息的详简程度上。

总分类账户提供的资料是其所属明细账户反映资料的总括,对所属明细分类账户起控制作用(总分类账户在此意义上也被称为"控制账户"),如同物理学上的合力之于分力;反之,明细分类账户提供的反映资料是对应总分类账户反映资料的补充说明,如同物理学上的分力之于合力,对总分类账户提供的反映资料有辅助解释作用。总之,总分类账户和明细分类账户的联合设置和使用,对同一事物既从总括方面又从明细方面进行反映。总分类账户对明细分类账户起着统御、综合的作用;明细分类账户是总分类账户的具体化,对总分类账户起着辅助、补充说明的作用。

三、总分类账户和明细分类账户平行登记的要点

由于总分类账户和所属的明细分类账户反映着相同的经济内容,因此也就决定了两者在登记上必须遵守平行登记原则。登记要点如下:

(1)对于每一项经济业务,一方面要记入有关总分类账户,另一方面要记入它所属的一个或几个明细分类账户,即所谓同时期登记;

(2)将经济业务记入某一总分类账户及其所属的明细分类账户时,必须记在相同的方向,应记借方都记借方,应记贷方都记贷方,即所谓同方向登记;

(3)记入某一总分类账户的金额必须与记入其所属一个或几个明细分类账户的金额合计数相等,即所谓同金额登记。

在总分类账户与其所属的明细分类账户之间的平行登记原则得到准确无误的实施后,总分类账户上的金额资料与其所属的明细分类账户上的金额资料必然呈现下面的钩稽核对关系:

$$\frac{总分类账户的}{期初(期末)余额} = \frac{所属明细分类账户的}{期初(期末)余额总计} \quad (Ⅰ)$$

$$\frac{总分类账户的本期}{借方(贷方)发生额} = \frac{所属明细类分类账户的}{本期借方(贷方)发生额合计} \quad (Ⅱ)$$

四、总分类账户和明细分类账户平行登记方法举例

现以某制造业企业有关"应付账款"和"原材料"两个账户的资料为例,说明总分类账户和明细分类账户的平行登记方法。假定该企业的"应付账款"账户按供货单位设置明细分类账户,"原材料"账户按所购材料的品名、规格设置明细分类账户。

假设某制造业企业20×8年1月初"应付账款"账户的明细分类账户的余额为:

    红星工厂   25 000元
    新华工厂   14 000元
    华光工厂   16 900元
    ——————————————
    合 计   55 900元

假设某工业企业20×8年1月初"原材料"账户的明细分类账户的余额为:

  甲种材料20 000公斤,单价0.50元, 共计 10 000元
  乙种材料10 000公斤,单价0.30元, 共计 3 000元
  丙种材料1 270吨, 单价1 000元, 共计 127 000元
  ————————————————————————
    合 计   140 000元

假设该工业企业20×8年1月份内发生与有关供货单位的结算业务和有关材料收发业务的详细内容如下。

(1)1月10日,用银行存款偿还华光工厂材料款10 000元。
(2)1月20日,购入下列三批材料,价值共计21 100元,货款尚未支付:
①向红星工厂购进甲种材料14 200公斤,单价0.50元,共计7 100元;
②向新华工厂购进乙种材料30 000公斤,单价0.30元,共计9 000元;
③向华光工厂购进甲种材料10 000公斤,单价0.50元,共计5 000元。
(3)1月25日生产耗用下列材料:

   甲种材料7 600公斤, 单价0.50元, 共计 3 800元
   乙种材料4 000公斤, 单价0.30元, 共计 1 200元
   丙种材料10吨,   单价1 000元, 共计 10 000元
   ————————————————————————
    合 计   15 000元

(4)1月26日用银行存款偿还下列各供货单位账款：

$$\begin{array}{ll}\text{新华工厂} & \text{12 000 元} \\ \text{红星工厂} & \text{15 000 元} \\ \hline \text{合 计} & \text{27 000 元}\end{array}$$

首先，按借贷记账法的要求，将上面各项经济业务的内容做成会计分录如下。
(1)借：应付账款 10 000
  ——华光工厂 10 000
 贷：银行存款   10 000
(2)借：原材料 21 100（总数）
  ——甲材料   12 100 ⎫明
  ——乙材料   9 000 ⎬细
             ⎭数
 贷：应付账款 21 100（总数）
  ——红星工厂 7 100 ⎫明
  ——新华工厂 9 000 ⎬细
  ——华光工厂 5 000 ⎭数
(3)借：生产成本 15 000
 贷：原材料   15 000
  ——甲材料   3 800
  ——乙材料   1 200
  ——丙材料   10 000
(4)借：应付账款 27 000
  ——红星工厂 15 000
  ——新华工厂 12 000
 贷：银行存款   27 000

其次，采用平行登记的方法，将上面各会计分录的资料过入各有关总分类账户及所属的明细分类账户中。但在过入账户的本期发生额资料之前，对有期初余额的账户，应区别余额的方向过入相应的账户，然后再过入账户的发生额资料。这里，我们仅以"应付账款"和"原材料"两个总分类账户及其所属的明细分类账户为例，在"T"形账户中演示平行登记的方法及其结果。请对照图3-4中的结果，验算本节关于总分类账户及其所属明细分类账户在数量上的钩稽核对关系式的（Ⅰ）（Ⅱ）两式是否成立。

应付账款（总分类账）		应付账款——新华工厂	
(1)10 000	余额：55 900	(4)12 000	余额：14 000
(3)27 000	(2)21 100		(2)9 000
发生额：37 000	发生额：21 100	发生额：12 000	发生额：9 000
	余额：40 000		余额：11 000

应付账款——红星工厂		应付账款——华光工厂	
	余额：25 000	(1)10 000	余额：16 900
(4)15 000	(2)7 100		(2)5 000
发生额：15 000	发生额：7 100	发生额：10 000	发生额：5 000
	余额：17 100		余额：11 900

原材料（总分类账）		原材料——甲材料	
余额：140 000		余额：10 000	
(2)21 100	(3)15 000	(2)12 700	(3)3 800
发生额：21 100	发生额：15 000	发生额：12 700	发生额：3 800
余额：146 100		余额：18 300	

原材料——乙材料		原材料——丙材料	
余额：3 000		余额：127 000	
(2)9 000	(3)12 000		(3)10 000
发生额：9 000	发生额：1 200	发生额：0	发生额：10 000
余额：10 800		余额：117 000	

图 3-4　各明细账户的"T"形账户

最后，我们作点说明，借助于教学上高度简化的"T"形账户来演示总分类账户与其所属的明细分类账户的平行登记，其优点是直观、易懂。但如此演示也违背了设置明细分类账户的初衷：为总分类账户提供更为详细的辅助、补充资料，而从"T"形账户中看到的也仅是货币指标。这里，我们以实务上的账户格式来演示"原材料"总分类账户与其所属的明细分类账户之间的平行登记，此时的明细分类账户，提供了更为详细的补充说明资料，如实物指标（见表 3-4、表 3-5、表 3-6、表 3-7）。

表 3-4　原材料明细账

会计科目：原材料

20×8年		凭证		摘　要	借方金额	贷方金额	借或贷	余　额
月	日	字	号					
1	1			期初余额			借	140 000
	20	略	略	赊购材料	21 100		借	146 100
	25			生产领用		15 000	借	146 100
1	31			本月发生额及月末余额	21 100	15 000	借	146 100

表 3-5 甲材料明细账

材料名称:甲材料
计量单位:公斤

20×8年		凭证		摘要	收入			发出			结存		
月	日	字	号		数量	单价	金额	数量	单价	金额	数量	单价	金额
1	1			期初余额							20 000	0.50	10 000
	20	略	略	赊购	24 200	0.50	12 100						
	25			生产耗用				7 600	0.50	3 800			
	31			本月发生额及月末余额	24 200		12 100	7 600		3 800	36 600	0.50	18 300

表 3-6 乙材料明细账

材料名称:乙材料
计量单位:公斤

20×8年		凭证		摘要	收入			发出			结存		
月	日	字	号		数量	单价	金额	数量	单价	金额	数量	单价	金额
1	1			期初余额							10 000	0.30	30 000
	20	略	略	赊购	30 000	0.30	90 000						
	25			生产耗用				4 000	0.30	1 200			
1	31			本月发生额及月末余额	30 000		90 000	4 000		1 200	36 000	0.30	10 800

表 3-7 丙材料明细账

材料名称:丙材料
计量单位:吨

20×8年		凭证		摘要	收入			发出			结存		
月	日	字	号		数量	单价	金额	数量	单价	金额	数量	单价	金额
1	1			期初余额							127	10 000	12 700
	25	略	略	生产耗用				10	1 000	10 000			
1	31			本月发生额及月末余额				10		10 000	117	1 000	117 000

习 题 三

一、单项选择题

1.以下会计分录
　　借:银行存款　　20 000
　　　贷:短期借款　　20 000
体现的经济业务内容是(　　)。

A. 以银行存款20 000元偿还短期借款

B. 收到某企业前欠货款20 000元

C. 从银行取得短期借款20 000元

D. 收到某企业投入的货币资金20 000元

2. 下列错误不能通过试算平衡检查出来的是(　　)。

A. 一笔经济业务应借应贷的金额不等

B. 一笔经济业务应借应贷的科目颠倒

C. 期初余额不等

D. 某一账户误将其期末借方余额记入贷方

3. 如果某一账户期初余额在借方,期末余额在贷方,说明该账户登记项目已从(　　)。

A. 期初的负债转变为期末的所有者权益

B. 期初的所有者权益转变为期末的负债

C. 期初的权益转变为期末的资产

D. 期初的资产转变为期末的权益

4. 下列符合借贷记账法记账规则的是(　　)。

A. 资产类账户增加记贷方,减少记借方

B. 负债类账户增加记借方,减少记贷方

C. 收入类账户增加记贷方,减少记借方

D. 费用类账户增加记贷方,减少记借方

5. 一般而言账户余额在借方的,可判定为(　　)性质。

A. 资产　　　　B. 权益　　　　C. 负债　　　　D. 所有者权益

6. 某企业管理人员报销差旅费1 200元,原借款800元,还需付给其400元。对该项经济业务,应做一笔(　　)的分录。

A. 一借多贷　　B. 一借一贷　　C. 一贷多借　　D. 多借多贷

7. 某企业材料总分类账户本期借方发生额为3 200 000元,本期贷方发生额为3 000 000元,其有关明细分类账户的发生额分别为:甲材料本期借方发生额700 000元,贷方发生额900 000元;乙材料本期借方发生额2 100 000元,贷方发生额1 800 000元;则丙材料本期借方发生额和贷方发生额分别为(　　)。

A. 2 700 000元和2 800 000元

B. 400 000元和300 000元

C. 200 000元和400 000元

D. 因不知道各账户期初余额,故无法计算

8. 某负债类账户的本期借方发生额为7 400元,本期贷方发生额为1 700元,本期贷方期末余额为4 000元,则该账户的贷方期初余额为(　　)元。

A. 700　　　　　B. 8 700　　　　　C. 14 100　　　　　D. 6 100

9. 某企业200×年10月资产增加200万元,负债减少100万元,则该企业的权益将(　　)。

A. 增加100万元　　　　　　　　B. 减少100万元
C. 增加200万元　　　　　　　　D. 减少200万元

10. 将收到投资者的现金投资存入银行。根据借贷记账法编制会计分录时,贷方所涉及的账户是(　　)。

A. 银行存款　　　B. 实收资本　　　C. 长期投资　　　D. 长期借款

二、多项选择题

1. 复式记账法下账户借方登记(　　)。

A. 资产的增加　　　　　　　　B. 负债和所有者权益的增加
C. 负债和所有者权益的减少　　D. 资产、负债和所有者权益的增加

2. 以下(　　)属于资产与负债同时增加的经济业务。

A. 以8 000元的价格购买材料,货款暂欠
B. 向银行借入长期借款10万元存入银行
C. 以存款6 000元偿还前欠货款
D. 销售产品一批,货款80 000元尚未收到

3. 属于资产类账户的有(　　)。

A. 管理费用　　　B. 累计折旧　　　C. 累计摊销　　　D. 生产成本

4. 收回厂部职工交回的预支差旅费现金500元。该经济业务涉及的会计科目有(　　)。

A. 应收账款　　　B. 其他应收款　　　C. 管理费用　　　D. 库存现金

5. 借贷记账法的试算平衡包括(　　)。

A. 增加额试算平衡　　　　　　B. 差额试算平衡
C. 发生额试算平衡　　　　　　D. 余额试算平衡

6. 在下列账户中,期末可能有贷方余额的有(　　)。

A. 管理费用　　　B. 应付账款　　　C. 预收账款　　　D. 原材料

7. 总分类账户和明细分类账户(　　)。

A. 性质不同　　　　　　　　　B. 结构不同
C. 核算对象相同　　　　　　　D. 登记的原始依据相同

8. 以下属于复合会计分录的有(　　)。

A. 一借一贷　　　B. 多借一贷　　　C. 一借多贷　　　D. 多借多贷

9. 不能通过试算平衡检查出来的错误有(　　)。

A. 应借应贷科目记错　　　　　B. 应借应贷科目借、贷方向记反
C. 借、贷双方同时多记金额　　D. 某项经济业务未登记入账

10. 收入发生、结转所记借贷方向与（　　）一致。
A. 资产　　　　B. 所有者权益　　　C. 负债　　　　D. 费用

三、判断题

1. 一借多贷或一贷多借的会计分录不能反映账户的对应关系。（　　）
2. 试算平衡表中借贷发生额合计如果平衡，则说明记账肯定没有错误。
（　　）
3. 一个账户的借方如果用来记录增加额，其贷方一定用来记录减少额。
（　　）
4. 一般来讲，各类账户的期末余额与记录增加额的一方在同一方向。（　　）
5. 无论发生什么类型的经济业务，资产总额与负债及所有者权益总额总是相等的。（　　）
6. 在借贷记账法下，收入和费用类账户期末一般无余额。（　　）
7. 按照"有借必有贷，借贷必相等"的记账规则，每个账户的借方数一定要等于贷方数。（　　）
8. 企业预付下年度生产车间机器设备的修理费时，会使制造费用增加，应记入"制造费用"账户的借方，同时贷记"银行存款"账户。（　　）
9. "累计折旧"账户属于资产类账户，因此，其借方登记折旧的增加。（　　）
10. 平行登记原则是指同时期、同方向、同金额登记。（　　）

四、填空题

1. 记账方法有两种：一是单式记账法；一是_____。
2. 借贷记账法的记账规则是_____。
3. _____就是指根据资产和权益的平衡关系来检查各类账户的记录是否正确。
4. 我国《企业会计准则——基本准则》明确规定，会计记账应采用_____。
5. 某企业本期期初资产总额为 10 000 000 元，本期期末负债总额比期初增加了 4 000 000 元，所有者权益总额比期初增加了 6 000 000 元，则该企业期末资产总额是_____元。
6. 复式记账法对每项经济业务都以相等的金额在_____有关账户中进行登记。
7. 总分类账户与明细分类账户应使用_____进行登记。
8. 对于账户而言，凡余额在贷方的，可判定为_____性质。
9. 企业暂付的差旅费应在企业的_____账户中反映。
10. 当领用材料用于生产时，不应直接将材料费用记入"库存商品"账户，而应先记入_____账户。

五、实训题

1. 大地维修中心 9 月份部分账户资料如下表。

大地维修中心 9 月份部分账户资料

账户名称	期初余额	本期借方发生额	本期贷方发生额	期末余额
库存现金	580	450		550
短期借款	5 000	3 000		4 000
应付账款	1 560		740	1 340
实收资本	5 000		2 000	7 000
库存商品	1 870	1 600		560
银行存款		5 370	3 745	2 600
应收账款	1 600		1 500	1 400
原材料	1 000	1 250	750	

要求：根据各账户的结构，计算并填写表格中的空白部分。

2. 大海公司 20×8 年 11 月做如下会计分录。

(1) 借：原材料　　　　　　　　　36 780
　　　贷：应付账款　　　　　　　　　　36 780
(2) 借：银行存款　　　　　　　　45 000
　　　贷：主营业务收入　　　　　　　　45 000
(3) 借：固定资产　　　　　　　　100 000
　　　贷：实收资本　　　　　　　　　　100 000
(4) 借：库存现金　　　　　　　　800
　　　贷：银行存款　　　　　　　　　　800
(5) 借：银行存款　　　　　　　　40 000
　　　　应收账款　　　　　　　　20 000
　　　贷：主营业务收入　　　　　　　　60 000
(6) 借：应付账款　　　　　　　　26 000
　　　贷：应付票据　　　　　　　　　　26 000
(7) 借：管理费用　　　　　　　　1 000
　　　贷：库存现金　　　　　　　　　　1 000
(8) 借：银行存款　　　　　　　　20 000
　　　贷：短期借款　　　　　　　　　　20 000
(9) 借：银行存款　　　　　　　　20 000
　　　贷：应收账款　　　　　　　　　　20 000
(10) 借：主营业务成本　　　　　　78 000
　　　贷：库存商品　　　　　　　　　　78 000

要求:指出每笔经济业务所反映的经济业务内容。

3.某企业8月份发生下列经济业务:

(1)购入材料一批已入库,金额8 000元,货款暂欠。

(2)购入材料一批已入库,接6 000元,款项以银行存款支付。

(3)国家投入设备一台,价值20 000元。

(4)从银行借入三个期借款30 000元,存入银行。

(5)收回前所欠货款20 000元,存入银行。

(6)以现金800元,支付采购员出差预借的差旅费。

(7)以银行存款20 000元偿还长期借款。

(8)接受某单位捐赠的机器设备3台,价值300 000元。(注:使用"资本公积"科目)

(9)用银行存款20 000元支付广告费用。

(10)以银行存款20 000元缴纳应交税金。

(11)以现金500元购买办公用品。

(12)从银行提取现金2 000元。

(13)从银行提取现金6 000元。

(14)以银行存款支付罚款2 000元。(注:罚款置于"营业外支出"科目)

要求:为上述经济业务编制会计分录。

4.假定长江工厂20×8年9月30日资产、负债及所有者权益账户的期末余额如下:

账户名称	借方余额	账户名称	贷方余额
库存现金	11 600	短期借款	15 000
银行存款	210 000	应付账款	81 000
应收账款	20 000	应付职工薪酬	15 600
原材料	25 000	实收资本	190 000
库存商品	90 000	资本公积	100 000
固定资产	90 000	盈余公积	45 000
合　计	341 600	合　计	341 600

该企业10月份发生下列经济业务:

(1)以银行存款购置机器一辆,价款80 000元,无须安装,直接交付使用;

(2)从银行提取现金5 600元;

(3)收到购货单位归还所欠货款2 0000元,存入银行;

(4)以现金15 600元发放工资;

(5)购入材料一批,货款5 000元,材料已验收入库,货款尚未支付;

(6)投资者追加投入50 000元资金,存入银行;

(7)以银行存款偿还货款 5 000 元；
(8)以银行存款 15 000 元归还短期借款。
要求：
(1)编制 10 月份各经济业务的会计分录；
(2)开设"T"形账户并登账；
(3)根据期初余额和本期发生额，计算各科目的期末余额。

5.假定五星工厂 20×8 年 7 月份资产、负债和所有者权益类账户的期初余额分别如下：

账户名称	借方余额	账户名称	贷方余额
库存现金	200	短期借款	100 000
银行存款	20 000	应付账款	10 000
应收账款	9 800	实收资本	130 000
原材料	40 000		
生产成本	20 000		
库存商品	50 000		
固定资产	100 000		
合　　计	240 000	合　　计	240 000

7 月份该工厂发生下列各项经济业务：
(1)购进材料一批，价值 3 000 元，材料已验收入库，货款以银行存款付讫；
(2)从银行提取现金 100 元；
(3)仓库发出材料，价值 10 000 元，投入生产；
(4)某公司投入新机床一台，价值 20 000 元；
(5)向银行借入短期借款直接归还应付账款 9 000 元；
(6)以银行存款 1 000 元偿还某供应单位货款；
(7)收到应收购货单位货款 1 500 元，存入银行。
要求：
(1)编制 7 月份各经济业务的会计分录；
(2)根据期初余额和本期发生额，计算各科目的期末余额，并开设"T"形账户；
(3)编制五星工厂试算平衡表，进行试算平衡。

第四章 账户和复式记账法的应用

初涉会计学的人,常将先生一军:您分析了,我懂;让我单干,不行。究其原因,责在教而不在学。

复式记账法是一种技术性方法,师徒相传曾是其主要传授方式。其基本原理的形成,来源于对大量经济业务的会计处理。从历史上看,这是一个艰苦的归纳过程。如果考虑到复式记账法的历史形成过程,从具体业务处理到基本原理的归纳式讲授可能更易教易学。但先生的讲授却刚好颠倒,使用的是演绎性质的讲授!

账户的设置和复式记账法的基本原理,只是一个对大量经济业务处理的总概括。只有将其应用于具体经济业务的处理中,才能使其成为一个有血有肉的机体。如同把在江岸上讲授的游泳理论转化为在水中的实践一样。

作为会计核算对象的经济业务,其具体内容可归结为资产、负债、所有者权益、收入、费用和利润等六项会计要素。企业日常的会计核算,可以说是对各项会计要素增减变动及其结果的核算。如果换一个角度,从企业的生产经营过程出发,经济业务又可体现为一个企业的有序资金循环。这里,我们拿加工制造企业作为解剖对象,沿着其资金循环过程(供应→生产→销售),来阐述资金循环在各个阶段上的账户设置及复式记账法的具体应用。在这一过程中,必须牢记权责发生制原则。

可以说,本章是演绎法讲授的一个补救,让其基本原理在实践中体现。

第一节 企业的资金循环

企业的生产经营过程,由供应过程、生产过程和销售过程构成。企业的资金,也就依次循着这三个过程,不断改变其存在的形态,循环周转。

在供应过程中,企业以货币资金通过市场购买加工改造的对象——材料等劳动对象,为生产的开展储备物资基础。在此阶段,货币资金变为储备资金,作为日常的会计核算,应反映和监督资金形态的这一变化,并对所购材料的成本进行核算,检查材料采购成本计划的执行情况。

在生产过程中,生产工人借助于劳动资料进行生产劳动,把劳动对象加工成为产品。生产过程既是产品的制造过程,又是物化劳动和活劳动的耗费过程(分别相当于 C 和 V)。从实物形态看,材料通过加工形成在产品,再从在产品加工成为产成品。从价值形态来看,生产中的耗费,形成企业的生产费用。具体地说,耗费材料发生材料费用,耗费活劳动发生工资费用,使用厂房、机器设备等劳动资料则发生折旧费用等。这些生产费用构成产品的生产成本(C+V)。在生产过程中,储备资金、货币资金(付工资),以及固定资产以折旧形式转移的价值形成生产资金。产品完工时,则由生产资金变为成品资金。作为对企业资金运动进行跟踪反映、监督的会计核算,应反映这些资金形态的变化,并计算完工产品的生产成本,检查产品生产成本计划的执行情况。

在销售过程中,企业售出产品,实现产品的潜在价值,并与客户办理结算,收回货款,实现资金由成品形态向货币形态的转化。在此阶段,会计核算要反映和监督销售收入的实现、销售成本的结转以及发生于销售过程的促销费用和税金等。同时,也要对企业追求的目标——利润进行核算,如果是盈利,则按规定的办法和顺序对盈利实施分配。

总之,企业的资金随着以上三个过程,依次从一种存在形态转化为另一种存在形态,周而复始地循环周转(货币资金→储备资金→生产资金→成品资金→货币资金),构成了一个又一个的营业周期。我们取一个营业周期为例,在账户的设置上充分考虑各阶段资金形态的变化和基本任务。

第二节 供应过程的核算

一、供应过程核算的主要账户及其应用

供应过程是生产过程的准备。如上节所述,在此过程中,企业以货币资金购入劳动对象,使资金由货币形态向储备形态转化。会计核算在此过程中的任务有两个:一是反映资金形态的变化,监督储备资金的占有情况;二是实施成本计算,反映外购材料的成本计划执行情况。

为了完成上述任务,在供应过程专设两个账户——"在途物资"账户和"原材料"账户。

企业的材料大多是外购的,有买价,还有一些采购费用,如运输费、包装费、保险费等。买价和采购费用构成材料的采购成本。"在途物资"账户就是用来确定材料采购成本的账户,它的借方登记购入材料的买价和采购费用,贷方登记验收入库材料的采购成本。期末借方余额表示尚未完成采购手续、成本没有归集完毕的材料的价值。在使用这个账户时,有一点得注意,在材料的采购成本没有归集完毕之前,材料的价值在"在途物资"账户中反映,只有在材料的采购成本确定下

来之后,才从"在途物资"账户的贷方转入到"原材料"账户的借方。不要将买价径直记入"原材料"账户。简而言之,"在途物资"为一过渡账户。

"原材料"账户是用来反映材料的收入、发出和结存情况的资产类账户,其借方登记验收入库的各种材料的成本,贷方登记领用材料的成本。期末借方余额反映库存材料的实际成本。可见,设置该账户,能使企业掌握原材料的收入、发出和结存的动态信息。

"在途物资"和"原材料"账户都要求按材料的品种、规格设置明细账,以分别计算其成本和反映其增减变化。

按照我国现行税法,采购材料应向供货单位支付其应纳的增值税。增值税将企业按销售额全额交纳产品税改为只按销售额中的增值部分征税。粗略地说,只对卖出售价与购进成本之差的增值部分进行征税。购进货物时支付一笔增值税,称为进项税额。将货物售出或加工后售出时向客户收取一笔增值税,称为销项税额。企业真正向国家交纳的部分是销项税额与进项税额之差,即真正的增值部分才纳税。增值税的核算在"应交税费——应交增值税"账户中进行,在购进货物支付增值税时,记入该账户的借方,并记明为"进项税额"。销售产品向购货单位收取的增值税,记入该账户的贷方,并记明为"销项税额"。期末借方余额,反映多上交或者尚未抵扣的增值税;期末贷方余额,反映企业尚未交纳的增值税。增值税的基本税率为16%和10%,但小规模纳税人按销售额征收3%的增值税,不扣抵进项税额。为了对增值税有一个外在认识,下面附一张增值税专用发票(表4-1),在此发票上,有一个思想体现得很清楚:价税分离,把我们习惯上的含税价分离为两个部分——价格和税金。本章所例示的业务,均按16%税率处理。

表4-1 ××省(市、区)增值税专用发票
(税务总局监制章)

开票日期: 　年　月　日							No.0000000	
购货单位	名　称			纳税人登记号				
	地址、电话			开户银行及账号				
商品或劳务名称	计量单位	数量	单价	金　额 百十万千百十元角分	税率(%)	税　额 百十万千百十元角分		
合　计								
价税合计(大写)			仟佰拾万仟佰拾元角分¥____					
销货单位	名　称			纳税人登记号				
	地址、电话			开户银行及账号				
收款人:			开票单位(未盖章无效)					

第一联:存根联　留存备查

在供应阶段，除了必须设置以上几个主要账户外，还会涉及其他账户。例如：为了反映与供货单位的货款结算和支付情况，必须应用"应付账款"、"银行存款"等账户。在预先支付货款的情况下，还要应用"预付账款"等账户。这些账户的具体内容，将随着例题的展开而附带说明。

下面举例说明供应阶段的核算中账户和复式记账方法的应用。假定某企业20×8年7月发生如下经济业务。

［业务1］ 7月5日，向振兴工厂购入甲材料4 000公斤，单价为10元，买价共计40 000元，运杂费8 000元，支付增值税6 400元。所有款项均以银行存款支付。

这笔业务是典型的钱货两清交易，属于一物换一物。买价和运杂费构成材料的采购成本，增值税单独核算，不进成本。该笔业务的会计分录如下。

借：在途物资——甲材料　　48 000（40 000＋8 000）
借：应交税费——应交增值税（进项税额）　　6 400
　　贷：银行存款　　　　　　　　　　　　　　　　　54 400

［业务2］ 7月7日，上述材料点验无误，验收入库。

材料验收后，库存材料增加。因为该笔材料的成本已在"在途物资"账户中归集，且已归集完毕。此时可由"在途物资"账户的贷方结转至"原材料"账户的借方，分录如下。

借：原材料——甲材料　　48 000
　　贷：在途物资——甲材料　　48 000

［业务3］ 7月15日，向振兴工厂同时购入甲、乙两种材料，货款尚未支付。甲、乙材料的资料如下。

甲材料：1 000公斤，单价10元，增值税1 600元。

乙材料：2 000公斤，单价2元，增值税640元。

这笔业务使企业的资产增加，但这笔资产是企业赊购来的，因此负债也增加。因购买材料而未向供应单位支付的款项在"应付账款"账户中核算。该账户是负债类账户，贷方登记应付给供应单位的购料款；借方登记已偿付给供应单位的购料款。余额在贷方，表示结欠供货单位的购料款。这笔业务发生后的分录如下。

借：在途物资——甲材料　　10 000
　　　　　　——乙材料　　4 000
　　应交税费——应交增值税（进项税额）2 240
　　贷：应付账款——振兴工厂　　16 240

［业务4］ 7月17日，用银行存款支付以上购入的甲、乙两种材料的运杂费90元。

在一批购入两种以上材料时，所发生的共同性采购费用，应在该批材料之间按照适当的标准进行分配,以便分别计算、确定它们的采购成本。所谓适当标准,是指能够表示各种材料对共同采购费用的合理分摊关系,如重量、体积、件数、价值等。在实际工作中,可以根据具体情况选择采用。现以该批材料的重量作为分配标准,在甲、乙两种材料之间分配运杂费。分配时可先计算分配率,计算如下:

$$\text{分配率} = \frac{90}{1\,000 + 2\,000} = 0.03(元/公斤)$$

甲材料应负担的运杂费 = 1 000×0.03 = 30(元)

乙材料应负担的运杂费 = 2 000×0.03 = 60(元)

以上业务在通过上面的计算后,应编制的分录如下。

借:在途物资——甲材料　　　30
　　　　　　——乙材料　　　60
　　贷:银行存款　　　　　　　　　　90

[业务5] 7月20日,结转上述甲、乙材料的采购成本。

购入的甲、乙两种材料,其采购成本已在"在途物资"账户中进行了归集,待其采购成本归集完毕之后,应从"在途物资"账户的贷方转入"原材料"账户的借方,以反映材料的入库情况。

材料的采购成本由其买价和采购费用所构成。对甲种材料而言,其买价为10 000元,采购费用为30元。对乙种材料而言,其买价为4 000元,采购费用为60元。因此甲材料、乙材料的成本分别为10 030元和4 060元。在材料的采购成本归集、计算完毕后,应做的会计分录如下。

借:原材料——甲材料　　　10 030
　　　　——乙材料　　　　4 060
　　贷:在途物资——甲材料　　　　10 030
　　　　　　　——乙材料　　　　　4 060

[业务6] 7月19日,用银行存款归还欠付振兴工厂的购料款16 240元(见业务3)。

既是为了严肃财经纪律,也是为了在购货方与供货方之间建立良好的信任关系,购货单位要主动、及时地与供货单位办理货款的结算。本例反映的事实就是一笔购、供双方之间的货款结算业务。

业务6反映的基本事实是:企业动用自己的银行存款结清一笔赊购货款。该笔欠款已以"应付账款"的名义做了记录,因此应做的会计分录如下。

借:应付账款——振兴工厂　　　16 240
　　贷:银行存款　　　　　　　　　　16 240

上述6笔经济业务的会计分录过入分类账后的结果如图4-1所示(账户的期初余额是假定的)。

银行存款			应付账款	
余额:100 000	(1)54 400			余额:0
	(4)90			
	(6)16 240		(6)16 240	(3)16 240
发生额:0	发生额:70 730		发生额:16 240	发生额:16 240
余额:29 270				余额:0

在途物资			应付账款——振兴工厂	
余额:0	(2)48 000			余额:0
(1)48 000	(5)14 090			
(3)14 000			(6)16 240	(3)16 240
(4)90				
发生额:62 090	发生额:62 090		发生额:16 240	发生额:16 240
余额:0				余额:0

在途物资——甲材料			原材料	
余额:0	(2)48 000		余额:120 000	
(1)48 000	(5)10 030		(2)48 000	
(3)10 000			(5)14 090	
(4)30				
发生额:58 030	发生额:58 030		发生额:62 090	发生额:0
余额:0			余额:182 090	

在途物资——乙材料			原材料——甲材料	
余额:0	(5)4 060		余额:70 000	
(3)4 000			(2)48 000	
(4)60			(5)10 030	
发生额:4 060	发生额:4 060		发生额:58 030	发生额:0
余额:0			余额:128 030	

原材料——乙材料			应交税费——应交增值税	
余额:50 000				余额:0
(5)4 060			(1)6 400	
			(3)2 240	
发生额:4 060	发生额:0		发生额:8 640	发生额:0
余额:54 060			余额:8 640	

图 4-1 业务 6 的"T"形账户

上述会计分录的过账过程及其结果中有以下几点值得注意。

(1)设置"在途物资"账户的目的是为"原材料"账户输入归集后的成本资料。

(2)总分类账户与其所属的明细分类账户之间应遵循平行登记的原则。在这一原则得到正确的贯彻之后,总分类账户与其所属的明细分类账户之间在金额上应体现相互钩稽核对的关系(见第二章)。可用"在途物资"、"原材料"两个总分类账户及其所属的明细分类账户上的金额资料予以验算核对。

(3)分录(1)即材料成本从"在途物资"向"原材料"转移的过程,清楚地表明货币资金向储备资金的转化。

二、材料采购成本的计算

正如前述,在供应过程中,会计核算的另一个目的是对所购材料实施成本计算,按材料的类别、品名归集其采购成本,以计算其总成本和单位成本。考核其成本计划的执行情况。

材料采购成本的归集原则是:能直接确定归属对象的买价和采购费用,直接记入材料的采购成本(如业务1);对不能直接记入成本的多种材料负担的采购费用,在选择适当的分配标准进行分配之后,再将分配后的结果归入材料的采购成本(如业务4);在实际工作中,这一归集过程是借助材料采购的多栏式明细账来完成的,在材料采购明细账的借方,按照材料采购成本的构成项目,分专栏进行归集,登记购入材料的采购成本;贷方登记完成采购手续、验收入库材料的采购成本。余额一般在借方,表示尚未完成采购手续、成本没有归集完毕的材料的采购成本。前面材料采购业务的材料采购明细账如表4-2、表4-3所示。

表 4-2　甲材料采购明细账

材料名称和类别:甲材料

20×8年		凭证号	摘　要	借方			贷方	结余金额
月	日			买价	运杂费	合计		
7	5		购甲料4 000公斤,@10元	40 000	8 000	48 000		
	7	略	结转实际采购成本				48 000	
	15		购甲料1 000公斤,@10元	10 000		10 000		
	17		分配运杂费		30	30		
	20		结转实际采购成本				10 030	
	31		本期发生额及余额	50 000	8 030	58 030	58 030	0

表 4-3　乙材料采购明细账

材料名称和类别:乙材料

20×8年		凭证号	摘　要	借方			贷方	结余金额
月	日			买价	运杂费	合计		
7	15	略	购入乙料2 000公斤@2元	4 000		4 000		
	17		分摊运杂费		60	60		
	20		结转实际采购成本				4 060	
	31		本月发生额及余额	4 000	60	4 060	4 060	0

借助于材料采购明细账中的成本资料,材料采购的总成本和单位成本也就很容易计算求得(见表4-4)。

表 4-4 材料采购成本计算表

项 目	甲材料(5 000公斤)		乙材料(2 000公斤)	
	总成本/元	单位成本/元	总成本/元	单位成本/元
买 价	50 000	10	4 000	2
采购费用	8 030	1.606	60	0.03
合 计	58 030	11.606	4 060	2.03

第三节 生产过程的核算

一、生产费用概述

第二节已讲到,在供应过程中企业的资金已从货币形态向储备形态转化,但资金循环并未到此为止,而是要继续循环下去,这便是下一个过程——生产过程。

工业企业的生产过程,自然要使用上一个过程的结果——储备资金——作为其投入,同时还要发生一些追加投入,如人工、生产资料等,以便完成产品的生产过程。因此,生产过程既是各种物化劳动和活劳动的耗费过程,也是产品生产成本的形成过程,这就决定了在生产过程中会计核算的基本任务,一是归集发生于生产过程中的各种投入——生产费用,二是计算完工产品的生产成本。

为了讲解、理解的方便,先对工业企业在生产经营过程中发生的各项费用进行分类。

企业在生产经营过程中发生的各项耗费,按照其是否构成产品成本,划分为制造成本和期间费用。

(一)制造成本

这是指与产品生产直接有关的各项费用,这种费用应该记入产品成本。待产品销售时,以销售成本的名义从销售收入中取得补偿。制造成本又可根据记入产品成本的方式不同,将其划分为直接费用和间接费用。

1. 直接费用

这是指直接为生产产品而发生的直接材料、直接人工。直接费用直接记入产品的生产成本。在核算上表现为费用发生时直接记入"生产成本"账户。

直接材料是指构成产品主要实体的各种材料,如机床厂制造机床所耗用的钢材,棉纺织厂生产棉纱所耗用的原棉等。这些材料直接用于制造产品,可以明确认定它们是为了生产某种产品而被耗用,这部分材料耗费就可以也应该直接按有关产品分别进行归集,记入产品的生产成本。

直接人工是指直接参与产品生产的工人工资及按规定比例计提的福利费。由于生产工人直接从事产品生产,这部分活劳动的耗费也可以明确认定于生产的哪一种产品上。因此,直接人工也可以并应该直接按有关产品分别进行归集,记入产品的生产成本。在核算上表现为直接人工费用在发生时直接记入"生产成本"账户。

2. 间接费用

这也称制造费用,是指企业各生产单位(分厂、车间)为组织和管理生产所发生的除上述两项以外的各种费用。这部分费用的发生,通常是为生产活动提供共同需要的服务,或者是有助于生产活动的进行。如车间技术管理人员的工资、福利费、应计提的生产用固定资产折旧费、修理费和劳动保护费等。在一般情况下,这部分费用不能直接按产品分别进行归集,而要将它们先予以汇总,然后用一定的方法在各种产品之间进行分配,记入有关的产品名下。间接费用在会计核算上体现为先在"制造费用"账户中汇总,然后选用分配标准分配记入相关产品的名下。

(二)期间费用

这主要是指与产品生产无直接联系,属于某一期间耗用的费用。这种费用不易确认其受益对象,但易确认其受益期间。期间费用不参与产品成本的计算,而是直接以一个总额记入当期损益。期间费用包括企业的管理费用、财务费用、销售费用。

管理费用是指企业行政管理部门为管理和组织经营活动而发生的各项费用。如行政管理人员的工资和福利费、管理用的固定资产折旧、业务招待费、存货盘亏及毁损损失等。

财务费用是指企业为筹集资金而发生的各项费用,包括利息支出(减利息收入)、汇兑损失(减汇兑收益)以及金融机构手续费等。

销售费用是指企业在销售产品、自制半成品和提供劳务等过程中发生的各项费用以及专设销售机构的各项经费。如运输费、包装费、广告费、展览费以及为销售本企业产品而专设的销售机构的职工工资、福利费等。

上述发生于企业的各种费用可用图4-2总括如下:

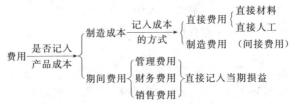

图4-2 企业的各种费用示意图

二、生产过程核算应设置的账户

为完成生产过程核算的任务,工业企业生产过程的核算应设置和运用两个专门反映生产过程中费用归集和分配的账户,即"生产成本"账户和"制造费用"账户。

"生产成本"账户是成本类账户。生产过程中发生的直接费用,直接记入该账户的借方。生产过程中发生的间接费用,先在"制造费用"账户的借方予以汇总,期末再分配记入"生产成本"账户的借方。因此,为进行产品生产而发生的一切生产费用,最终都要归集到这个账户的借方,无非是时间上有先有后。"生产成本"账户的贷方登记已经完成生产过程的、已验收入库的产成品的生产成本,该账户的余额一般在借方,反映尚未完工的在产品的生产成本。

为了具体反映每一种产品的生产费用的发生情况,确定各种产品的实际制造成本,应按产品的品名或类别核算。在这些明细账中,按产品成本的构成内容(即成本项目)分别设置专栏,以便汇集各成本项目的金额。

"制造费用"账户是成本类账户。其借方汇总产品生产过程中发生的各项间接费用,贷方登记按一定的分配标准,于期末分配转入"生产成本"账户的借方,应由各种产品负担的制造费用,该账户一般无期末余额。"制造费用"账户在生产过程的核算中,具有明显的过渡性质,起归集和分配间接费用的作用。正是基于"制造费用"账户的此项功能,在第五章账户的分类中,将"制造费用"命名为"集合分配"账户。

此外,在生产过程核算中,还必然会涉及其他一些账户,主要有"库存商品"账户、"应付职工薪酬"账户、"累计折旧"账户等。

"库存商品"账户是一个资产类账户,用来反映已完成生产过程并已验收入库的产成品的增减变动和结存情况。该账户的借方登记已验收入库的各种产成品的实际生产成本,贷方登记已经销售或已经发出的产品的实际生产成本。其余额在借方,表示库存产成品的实际生产成本。为了具体反映和监督每一种产成品的增减变动和结存情况,应按产成品的品种、规格设置明细分类账户,进行明细分类核算。

"应付职工薪酬"账户是负债类账户,用来反映企业与职工之间的结算关系。职工薪酬,是指企业为获得职工提供的服务而给予各种形式的报酬以及其他相关支出,包括职工在职期间和离职后提供给职工的全部货币性薪酬和非货币性福利。本科目应当按"工资"、"职工福利"、"非货币性福利"等进行明细核算。

工资分配时,"应付职工薪酬"账户贷方登记企业应付给职工的工资总额。工资发放时登记在"应付职工薪酬"账户借方,即应付职工薪酬账户借方登记企业实际支付给职工的工资。其余额在贷方,表示应付而未付的工资数额。

固定资产是企业进行生产经营活动必不可少的"硬件",如厂房、机器设备、运输设备等,这些"硬件"可供企业长期使用,其实物形态并不因使用而改变,但其"青春"却在使用过程中被消磨掉。被消磨掉的"青春"便是固定资产以折旧的形式将其价值部分地、逐渐地转移到它所参与生产的产品成本中去了。这部分在生产过程中因使用而逐渐转移的价值在会计上称为固定资产折旧。

固定资产折旧,从价值形态来说,是固定资产价值的损耗。账上记列的固定资产,其价值因折旧而逐渐减少。这部分折旧价值本可以直接贷记"固定资产"账户,以反映其价值的减少。但由于固定资产的原始价值是一项有用的管理资料,宜于在账面上长期保留,因此,为了满足管理上的需要,会计上对固定资产的折旧采用了比较"委婉"的做法,单独设置一个"累计折旧"账户,用以记载固定资产的折旧价值,曲折地达到反映固定资产价值减少的目的。

"累计折旧"账户是"固定资产"账户的抵减账户,它是专门用来反映固定资产已磨损的价值的账户,也是调减固定资产原始价值的账户,它的贷方登记固定资产已磨损的价值,即固定资产折旧的增加数,借方登记固定资产折旧的冲销数。期末余额在贷方,表示截至本期期末固定资产已磨损价值的累计数。从"固定资产"账户借方余额所反映的固定资产的原始价值中,减去"累计折旧"账户贷方余额所反映的固定资产已损耗价值的累计数,即可求得截至本期期末固定资产的净值(也称折余价值),将净值与固定资产的原始价值对比,可以反映该项固定资产的新旧程度。

请注意,设置"累计折旧"账户是为了管理上的需要,把折旧价值单独记载和直接贷记"固定资产"账户,并无本质上的不同。从历史上看,"累计折旧"账户的设置晚于"固定资产"账户的设置,它是工业革命后的产物。只有当固定资产的规模越来越大,在生产经营活动中的作用愈来愈重要时,才有设置这个账户的必要。

三、生产过程的核算举例

[业务 7] 某厂 20×8 年 7 月份材料仓库发料汇总表如表 4-5 所示。

表 4-5 发料汇总表

20×8 年 7 月

用 途	甲 材 料		乙 材 料		合计金额/元
	数量/公斤	金额/元	数量/公斤	金额/元	
制造产品用:					
A 产品	100	1 160.60	100	203	1 363.60
B 产品	50	580.30	40	81.20	661.50
小 计	150	1 740.90	140	284.20	2 025.10
车间一般耗用	10	116.06			116.06
行政管理部门			40	81.20	81.20
合 计	160	1 856.96	180	365.40	2 222.36

从表 4-5 中的资料可以看出,该厂 7 月份耗用的材料可分为三个部分。一部分直接用于 A、B 产品的生产,构成 A、B 产品生产成本中的直接材料费用,合计为 2 025.10 元(1 363.60 元+661.50 元),这部分直接材料费用径直记入"生产成本"账户的借方。另一部分材料耗费为车间的一般性耗用,合计为 116.06 元,这部分耗费应记入产品的生产成本。但由于车间生产两种产品,这部分材料费用也就不能直接按产品归集,而要作为间接费用先记入"制造费用"账户的借方,待通过分配后再归集到各产品名下。第三部分为企业行政管理部门耗用的材料,不属于生产费用,而属于管理费用,应记入"管理费用"账户的借方。同时,领用材料使材料库存减少,应记入"原材料"账户的贷方。

经过以上的分析,根据发料汇总表可编制下面的分录。

借:生产成本——A 产品　　　　　　　　　1 363.60
　　　　　　——B 产品　　　　　　　　　　661.50
　　制造费用　　　　　　　　　　　　　　　116.06
　　管理费用　　　　　　　　　　　　　　　 81.20
　贷:原材料——甲材料　　　　　　　　　　1 856.96
　　　　　　——乙材料　　　　　　　　　　 365.40

[业务 8] 该厂 20×8 年 7 月 31 日,根据职工考勤记录、工时凭证、产量记录计算职工工资如下。

生产工人工资:
　　生产 A 产品的生产工人工资　　　　　　7 200 元
　　生产 B 产品的生产工人工资　　　　　　8 800 元
　　车间技术管理人员工资　　　　　　　　1 200 元
　　企业行政管理人员工资　　　　　　　　2 000 元
　　　　合　　计　　　　　　　　　　　　19 200 元

从理论上讲,职工每劳动一天(或其他计量单位),均应付给职工劳动报酬。但我们看到的情况往往不是这样。在一般情况下,职工当月的工资,企业下月才支付。其原因主要是计算工资的记录(如考勤、计件记录等)要到月末才能出来。但财务制度要求企业于月末必须编制会计报表,这样,企业于月末就有一笔欠付职工劳动报酬的负债——应付职工薪酬——工资。

企业职工的工资,按职工所在岗位的不同,记入不同的成本、费用。就本例而言,直接从事 A、B 产品生产的工人的工资,应作为 A、B 产品生产的直接人工费用,直接记入"生产成本"账户的借方。车间技术管理人员的工资,是生产 A、B 产品的共同性生产费用,先作为间接费用记入"制造费用"账户借方,期末通过分配后最终记入 A、B 产品名下。至于厂部行政管理人员的工资,不是生产费用,而作为期间费用记入"管理费用"账户的借方。企业欠付职工的工资,记入"应付职工薪酬——工资"账户的贷方。

经过上面的分析,业务8应做的分录如下。

借:生产成本——A产品　　　　　　　　7 200
　　　　　　——B产品　　　　　　　　8 800
　　制造费用　　　　　　　　　　　　　1 200
　　管理费用　　　　　　　　　　　　　2 000
　贷:应付职工薪酬——工资　　　　　　　19 200

[业务9]　计提7月份的职工福利费

职工福利费是职工工资的一个附加额,按应付职工工资总额的一定比例计提。现阶段我国使用的提取比例是14%。职工福利费用记入成本费用的方式是:工资费用记入什么成本费用,对应的福利费也就记入相应的成本费用。完全类似于工资的处理。因此,该厂7月份计提职工福利费的具体情况及会计分录如下。

生产工人职工福利费:

生产A产品工人职工福利费　　　　　　　1 008元(7 200×14%)
生产B产品工人职工福利费　　　　　　　1 232元(8 800×14%)
车间技术管理人员职工福利费　　　　　　168元(1 200×14%)
企业行政管理人员职工福利费　　　　　　280元(2 000×14%)
　　合　计　　　　　　　　　　　　　　2 688元

借:生产成本——A产品　　　　　　　　1 008
　　　　　　——B产品　　　　　　　　1 232
　　制造费用　　　　　　　　　　　　　168
　　管理费用　　　　　　　　　　　　　280
　贷:应付职工薪酬——职工福利　　　　　2 688

[业务10]　7月31日,根据计算,该厂7月份计提固定资产折旧费4 000元。其中生产部门为3 000元,企业行政管理部门为1 000元。

固定资产在其使用过程中,每时每刻都在转移其价值。原则上讲,我们每天都应记载这种价值的转移。但实际上我们并未按原则办事,而是将这种价值的转移集中于某一特定时日进行反映(通常为月末),把一个连续动态的事项归结为一个静态事项处理。业务8、业务9的处理也隐含着这一思想,这是会计上对连续动态事项的惯用处理方法。

固定资产折旧,从价值形态看,是一种价值转移。一方面,固定资产因价值转移而导致其自身价值的减少,以贷记"累计折旧"账户反映;另一方面,其转移的价值构成它为之服务的产品的成本或其他费用,将来从销售收入中得到补偿。对车间等生产部门使用的固定资产而言,其折旧费用作为产品成本中的间接费用项目,记入"制造费用"账户的借方;对行政管理部门使用的固定资产而言,其折旧费用记入"管理费用"账户的借方。因此应做的分录如下。

借:制造费用　　　　　　　　　　　　　　3 000
　　管理费用　　　　　　　　　　　　　　1 000
　　贷:累计折旧　　　　　　　　　　　　　　　　4 000

[业务 11]　7 月 1 日,以银行存款 1 200 元支付车间(机器)修理费。该笔修理费计划分两年记入产品成本。

这是一笔典型的费用的支付期在前、归属期在后的跨期摊配业务。车间为修理机器而支付的修理费发生于 7 月,但这笔支出应归两年的产品成本来负担。因此,支付的修理费不应直接记入"制造费用"账户,而应先记入"长期待摊费用"账户,待按归属期分摊后,再记入"制造费用"账户。应做的分录如下。

借:长期待摊费用　　　　　　　　　　　　1 200
　　贷:银行存款　　　　　　　　　　　　　　　　1 200

[业务 12]　7 月 31 日,摊销应由本月产品负担的机器修理费 50 元(见业务 11)。

业务 12 反映的事实是:将先前已发生(见业务 11)但不能直接记入 7 月份的机器修理费用按其归属金额(50 元)记入 7 月份的产品成本名下。7 月 1 日支付修理费时,已将修理费记入"长期待摊费用"账户,分摊时,应从该账户贷方转出,记入"制造费用"账户借方,应做的分录如下。

借:制造费用　　　　　　　　　　　　　　50
　　贷:长期待摊费用　　　　　　　　　　　　　　50

注:将业务 11 与业务 12 作一对比,可以将两笔业务的分录做成如下形式。

借:制造费用　　　　　　　　　　　　　　50
　　长期待摊费用　　　　　　　　　　　　1 150
　　贷:银行存款　　　　　　　　　　　　　　　　1 200

[业务 13]　7 月 31 日,预提租入的车间用固定资产租金 500 元。

将业务 13 整体改造为:7 月 31 日,支付车间租入的固定资产当月租金 500 元。显然,支付租金导致银行存款的减少,而该笔租金归属当月车间负担,作为生产过程的制造费用。因此应做的分录如下。

借:制造费用　　　　　　　　　　　　　　500
　　贷:银行存款　　　　　　　　　　　　　　　　500

回到本题上来,企业支付租金的方式发生了改变。7 月份的租金,当月并未支付,而是递延到以后期间才支付。这又是一种跨期摊配的费用:费用的归属期在先,支付期在后。为了正确反映各期应负担的成本费用,这种跨期费用应以"应付账款"的形式记入各期的成本费用。因此,前面的分录仅做一点修改即可,应做的分录如下。

借:制造费用　　　　　　　　　　　　　　　　　　500
　　　　贷:应付账款　　　　　　　　　　　　　　　　　500

[业务14]　7月31日,预提银行借款利息100元。

业务14同业务13是同一类型的跨期摊配费用。本月的借款利息尽管并未实际支出,但应归属本月负担。企业的借款利息属企业筹集资金而发生的资金使用费,记入财务费用。因此,该项经济业务发生后,应做的会计分录如下。

　　借:财务费用　　　　　　　　　　　　　　　　　　100
　　　　贷:应付利息　　　　　　　　　　　　　　　　　100

[业务15]　7月10日,以银行存款支付企业第二季度银行借款利息600元。

7月10日支付的利息,并不归属7月份负担,而应归属第二季度的3个月负担。实际上,联系业务14可以看到,第二季度的4、5、6月尽管未支付利息,但利息费用已预提入账。因此,真正支付时不要再增加财务费用,而应冲销从前应付而未付的负债——应付利息。所以,该笔经济业务的分录如下。

　　借:应付利息　　　　　　　　　　　　　　　　　　600
　　　　贷:银行存款　　　　　　　　　　　　　　　　　600

[业务16]　7月10日,从银行提取现金20 000元,备发工资。

这项业务的发生,涉及资产内部项目之间的此增彼减。资产项目中的现金增加,银行存款减少,应编制的分录如下。

　　借:库存现金　　　　　　　　　　　　　　　　　20 000
　　　　贷:银行存款　　　　　　　　　　　　　　　　20 000

[业务17]　7月10日,以现金20 000元支付职工工资。

7月10日发放的工资,实际上是企业欠付职工的上月工资,而上月欠付的工资已于上月末以负债的名义在"应付职工薪酬——工资"账户中予以记列。因此,发放工资实际上是了结企业欠付职工的一笔负债。企业的现金少了20 000元,债也结清了20 000元,因此应编制的会计分录如下。

　　借:应付职工薪酬——工资　　　　　　　　　　　20 000
　　　　贷:库存现金　　　　　　　　　　　　　　　　20 000

[业务18]　7月13日,将本月发生的制造费用5 034.06元按1∶2的比例在A、B产品间分配,记入产品生产成本。

企业为了生产产品而发生的各种生产费用最终都应记入产品成本,无非是记入成本的方式不同,时间上有先后之分。生产过程中发生的各项间接费用,先在"制造费用"账户中予以汇总,期末再选取适合企业自身情况的分配标准,如按产品产量、机器工时、工人工资等分配标准,将汇总的制造费用分配记入各产品的生产成本中。

本例选用的分配比例1∶2,纯属一个假定比例,在此分配比例下,A产品应负担的制造费用为 1 678.02 元,B 产品应负担的制造费用为 3 356.04 元,制造费用经过分配后,可向各产品的生产成本结转。此项结转应做的分录如下。

借:生产成本——A 产品　　　　　　　　1 678.02
　　　　　　——B 产品　　　　　　　　3 356.04
　贷:制造费用　　　　　　　　　　　　　5 034.06

[业务 19] 全月投产 A、B 产品各 10 台,已全部完工验收入库。结转产品实际生产成本(A、B 产品无期初在产品)。

经过业务 18 的分配结转,生产过程中发生的一切生产费用实现了大团圆,已全部汇聚于"生产成本"账户。期末,"生产成本"账户汇聚的生产费用要在完工产品与期末在产品之间进行分配,以计算完工产品的成本,反映成品资金的占用情况。本例选取了一种特殊的情形:假定期初期末均无在产品。因此,当月归集的所有生产费用即为产成品的生产成本。其中 A 产品的总成本是 11 249.62 元[直接材料(1 363.60 元)+直接人工(7 200 元+1 008 元)+制造费用(1 678.02元)],B 产品的总成本为 14 049.54 元[直接材料(661.50 元)+直接人工(8 800 元+1 232 元)+制造费用(3 356.04 元)]。

产品完工入库,为了反映资金形态由生产资金向成品资金转化,应当按照完工产品的实际生产成本,从"生产成本"账户的贷方转入"库存商品"账户的借方。做出的分录如下。

借:库存商品——A 产品　　　　　　　　11 249.62
　　　　　　——B 产品　　　　　　　　14 049.54
　贷:生产成本——A 产品　　　　　　　　11 249.62
　　　　　　——B 产品　　　　　　　　14 049.54

上述经济业务的会计分录过入有关总分类账户的明细分类账户后的情况如图 4-3 所示(账户的余额是假定的)。

原材料(总)		生产成本(总)	
余额:134 090	(7)2 222.36	余额:0	(19)25 299.16
		(7)2 025.10	
		(8)16 000	
		(9)2 240	
		(18)5 034.06	

原材料——甲材料		生产成本——A 产品	
余额:128 030	(7)1 856.96	余额:0	(19)11 249.62
		(7)1 363.60	
		(8)7 200	
		(9)1 008	
		(18)1 678.02	

图 4-3　业务 19 的"T"形账户

原材料——乙材料		生产成本——B产品	
余额:54 060	(7)365.40	余额:0	(19)14 049.54
		(7)661.50	
		(8)8 800	
		(9)1 232	
		(18)3 356.04	

制造费用		管理费用	
(7)116.06	(18)5 034.06	(7)81.20	
(8)1 200		(8)2 000	
(9)168		(9)280	
(10)3 000		(10)1 000	
(12)50			
(13)500			

累计折旧		应付职工薪酬——职工福利	
	余额:100 000		余额:10 000
	(10)4 000		(9)2 688

应付职工薪酬——工资		长期待摊费用	
	余额:20 000	余额:600	(12)50
(17)20 000	(8)19 200	(11)1 200	

银行存款		财务费用	
余额:200 000	(11)1 200	(14)100	
	(15)600		
	(16)20 000		

应付利息		库存商品(总)	
(15)600	余额:600	余额:10 000	
	(14)100	(19)25 299.16	

库存现金		库存商品——A产品	
余额:1 000		余额:4 000	
(16)20 000	(17)20 000	(19)11 249.62	

库存商品——B产品		应付账款	
余额:6 000			余额:800
(19)14 049.54			(13)500

续图 4-3

四、产品生产成本的计算

在产品的生产阶段,会计核算的另一任务是计算完工产品的生产成本。

产品生产成本的计算,简单地说,就是将生产过程中发生的各项生产费用,按照产品的品种或类别,分别归集,计算其总成本和单位成本。真正的产品成本计算工作是一项非常复杂而细致的工作,具体的计算程序和计算方法,在成本会计中专门讲述。这里的阐述仅仅是说明最一般的原理。其目的还是侧重于进一步说明生产过程核算中账户的设置、登记及其在产品生产成本计算中的应用。

在前面的核算中,账户的设置和登记已充分顾及生产过程核算中第二个任务的完成,为第二个任务的完成做了铺垫。这里,我们再次复述生产过程的核算中有关账户对生产费用的归集原则:凡是为生产产品而发生的直接材料、直接人工等直接费用,在费用发生时直接记入该种产品的生产成本;凡为生产产品而发生的各项间接费用,应先在"制造费用"账户中汇总,待期末选用适当的分配标准分配后,再将其记入各产品的生产成本(在企业只生产一种产品的情况下,制造费用不存在分配问题,可以直接记入产品的生产成本,也可以在汇总后以一个总数记入产品的生产成本)中。

由此可知,产品生产成本归集中的难点是制造费用的分配问题,产品生产成本的准确性,也在某种程度上依赖于这一分配的准确性。在一般情况下,企业可选用适合企业自身情况的分配标准,如按生产工人工时、生产工人工资等。在标准的取舍上,应尊重费用分配的一般原则:谁受益得多,谁就应承担得多。

制造费用的分配一般是由下面的计算完成的:

(1)制造费用分配率 = $\dfrac{\text{制造费用总额}}{\text{生产工人工时(生产工人工资)总额}}$

(2)某种产品分配的制造费用 = 某产品生产工人工时(生产工人工资)总额 × 制造费用分配率

现以前面所举的业务为例来说明制造费用的分配。这里我们假定该企业选取生产工人工时作为分配标准更适合该企业的具体情况。设 A 产品的生产工人工时为 1 000 小时,B 产品生产工人工时为 2 000 小时。具体分配计算如下:

(1) 制造费用分配率 = $\dfrac{5\,034.06}{1\,000+2\,000}$ = 1.678 02(元/时)

(2) A 产品应负担的制造费用 = 1 000 × 1.678 02 = 1 678.02(元)

B 产品应负担的制造费用 = 2 000 × 1.678 02 = 3 356.04(元)

经过上面的分配,"制造费用"账户中汇总的所有间接费用就可以记入各受益对象——产品——的生产成本中。上述的制造费用分配,在实务上一般是通过编制费用分配表来完成的。其格式如表 4-6 所示。

表 4-6 制造费用分配表

20×8 年 7 月

产品名称	分配标准	制造费用	
	生产工人工时/小时	分配率	分配金额
A 产品	1 000	1.678 02	1 678.02
B 产品	2 000	1.678 02	3 356.04
合 计	3 000		5 034.06

进行了上面的制造费用的分配,构成产品成本的所有成本项目的金额就得到了全部汇集。余下的任务便是将汇总的所有生产费用在完工产品与期末在产品之间进行分配,以计算完工产品的总成本和单位成本。

生产费用在完工产品与未完工产品之间分配的具体方法,将在成本会计中专门论述。这里,我们仍以前面所举的业务为例,假定企业期末无在产品。因此,所归集的一切生产费用就是完工产品的生产成本。其总成本、单位成本的计算可通过编制产品生产成本计算单(见表 4-7)来完成。

表 4-7 产品生产成本计算单

20×8 年 7 月

成本项目	A 产品		B 产品	
	总成本(10 台)/元	单位成本/元	总成本(10 台)/元	单位成本/元
直接材料	1 363.60	136.36	661.50	66.15
直接人工	8 208	820.8	10 032	1 003.2
制造费用	1 678.02	167.802	3 356.04	335.604
产品生产成本	11 249.62	1 124.962	14 049.54	1 404.954

产品生产成本计算单中各成本项目的金额资料,在实际工作中,是借助于"生产成本"明细账来归集的。在"生产成本"明细账中,按成本项目设置专栏归集各项费用。完工产品的生产总成本和单位成本,可于月终通过"生产成本"明细账计算求得。"生产成本"明细账的基本格式如表 4-8(仅举 A 产品为例,B 产品类似)。

表 4-8 生产成本明细账

产品名称:A 产品　　　　　　　　　　　　　　　　　　　　　　　　　产量:10 台

20×8 年		凭证号	摘要	借　方				贷方	余　额
月	日			直接材料	直接人工	制造费用	合　计		
7	1		期初余额						0
	31		生产用料	1 363.60			1 363.60		1 363.60
	31	略	生产工人		8 208		8 208		9 571.60

续表

20×8年		凭证号	摘要	借方				贷方	余额
月	日			直接材料	直接人工	制造费用	合计		
	31		工资及福利费用分配制造费用			1 678.02	1 678.02		11 249.62
	31		结转完工产品成本					11 249.62	0
	31		本期发生额及期末余额	1 363.60	8 208	1 678.02	11 249.62	11 249.62	0

在 A 产品的生产成本明细账中,贷方发生额即为完工产品的总成本,用总成本去除以完工产品的数量,即为其单位成本。B 产品的生产成本明细账格式与 A 产品生产成本明细账格式相同,此处从略。

注意,此处举例实属罕见情况:期末无在产品。更多的情况则是企业期末尚有未完工的产品。此时,未完工产品的成本体现为"生产成本"账户的借方余额,在月末编制的资产负债表中,该借方余额并入流动资产中的"存货"项目予以反映。

第四节 销售过程的核算

销售过程是企业生产经营过程的最后阶段,通俗地说,这是一个以货换钱的过程。在此过程中,企业要将制造完工的产成品借助于市场及时地销售给购买客户,收回销货款。一方面产成品会减少,另一方面货币资金会增加,实现资金由成品形态向货币形态的转化,也就意味着资金完成了一次循环周转。

当然,在销售过程中还会发生一些追加费用,如推销产品的广告费、展览费以及运输费等销售费用,以及按国家税法规定销售产品应缴纳的产品销售税金等。这些追加费用连同所销产品的生产成本,都是要从销售收入中获得补偿的。只有当产品的销售收入补偿销售成本、销售费用、销售税金后还有节余,产品销售才为盈利,否则即为亏损。

因此,销售过程核算内容主要有销售收入、销售成本、销售费用、销售税金的核算。

一、销售过程核算所需设置的账户

为了完成销售过程的核算,企业在此核算过程中应设置的主要账户有"主营业务收入"账户、"主营业务成本"账户、"营业费用"账户、"营业税金及附加"账户。下面逐一介绍这些账户的性质、作用和登记方法。

"主营业务收入"账户属损益类账户,用来反映和监督企业产品销售收入的取得情况。贷方反映企业取得的产品销售收入;借方反映销货退回发生额和在期末转入"本年利润"账户的数额。结转后该账户应无余额。本账户应按照所销产品的类别设置明细分类账进行明细核算。

"主营业务成本"账户是损益类账户,用来反映和监督企业所销产品的生产成本。其借方反映自"库存商品"账户结转而来的所销产成品的生产成本。贷方反映转入"本年利润"账户借方的数额,结转后该账户应无余额。本账户应按照所销产品的类别设置明细分类账来进行明细分类核算。

"销售费用"账户属损益类账户,用来反映和监督企业在产品销售过程中所发生的一切销售费用,如运输费、展览费、广告费以及为销售本企业产品而专设的销售机构的职工工资、福利费、业务费等经常费用,发生的销售费用,记入该账户的借方,期末将本账户借方归集的销售费用转入"本年利润"账户,记入"营业费用"账户的贷方,结转后该账户应无余额。

"税金及附加"账户属损益类账户,用来反映和监督应由产品销售收入补偿的销售税金,其借方登记按税法规定计算的应负担的销售税金,贷方登记于期末转入"本年利润"账户借方的数额,结转后该账户应无余额。

"预收账款"账户是负债类账户,用来反映和监督企业根据合同向购买单位预收货款以及发货后进行结算的情况。其贷方反映根据合同预收的款项;借方反映发货后与购买单位结算的款项。余额在贷方,表示已预收货款但尚未发货的预收款项。本账户应按不同的购买单位设置明细分类账户来进行明细分类核算。

二、销售过程基本经济业务的核算举例

在讲述销售过程基本经济业务的核算举例之前,先得解决销售过程中的一个基本问题,即销售收入的确认问题。

销售收入的确认问题,通俗地说,即是要给出一个判断标准,以确认在生产经营活动中的哪一个时点上,销售收入已经实现,可以将它记入相应的账户。企业应当在履行了合同中的履约义务,也就是在买方取得相关商品控制权时确认收入。从理论上来说,当企业与客户之间的合同同时满足下列条件时,企业应当在

买方取得相关商品控制权时确认收入:

(1)合同各方已批准该合同并承诺将履行各自的义务。

(2)该合同明确了合同各方与所转让商品或提供劳务(以下简称"转让商品")相关的权利和义务。

(3)该合同有明确的与所转让商品相关的支付条款。

(4)该合同具有商业实质,即履行该合同将改变企业未来现金流量的风险、时间分布或金额。

(5)企业因向买方转让商品所有权取得的对价很可能收回。

在实践中,不同的企业和行业因产销活动有不同的特点,确认销售收入实现的时点可以有所不同。主要有以下三种情况。

(1)在销售前确认销售收入。在经营活动的最终结果比较难确定的情况下,企业可以根据一定的标准,在销售之前确认销售收入。例如建筑业、造船业等跨年度的长期工程,一般应当根据完成进度法或完成合同法合理确认销售收入,我国《企业会计制度》规定"长期工程(包括劳务)合同,一般应当根据完成进度法或者完成合同法合理确认营业收入",正是指这种情况。

(2)在销售时确认销售收入。这是最一般的确认标准,我国《企业会计制度》规定:"企业应当在发出商品、提供劳务,同时收讫价款或者取得索取价款的凭据时,确认营业收入。"按照这一标准,只有属于本期内已经销售的商品或已经提供的劳务所产生的收入,才确认为本期的销售收入。同时,这一标准也符合收入确认的三个理论上的标准。

(3)在销售后确认销售收入。在某些情况下,可以在销售商品或者提供劳务之后,于收到货款时确认销售收入。最典型的事例是分期收款销售,只有从买主那里收到了价款,才确认收入已经实现。

我们的举例取情况(2)作为收入实现的确认标准。

[业务20] 7月20日,向振华工厂出售A产品6件,每件售价2 000元,共计12 000。应收增值税(销项税)1 920元,当即收到货款及税金并存入银行。

该项业务是典型的钱货两清业务。企业产品已售出,并向客户收取了价款和税款。其中,收取的价款构成企业的销售收入,收取的税款是代国家向客户征收的税额,企业在未上缴前,构成企业对国家的负债。因此,该项经济业务导致企业的银行存款、销售收入、应交税金同时增加,所应做的分录如下。

借:银行存款   13 920
　　贷:主营业务收入   12 000
　　　　应交税费——应交增值税(销项税额)   1 920

[业务21] 7月25日,向华兴工厂销售B产品5台,每台售价1 800元,共计价款9 000元,应收增值税1 440元,价款和税款共计10 440元。客户尚未支付购

货款项。

业务21同业务20的差别只有一点:业务20为现销,业务21为赊销。赊销,作为供货方企业尚未收取销货款,作为购货方企业尚未支付购货款。也就是说双方之间尚无货币资金流动。在这种销售方式下,对供货方而言,产品或劳务已经提供,其责任已尽,尽管尚未收到销货款,但供货企业因其已尽责任而获得了一笔收取货款的债权——应收账款,这也是企业的资产流入,应作为销售收入入账。因此业务21应做的分录如下。

借:应收账款　　　　　　　　　　　　　　　10 440
　　贷:主营业务收入　　　　　　　　　　　　　9 000
　　　　应交税费——应交增值税(销项税额)　　1 440

应收账款作为一种商业信用,虽然交了货但是款项尚未收回,这就使得货款的收回存在一定的风险。谨慎起见,企业必须合理地估计应收账款发生坏账的可能性,并计提坏账准备。因此,对于应收账款上的每一项都要认真分析其质量,拖欠时间长的甚至收不回来的,都要及时计提坏账准备。

[业务22]　7月20日,向振华工厂销售A产品5件,每件售价2 000元,共计10 000元,应收增值税款1 600元,价款和税款共计11 600元,款项的一半已收到并存入银行,另一半振华工厂尚欠。

业务22可以看成是业务20与业务21的一个组合:部分产品为现销,部分产品为赊销。因此,业务22应做的分录是一个两借两贷的分录,为业务20与业务21分录的组合。

借:银行存款　　　　　　　　　　　　　　　5 800
　　应收账款　　　　　　　　　　　　　　　5 800
　　贷:主营业务收入　　　　　　　　　　　　10 000
　　　　应交税费——应交增值税(销项税额)　　1 600

[业务23]　7月20日,以银行存款支付广告费1 000元。

企业为推销自己的产品而支付的广告费,往往是当期支付,而在以后各期使企业受益。从这点来看,广告费有一种预付费用的性质,合理的做法是将此项支出作为预付费用摊入各受益期,但广告费很难说使企业何时获益及在多长时期内获益。因此,在发生广告费用的当期,直接记入当期的损益,从当期的销售收入中获得补偿。其记入损益的名目是"销售费用"。因此,该项经济业务发生后应做的会计分录如下。

借:销售费用　　　　　　　　　　　　　　　1 000
　　贷:银行存款　　　　　　　　　　　　　　1 000

[业务24]　月末,根据企业当月的销售额和国家规定的税率,计算出本月应负担的销售税金1 400元(指应从销售收入中扣除的税金,如消费税、城市维护建

设税等,但不包括增值税)。

企业应向国家征税机关交纳的税金,一般根据当月销售总额按规定税率计算,于下月初交纳。但为了正确确定本月份的产品销售利润,企业应将由本月负担的、下月初才支付的销售税金作为当月的费用入账,从当月的销售收入中扣除。销售税金记入"营业税金及附加"账户的借方,而应于下月初才交纳的税款,则作为企业月末对征税机关的负债,记入"应交税费"账户的贷方。因此,业务24应做的分录如下。

借:税金及附加　　　　　　　　　　　　　　1 400
　　贷:应交税费　　　　　　　　　　　　　　　1 400

[业务25] 月末,结转本月份售出产品的生产成本。A产品售出11件,每件生产成本为1 200元,计13 200元。B产品售出5件,每件生产成本为1 400元,计7 000元。本月份出售两种产品的生产成本共计20 200元。

正如在生产过程核算中所看到的,产品制造完成、验收入库,已在"库存商品"账户的借方作了库存产品增加的反映。当销售发出产成品时,企业的库存产品减少,应从原记入的"库存商品"账户注销,记入"库存商品"账户的贷方。但这一贷方记载也有其为难之处,原因是企业产成品的入库、发出是川流不息的,各批入库产成品的成本不一定相同,各次发出的产成品也不一定能分清原入库的批次(也可能无此必要)。因此,必须采用相应的方法以确定发出的产成品的生产成本,方可从账面上注销。

在会计上,发出的产成品的成本计算是通过假定其流转顺序来完成的。如假定先入库的产成品先发出,或后入库的产品先发出,或对所有产成品成本实施加权平均等。本例所取A、B产品单位成本分别为1 200元、1 400元,就不同于当月完工入库的产成品单位成本(1 129.962元,1 414.954元),可以推断,这也是某种假设的产物。另外,产成品销售成本的结转往往是定期于月末一次结转。因此,业务24的会计分录如下。

借:主营业务成本——A产品　　　　　　　　13 200
　　　　　　　　——B产品　　　　　　　　 7 000
　　贷:库存商品——A产品　　　　　　　　　13 200
　　　　　　　——B产品　　　　　　　　　 7 000

[业务26] 7月31日,收到华兴工厂还来前欠货款10 530元,当即存入银行。

企业原先向华兴工厂赊销产品时,尚未收回的货款已以"应收账款"的名义记录了,现收回货款,意味着企业的这笔债权已收回,应从账面上注销这笔债权,记入"应收账款"账户的贷方,同时银行存款增加,所做的分录如下。

借:银行存款　　　　　　　　　　　　　　　10 530
　　贷:应收账款　　　　　　　　　　　　　　　10 530

第五节 财务成果及其分配的核算

一、财务成果及其分配核算的任务

利润是企业追求的目标,也是企业在一定时期全部生产经营活动在财务上的最终成果。企业经济效益的好坏、资金使用效率的高低都能从这一指标上得到综合体现。

企业的利润总额由营业利润、投资净收益以及营业外收支净额构成。营业利润为营业收入减去营业成本和期间费用以及各种流转税及附加费用后的余额。投资净收益是企业对外投资收入减去投资损失后的余额。营业外收支净额是指与企业生产经营没有直接关系的各种营业外收入减去营业外支出后的余额。

企业的利润总额及净利润按下列公式计算。

第一步:计算营业利润。

营业利润 ＝ 营业收入 － 营业成本 － 税金及附加
　　　　　－ 销售费用 － 管理费用 － 财务费用
　　　　　－ 资产减值损失
　　　　　＋ 公允价值变动净收益
　　　　　＋ 投资净收益＋资产处置收益＋其他收益

其中,营业收入 ＝ 主营业务收入 ＋ 其他业务收入
　　　营业成本 ＝ 主营业务成本 ＋ 其他业务成本

第二步:计算利润总额。

　　　　利润总额 ＝ 营业利润 ＋ 营业外收入 － 营业外支出

第三步:计算净利润。

　　　　净利润 ＝ 利润总额 － 所得税

鉴于上面计算公式中的某些项目是第一次遇到,有必要对其一一解释。

其他业务收入是指除了产品销售以外的其他销售收入,包括材料销售收入、固定资产和包装物的出租收入等。

其他业务成本是指企业为赚取其他业务收入而发生的直接支出和相应的流转税费用。如材料销售时的材料成本、销售税金等。

资产减值损失是指因资产的账面价值低于其可收回金额而造成的损失。资产减值范围主要是固定资产、无形资产以及除特别规定外的其他资产。

公允价值变动净收益是指由于资产的公允价值发生变动而产生的净收益。比如某企业持有其他公司股票,股价的变动可引起资产的公允价值变动,从而产

生收益或损失。

投资净收益是指投资收益扣除投资损失后的余额。投资收益包括对外投资分得的利润、股利和债券利息,以及投资到期收回或者中途转让取得款项高于账面价值的差额。投资损失包括投资到期收回或者中途转让取得款项低于账面价值的差额。

"资产处置收益"是指企业出售划分为持有待售的非流动资产(金融工具、长期股权投资和投资性房地产除外)或处置组时确认的处置利得或损失,以及处置未划分为持有待售的固定资产、在建工程、生产性生物资产及无形资产而产生的处置利得或损失。债务重组中因处置非流动资产产生的利得或损失和非货币性资产交换产生的利得或损失也包括在本项目内。

"其他收益"是指政府补助等。

营业外收入是指与企业生产经营无直接关系的各项收入,包括固定资产的盘盈和出售的净收益、罚款收入等。

营业外支出是指与企业生产经营无直接关系的各项支出,包括固定资产盘亏、报废、毁损和出售的净损失、非常损失等。

有一点得指出,营业外支出与营业外收入无任何因果关系,营业外支出的发生不是为了赚取营业外收入。

财务成果及其分配的核算,概括而言,就是反映和监督企业各项收支和财务成果的形成以及利润的分配情况。

二、核算财务成果及其分配所需设置的账户

在利润总额及其分配的核算中,企业除了应设置销售过程核算中使用的账户外,还应设置的账户有"投资收益"账户、"其他业务收入"账户、"其他业务成本"账户、"营业外收入"账户、"营业外支出"账户、"所得税"账户、"本年利润"账户、"利润分配"账户、"盈余公积"账户、"应付利润"账户等。下面分别介绍各个账户的性质、作用和登记方法。

"投资收益"账户属损益类账户,用来反映和监督企业对外投资取得的收入或发生的损失。企业取得的投资收入,记入"投资收益"账户的贷方,发生的投资损失,记入"投资收益"账户的借方。期末结转前如该账户为贷方余额,则此余额表示投资净收益,将其转入"本年利润"账户的贷方。期末结转前如该账户为借方余额,则此余额表示投资净损失,将其转入"本年利润"账户的借方,"投资收益"账户经结转后期末余额为零。

"其他业务收入"账户属损益类账户,是用来反映和监督企业除产成品销售以外的其他销售业务收入。企业取得的其他业务收入,记入该账户的贷方,平时,该账户的借方无发生额,期末将本账户的贷方发生额合计转入"本年利润"账户时,记入该账户的借方,结转后本账户期末余额为零。

"其他业务成本"账户属损益类账户,用来反映和监督企业为赚取其他业务收入所发生的支出。企业发生的其他业务支出,记入"其他业务成本"账户的借方,平时,该账户的贷方无发生额。期末将本账户的借方发生额合计转入"本年利润"账户时,记入该账户的贷方,经此结转后的该账户期末余额为零。

"营业外收入"账户属损益类账户,是用来反映和监督企业发生的与企业生产和经营无直接关系的各项营业外收入。企业取得的营业外收入,记入该账户的贷方,平时,该账户无借方发生额。期末将本账户的贷方发生额合计转入"本年利润"账户时,记入"营业外收入"账户的借方,结转后的该账户期末余额为零。

"营业外支出"账户属损益类账户,用来反映和监督企业发生的与企业生产经营无直接关系的各项支出。企业发生的营业外支出,记入"营业外支出"账户的借方,平时,该账户无贷方发生额,期末将该账户的借方发生额合计转入"本年利润"账户时,记入"营业外支出"账户的贷方,经此结转后,该账户期末余额为零。

"所得税费用"账户属损益类账户,用来核算企业负担的按应税所得额和国家税法规定的所得税税率计算的所得税税金。其中,应税所得额是税务机关根据税法确定的应征所得税的收益额,它通常是根据企业账面税前利润总额按税法做适当调整后确定的,所得税税率由国家统一规定。"所得税费用"账户借方登记企业负担的所得税,平时,该账户无贷方发生额。期末将该账户的借方发生额合计转入"本年利润"账户时,记入"所得税费用"账户的贷方,结转后的该账户期末余额为零。

至此,所有损益类账户的设置和登记方法已断断续续地介绍完毕。在此,对一些规律性的东西作点总结:所有损益类账户期末都要将各自归集的发生额(或净发生额)向"本年利润"账户结转,结转后,损益类账户的期末余额为零,而一个期间的收支总额又转而汇总到"本年利润"账户,将收支相抵,便为某个期间的税后利润总额或亏损总额。因此,"本年利润"账户,从其用途考察,属于损益计算账户,它是专门用来计算某个期间的财务成果的。但"本年利润"账户与下面要介绍的"利润分配"账户相抵后的差额,如为正值,有未分配利润,则增加所有者权益;如为负值,有未弥补亏损,则减少所有者权益,据此又将"本年利润"账户归入所有者权益类,这正是前面会计科目表的分类。

"本年利润"账户的性质归属已如上述,是所有者权益类账户,该账户用来反映和监督企业在本年度(注意此期间长度)实现的净收益或亏损总额。其登记方法是,期末将"主营业务收入"、"其他业务收入"、"营业外收入"账户归集的贷方发生额合计转入"本年利润"账户的贷方;将"主营业务成本"、"营业费用"、"营业税金及附加"、"其他业务支出"、"管理费用"、"财务费用"、"营业外支出"、"所得税费用"账户归集的借方发生额合计转入"本年利润"账户的借方。而"投资收益"账户的结转则视情况而定,如期末为投资净收益,则此净收益转入"本年利润"账户的贷方;如为投资净损失,则此净损失转入"本年利润"账户的借方。平时(1—11月),本年利润账户的期末余额如果在贷方,则表示从年初至期末为止累计实现的净收益；该账户的期末余额如果在借方，则表示从年初至期末为止累计发生的亏损总额。再者，该账户是一个周期性使用的账户，其周期为一个年度，年度终了，将该账户通过结转而归集的收入和支出相抵，相抵后的结果，无论是亏损总额或净收益总额，全数转入"利润分配"账户，结转后本账户应无余额。

"利润分配"账户属于所有者权益账户，专门用于反映和监督企业实现利润的分配情况。从本质上讲，企业实现利润的分配，可以直接借记"本年利润"账户，但为了把实现的利润与已分配利润两套有用指标分别保存，有必要单独设置两个账户来反映，一个账户保存实现利润指标，另一个账户保存已分配利润指标，这同设置"累计折旧"账户的目的完全一样。因此，从所反映的经济内容的角度看，"本年利润"和"利润分配"两账户的性质是一致的。

"利润分配"账户的登记方法是，其借方登记已分配的利润数，其贷方登记年末从"本年利润"账户转来的本年净收益，如企业为亏损，则结转方向相反。期末余额为本年已分配利润与累计实现利润的差额，若余额在借方，则表示未弥补亏损；若余额在贷方，则表示未分配利润。无论余额在哪个方向，年末余额均只在"利润分配——未分配利润"账户中（"利润分配"账户根据利润分配的内容，设置诸如"提取法定（或任意）盈余公积"、"应付利润"、"未分配利润"等明细账户）。

在运用"利润分配"账户时，有一点须注意。"利润分配"账户与"本年利润"账户一样，以年度为单位进行结转。具体表现为各明细账户每月的发生额一般应保持同一方向，非年末月份的余额都是截至本月止的累计余额，年末再在各明细账户间一次性结转。结转后，只有"利润分配——未分配利润"账户可能有余额，"利润分配"的其他明细科目均无余额。

"盈余公积"账户属所有者权益类账户，用来反映和监督企业从税后利润中提取的盈余公积金及其用途。登记方法是，将提取的盈余公积金记入"盈余公积"账户的贷方。企业用盈余公积金弥补亏损或转增资本金时，记入"盈余公积"账户的借方。期末，"盈余公积"账户的余额一般在贷方，表示盈余公积的结存数。

"应付利润"账户属负债类中的流动负债账户，用来反映和监督企业应付给投资者的利润，包括应付给国家、法人、个人、外商等投资者的投资利润。企业按利润分配决议形成的利润分配方案计算出应支付给投资者的利润，记入"应付利润"账户的贷方。实际支付的利润，记入"应付利润"账户的借方。期末本账户的借方余额为多支付的利润，贷方余额为未支付的利润。

三、财务成果及其分配的核算举例

［业务 27］ 企业收到 A 公司分配的现金股利 10 000 元，款存银行（假定企业所购 A 公司的股份不足以对 A 公司的经营决策、财务政策施加重大影响）。

此项经济业务的发生，对各个会计要素的影响是，一方面是资产要素的银行存款项目增加，另一方面，这 10 000 元来源于企业将自己的资金以购买股票的方式让渡给他人使用而得到的投资回报,使收入要素中的投资收益增加。因此,该项经济业务发生后,应做的会计分录如下。

借:银行存款   10 000
　　贷:投资收益   10 000

[业务28]　出售乙种材料5吨,每吨售价100元,计价款500元,增值税款80元,所有款项均已收存银行。

对一个企业而言,其主要销售活动是出售自己生产的产品,换取的相应收入归之于产品销售收入,它占企业收入总额的比重大。但企业在其主要销售活动之外,也可能还有其他生产经营活动为企业换取收入。如本例的材料销售,换取的收入相应地归之于"其他业务收入"名下。其他业务收入的准确定义难下,但往往具备这样的特点:单笔金额较小,发生时间不定,在收入总额中所占比例偏小等。

再联系到本例的材料销售业务,与前面的产品销售业务相比,差别仅有一点,即材料销售业务的销售收入要归之于"其他业务收入"名下。因此,该项经济业务的会计分录,只需在业务20的基础上作一修改即可。所做的会计分录如下。

借:银行存款   580
　　贷:其他业务收入   500
　　　　应交税费——应交增值税(销项税额)   80

[业务29]　结转上述所销材料的实际成本,每吨实际成本为80元。

为赚取业务28的收入,企业也得付出代价,代价之一便是企业要将材料提供给客户。这将导致企业材料减少,这部分减少的材料是企业为赚取其他业务收入所发生的直接支出,记入"其他业务成本"账户。因此,该项经济业务发生后,应做的分录如下。

借:其他业务成本   400
　　贷:原材料   400

(请大家将上面的分录与业务25的分录对照一下,便会发现一些共同的东西。)

[业务30]　企业出售一项无形资产,实际取得的款项为53 770元。该项无形资产的账面价值为52 600元。

此笔业务是一笔无形资产转让业务。该笔业务的发生对各个会计要素的影响:一方面是资产要素的"银行存款"项目增加53 770元;另一方面是资产要素的"无形资产"项目减少52 600元,其差额作为"营业外收入"处理。因此,应做的会计分录如下。

借:银行存款   53 770
　　贷:无形资产   52 600
　　　　营业外收入   1 170

[业务31]　按税务部门通知,企业因迟缴税款而应支付滞纳金1 000元,税务部门按照税法规定已强制性地从企业账户上划走。

依法纳税,按期纳税是每个纳税义务人的应尽义务。企业因迟缴税款而支付的滞纳金,实质上是带有惩罚性质的罚息,对企业而言,这是一笔与生产经营活动无关的支出,属企业的营业外支出。因此,该项经济业务发生后应做的分录如下。

借:营业外支出　　　　　　　　　　　　　1 000
　　贷:银行存款　　　　　　　　　　　　　1 000

［业务32］　月末,将所有收支账户的净发生额向"本年利润"账户结转,以确定本月利润总额(税前利润)。

利润总额的确定,取决于收入、费用金额的确定,只要有收入、费用的资料,两相对比,即可确定利润总额(或亏损总额)。而收入、费用两要素的金额资料已被分别载入相应的各损益类账户。期末,为总结某个期间的经营成果,将各损益类账户的金额资料全部汇总到"本年利润"账户,进行收支的对比,以总结出某个期间的经营成果。因此,该笔业务的汇总结转分录如下。

借:主营业务收入　　　　　　　　　　　　31 000
　　其他业务收入　　　　　　　　　　　　　 500
　　营业外收入　　　　　　　　　　　　　1 170
　　投资收益　　　　　　　　　　　　　　10 000
　　贷:本年利润　　　　　　　　　　　　42 670
借:本年利润　　　　　　　　　　　　　27 461.20
　　贷:主营业务成本　　　　　　　　　　20 200
　　　　销售费用　　　　　　　　　　　　1 000
　　　　税金及附加　　　　　　　　　　　1 400
　　　　其他业务成本　　　　　　　　　　　400
　　　　管理费用　　　　　　　　　　　3 361.20
　　　　财务费用　　　　　　　　　　　　　100
　　　　营业外支出　　　　　　　　　　　1 000

各损益类账户向"本年利润"账户结转的过程,如图 4-4 所示。

注:(1)我们假定"本年利润"账户期初余额为零。实际上,"本年利润"账户是在被"滚动"地利用,其期初余额往往不为零(除了年初)。如果有期初余额,"本年利润"账户结出的期末余额是从年初至期末止的累计利润总额。

(2)在此题中,尚未结转所得税费用,得出的余额 15 208.80 元是税前利润总额。

需要注意的是,分录不得合并为下面的形式,收、支是结转后再相抵的,而不是以相抵后的净额进行结转。

借:主营业务收入　　　　　　　　　　　　31 000
　　其他业务收入　　　　　　　　　　　　　 500
　　营业外收入　　　　　　　　　　　　　1 170
　　投资收益　　　　　　　　　　　　　　10 000

贷:主营业务成本	20 200
销售费用	1 000
税金及附加	1 400
其他业务成本	400
管理费用	3 361.20
财务费用	100
营业外支出	1 000
本年利润	15 208.80

```
   主营业务成本                    本年利润                   主营业务收入
(25)20 200│(32)20 200         →(32)20 200 │              │(20)12 000
                                           │(32)31 000←   (32)31 000│(21)9 000
    销售费用                                                         │(22)10 000
(23)1 000 │(32)1 000          →(32)1 000  │
                                                              其他业务收入
   税金及附加                                              (32)500 │(28)500
(24)1 400 │(32)1 400          →(32)1 400  │(32)500←
                                                                投资收益
   其他业务成本                                            (32)10 000│(27)10 000
(29)400   │(32)400            →(32)400    │
                                           │(32)10 000←        营业外收入
    营业外支出                                             (32)1 170│(30)1 170
(31)1 000 │(32)1 000          →(32)1 000  │

    管理费用                   →(32)      │(32)1 170←
(7)81.2                       3 361.20
(8)2 000  │(32)3 361.20
(9)280
(10)1 000

    财务费用
(14)100   │(32)100            →(32)100    │

                              发生额:27 461.20│发生额:42 670
                                             │余额:15 208.80
```

图 4-4　业务 32 的"T"形账户

[业务 33] 按应税收益的 25% 计算应交所得税,并进行所得税费用的结转。

所得税的计征,是根据年度实现的利润总额计算的。一般在年度内各月份预交,待年度终了时,根据应交数与已交数进行清算,多退少补。对企业而言,月末要按当期实现的利润总额,按税法规定,调整计算当期的应税收益,计算确定出当月的应交所得税。所得税对于企业而言是一种负担,在企业的利润中开支,为利润的减项。在本例中,我们假定应税收益与账面收益一致,均为 15 208.80 元,其所得税税赋为 3 802.20 元(15 208.80 元×25%)。这笔税赋一方面作为费用记入

"所得税费用"账户,另一方面作为一笔对税务机关的负债记入"应交税费——应交所得税"账户。因此,该项业务发生后应做的分录如下。

  借:所得税费用   3 802.20
    贷:应交税费——应交所得税   3 802.20

同时,所得税作为利润减项的一种费用,应向"本年利润"账户结转,以便从"本年利润"账户中确定税后利润。因此,还应做会计分录如下。

  借:本年利润   3 802.20
    贷:所得税费用   3 802.20

经此结转后的"本年利润"账户,其情形如图 4-5 所示。

所得税		本年利润	
3 802.20	3 802.20	27 461.20*	42 670*
		3 802.20	
		发生额:31 263.40	发生额:42 670
			余额:11 406.60

注:带"*"的数字详见图 4-4。

图 4-5 业务 33 的"T"形账户

[业务 34] 经董事会研究决定,为增强企业的实力,依法律规定按税后利润的 10% 计提盈余公积 1 140.66 元。

计提盈余公积,属于利润分配事项,相当于给税后利润中的一部分利润分配了用途。但盈余公积的计提,并不会导致企业资金的流出。通俗地说,无非是将税后利润中的一部分以盈余公积的名义留存于企业,以谋求企业以后的发展。因此,应做的分录如下。

  借:利润分配——提取法定盈余公积   1 140.66
    贷:盈余公积   1 140.66

请注意,上面分录中的"借""贷"恰好是一减一增,所有者权益总额未动,这印证了前面的解释,它只是一个名目的转化而已。

[业务 35] 经董事会研究,股东大会通过,当年税后利润的 40% 用于分配给投资者。

非常遗憾的是,我们举例中的税后利润 11 406.60 元,是一个月的税后利润,而业务 35 中的 40% 是以整个年度的税后利润为基础计提的。这里,我们再做一个特别假定:11 406.60 元为一个年度的税后利润。在下面的业务中,我们都沿用这一假定。

董事会从决定其分红方案到履行(支付)其分红方案,其间有一段时间差。只要董事会敲定了分红方案,敲定后的分红方案是不得修改的。也就是说,税后利润中的一部分利润将来要支付给投资者,这导致企业资产的流出。在企业未履行分配方案之前,构成了对投资者的负债,此项负债在"利润分配——应付利润"账户下反映。因此,该笔经济业务发生后应做的分录如下。

借：利润分配——应付利润　　4 562.64
　　　　　　　　　　　　（11 406.60×40％）
　　贷：应付利润　　4 562.64
　　　　　　　　　　　（11 406.60×40％）

[业务36]　年末,将全年实现的税后利润总额转入"利润分配——未分配利润"账户。

一年的税后利润有多少,已借助"本年利润"账户的滚动累计,反映于"本年利润"账户中,但正如这个账户的名称所显示的那样,其滚动累计的周期为一年。因此,每当这个账户的累计期间达一年时,就得对其结转一次,既是对上一个累计周期的总结,也是为完成下一个周期的累计任务做准备。再考虑到我国的会计期间以公历为基础,因此,"本年利润"账户以年度为单位的结转时间也就体现于每年的年末。

沿用业务35中的假定,全年税后利润11 406.60元向"利润分配——未分配利润"账户结转的分录如下。

借：本年利润　　　　　　　　　　　　　　　11 406.60
　　贷：利润分配——未分配利润　　　　　　　11 406.60

当全年的经营成果为负利润（即亏损）时,上述结转分录方向刚好相反。

[业务37]　年末,将"利润分配"账户下各明细账户的期末余额转入"未分配利润"明细账户。

某个时期的税后利润（可供分配利润）是如何分配利润用的,即用了多少,已在"利润分配"账户中得到了反映。通过业务36的结转,某个时期的税后利润又转入到了"利润分配"账户。这样一来,"利润分配"账户便能告诉我们：盈利有多少,分配了多少,还剩多少未分配利润。

业务37所说的结转,是"利润分配"总账账户下各明细账户间的结转,希望得到的指标是：还剩多少未分配利润。

上述各明细账户间的结转分录如图4-6所示。

借：利润分配——未分配利润　　　　　　　　5 703.30
　　贷：利润分配——提取法定盈余公积　　　　1 140.66
　　　　　　　　——应付利润　　　　　　　　4 562.64

在图4-6的利润分配核算图中,有以下两点须说明一下。

(1)上述的结转以年度为单位,每年年末进行一次,在"利润分配——未分配利润"明细账户中,期初余额100 000元是假定的,得出的期末贷方余额105 703.30元为历年累计的未分配利润,如为借方余额,则为历年累计未弥补亏损。

(2)平时,"利润分配"账户下的各明细账户只有借方发生额,经年末的结转后,除"利润分配——未分配利润"账户可能有余额外,其余各明细账户均无余额。

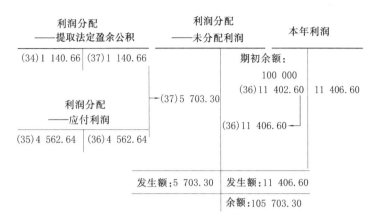

图 4-6 利润分配核算图

第六节 其他经济业务的核算

一、资金筹集业务的核算

资金之于企业,如同米之于巧妇,同为物质基础。企业的资金来源无非有两种:一种是以负债形式取得,通俗地说,便是借;另一种是投资者以股东的身份向企业注入资金,供企业支配使用。企业以负债名义筹集资金的业务,已在前面做了介绍。这里仅介绍对企业接受投资者投入资金业务的核算。

企业接受投资者的投资,而投资者的出资形式是多种多样的,可以是现金、银行存款,可以是其他流动资产,也可以是固定资产、无形资产,真可谓是有力出力、有钱出钱。投资者投入的资金,是投资者在受资企业中享有权利和承担责任的衡量尺度。企业专设"实收资本"账户用来记载此项所有者权益的增加。

"实收资本"账户属所有者权益类账户,用来反映和监督企业实际收到投资者投入的资本。企业收到投资者投入的货币资金,应以实际收到或者存入企业开户银行的金额,记入"实收资本"账户的贷方。如果企业收到投资者的非货币资金形态的资产投入,应按投资各方确认的价值,作为所有者权益,记入"实收资本"账户的贷方。有一点请注意,根据资本保全原则,投资者投入企业的资本,除企业按合同期满结束或者破产清算外,投资者不得抽回资本。因此,"实收资本"账户通常不发生借方的经济业务。

现举例说明其核算。

［业务 38］ 企业收到某投资者的货币资金 100 000 元,款项已存入银行。

在这项经济业务发生后,受影响的会计要素有两个:一个是资产要素,其中的银行存款项目增加 100 000 元;一个是所有者权益要素,其中的实收资本项目增加 100 000 元。因此,该项经济业务发生后,应做的会计分录如下:

借:银行存款　　　　　　　　　　　　　　　100 000
　　贷:实收资本　　　　　　　　　　　　　　100 000

[业务 39]　企业收到某公司作为投资投入的设备一台,该设备原始价值为 60 000 元,已提折旧 30 000 元,双方协商作价为 40 000 元。

如果投资者的出资形式为实物形态的资产,投资方与受资方应对实物资产的价值重新评估。联系到本题,站在受资方的角度看,企业接受的是一项旧固定资产,其净值为 40 000 元,这便是双方协商的作价,也是投资者在受资企业中所占权益的大小。

这里,我们介绍一下"固定资产"账户的设置和使用情况。

"固定资产"账户属资产类账户,用以核算企业固定资产的增减变动。其借方反映增加的固定资产的原始价值;贷方反映减少的固定资产的原始价值;余额在借方,反映企业所拥有的固定资产的原始价值。

借:固定资产　　　　　　　　　　　　　　　40 000
　　贷:实收资本　　　　　　　　　　　　　　40 000

二、对外投资业务的核算

市场经济下的企业,是一个独立自主、自负盈亏的主体。作为企业追求资金的最佳效益是其基本目标。对外投资便是企业自主调度资金来谋求资金最佳效益的手段之一。

企业对外投资根据时间长短分为短期投资和长期投资。按其投资内容又分为股票投资、债券投资和其他投资,其详细核算方法见各专业会计核算。这里仅做一点长期投资核算的介绍。

长期投资,顾名思义,是企业不能或不准备于一年内收回的投资。换句话说,企业得将资金让渡给对方使用至少达到一年以上。为核算长期投资,企业设置了"长期股权投资"和"长期债权投资"两个账户分别进行核算。这两个账户都是资产类账户,发生长期投资时,记入该账户的借方。收回长期投资时,记入该账户的贷方,期末余额在借方,表示企业长期投资的实际数额。

现举例说明其核算。

[业务 40]　企业认购 A 公司的股票 100 000 股,占 A 公司表决权的 30%,每股 10 元,款项已付,企业不准备转让该股票。

由于股票无到期日之说,因此,企业以认购股票的方式对外投资时,其长、短期的划分就取决于其投资目的了。就本例而言,由于企业不打算转让该股票,我们便可将其归之为长期投资。

企业购买股票,银行存款减少,但也换来了相应数额受资企业的产权,这也是企业的资产。因此,企业的资产总额未变,仅为其内部项目的等量增减,应做的会计分录如下。

借:长期股权投资　　　　　　　　　　　1 000 000
　　贷:银行存款　　　　　　　　　　　　　　1 000 000

[业务41]　假定企业因种种情况,转让了对B公司的部分股权,转让价款共计140 000元,款项已存银行。企业对B公司的投资成本为100 000元。

转让股权,相当于企业收回自己的股票投资,但收回投资的金额与原投出金额之间,可能会有差额,这一差额在"投资收益"账户中反映。联系到本例,出现的是"顺差",增加投资收益。因此,收回股票投资时的分录如下。

借:银行存款　　　　　　　　　　　　　　140 000
　　贷:长期股权投资　　　　　　　　　　　　100 000
　　　　投资收益　　　　　　　　　　　　　　40 000

除了上述的处理,长期股权投资还需要根据资产风险情况计提相应的资产减值准备,将资产的账面价值减记至可回收金额,减记金额确认为资产减值损失。

第七节　权责发生制与期末账项调整

从逻辑上讲,将权责发生制的内容置于本章的末节,是说不过去的。因为,在前面对经济业务的账务处理中,已不止一次地使用过这一会计原则,但从人们由实践到理论的思维方式来看,却又有其合理性,前面的账务处理为我们准确地把握权责发生制奠定了归纳基础。

权责发生制又称应计基础,是确认收入和费用,进而对收入、费用进行配比以确定期间利润的一套标准。具体内容是,收入只能在实现时才能被确认,费用只能在发生时才能被确认。用较通俗的话说,就是凡当期已经实现的收入和已经发生或应当负担的费用,不论款项是否收付,都应作为当期的收入和费用。反之,凡是不属于当期的收入和费用,即使款项已在当期收付,都不应作为当期的收入和费用。因此,权责发生制以收入和费用的应归属期间作为确认收入、费用的标准,而不是以收入、费用的收支期间作为确认收入、费用的标准。

与权责发生制相对应的是现金收付实现制。与权责发生制不同,现金收付实现制是按货币收付的时间来确认收入和费用。也就是说,收入只有在收到货币资金时才确认为当期的收入,费用只有在付出货币资金时才确认为当期的费用。因此,在收付实现制下,确认收入、费用是以收入、费用的收支期间为标准的,而不考虑收支的应归属期间。

由于会计期间的存在,收入、费用的收支期间与其应归属期间可能不一致。这样,在确认收入、费用时,就可能出现两种时间选择:一是权责发生制,以收入、费用的归属期作为时间选择标准；二是收付实现制，以收入、费用的收支期作为时间选择标准。一般来说，权责发生制有助于正确计算企业某一时期的经营成果，因为收入、费用是以"应计"的观点来确定的。而收付实现制有助于更为客观地了解企业某一时点的财务状况。比较而言，现金收付实现制比较简单，无须对账簿记录进行账项调整，权责发生制比较复杂，但在计算企业的经营损益方面，充分考虑了收入、费用的归属期，计算得出的损益更接近实际情况。如果没有权责发生制，就无法合理地、准确地反映企业在一个特定期间的经营成果，会计期间前提条件也就失去了意义。

一、权责发生制与收付实现制的差异比较

由于权责发生制与收付实现制在确认收入、费用时的时间选择标准不同，导致两者在损益计算以及相关经济业务的账务处理方面都存在着差异。现用表 4-9 中的具体资料来展示这些差异。

表 4-9 权责发生制与收付实现制比较表

本期会计事项	金额	收付实现制下的收入	权责发生制下的收入	收现期与归属期的比较
1.本期现销	50 000	50 000	50 000	收现期归属期一致
2.本期赊销本期收到货币资金	60 000	60 000	60 000	收现期归属期一致
3.本期赊销须在下期收现	15 000	—	15 000	归属期在本期，收现期在后期
4.本期收现但属于上期赊销	12 000	12 000	—	归属在上期，收现期在当期
5.本期预收款须在下期交货	5 000	5 000	—	收现期在当期，归属期在下期
6.本期赚到的收入已在上期预收了货款	10 000	—	10 000	收现期在上期，归属期在本期
本期货币资金收入总额	—	127 000	—	
本期收入总额	—	—	135 000	
本期会计事项	金额	收付实现制下的费用	权责发生制下的费用	支付期与归属期的比较
7.本期发生的付现费用	9 000	9 000	9 000	两期一致
8.本期发生的欠付费用，但本期已付	46 000	46 000	46 000	两期一致
9.本期发生的费用，须下期支付	30 000	—	30 000	归属期在本期，支付期在下期

续表

本期会计事项	金额	收付实现制下的收入	权责发生制下的收入	收现期与归属期的比较
10. 本期支付货币资金，偿付上期发生的费用	15 000	15 000	—	归属期在上期，支付期在本期
11. 本期支付货币资金，预付下期发生的费用	2 000	2 000	—	支付期在本期，归属期在下期
12. 本期发生的费用，已在上一期间预付价款	18 000	—	18 000	支付期在上期，归属期在本期
本期支付的货币资金总额	—	72 000	—	—
本期费用总额 货币资金净流量	—	55 000	103 000	—
净 收 益	—	—	32 000	—

从上表中的资料可见，在现金收付实现制下：

$$\frac{\text{本期货币资金}}{\text{收入总额}} - \frac{\text{本期货币资金}}{\text{支出总额}} = \frac{\text{本期货币资金}}{\text{净流量}}$$

即 127 000－72 000＝55 000 元

在权责发生制下：

本期收入总额 － 本期费用总额 ＝ 本期净损益

即 135 000 －103 000＝32 000 元

由两组数据的对比可见，两者在数量上的差异是较为显著的。收付实现制下的收支对比，得出的是现金净流量，而非真正的损益。只有权责发生制下的收支对比，得出的才是真正的经营损益。

两种观点因确认收入、费用采用不同的时间标准，导致收入、费用两指标的计算口径不同，因而计算得出的损益也显示出了较大的差别。不仅如此，两种观点对相同经济业务的账务处理也显示出较大的差别（见表 4-10）。请你对下表多做分析，细细品味其间的差别。表中的业务号即是表 4-9 的业务号。这里，有一点得申明一下，表中所示分录并非唯一答案，其科目的选择有主观随意性。原因是原业务中并未指明收入、费用的具体科目，其科目只能依靠主观选择了。再者，阅读注释栏时请再重温一下权责发生制与收付实现制的概念，以方便理解。

表 4-10　收付实现制与权责发生制下的账务处理对比表

业务号	收付实现制下的账务处理	权责发生制下的账务处理	注　　释
(1)	借：银行存款 50 000 　　贷：主营业务收入 　　　　　　50 000	借：银行存款 50 000 　　贷：主营业务收入 　　　　　　50 000	收支期与归属期一致，两者处理一致

续表

业务号	收付实现制下的账务处理	权责发生制下的账务处理	注　释
(2)	借:银行存款 60 000 　贷:主营业务收入 　　　　　　60 000	借:应收账款 60 000 　贷:主营业务收入 60 000 借:银行存款 60 000 　贷:应收账款 60 000	收付实现制下仅关心收取,而权责发生制先得考虑应计,再考虑收回
(3)	本期不做,于收现的下期做账务处理	借:应收账款 15 000 　贷:主营业务收入 15 000	因收现期在下期,只有应计观点才有收入
(4)	借:银行存款 12 000 　贷:主营业务收入 　　　　　　12 000	借:银行存款 12 000 　贷:应收账款 12 000	按收付实现制,所收款项为当期收入。而按应计观点,所收款项为上期收入
(5)	借:银行存款 5 000 　贷:主营业务收入 　　　　　　5 000	借:银行存款 5 000 　贷:预收账款 5 000	按收付实现制观点,为本期收入。按应计观点,为下期收入而为当期负债
(6)	不做账务处理	借:预收账款 10 000 　贷:主营业务收入 10 000	按应计观点,上期收款时为负债,本期交货,负债减少,收入增加
(7)	借:管理费用 9 000 　贷:银行存款 9 000	借:管理费用 9 000 　贷:银行存款 9 000	两期一致,处理一样
(8)	借:管理费用 46 000 　贷:银行存款 46 000	借:管理费用 46 000 　贷:应付账款 46 000 借:应付账款 46 000 　贷:银行存款 46 000	按应计观点,既考虑应付,也考虑偿还,而收付观点仅关心偿还
(9)	不做	借:管理费用 30 000 　贷:应付账款 30 000	按应计观点,有费用,尽管尚未支付
(10)	借:管理费用 15 000 　贷:银行存款 15 000	借:应付账款 15 000 　贷:银行存款 15 000	按收付观点,上期无费用而本期有。按应计观点,上期有费用,本期无费用
(11)	借:管理费用 2 000 　贷:银行存款 2 000	借:预付账款 2 000 　贷:银行存款 2 000	按收付观点,所有支付为本期费用。按应计观点,本期无费用
(12)	不做账务处理	借:管理费用 18 000 　贷:预付账款 18 000	按收付观点,本期无费用。按应计观点,本期有费用

　　从上面的账务处理比较中,可以看到,由于收付实现制仅以收入、费用的收支期作为其确认的标准,因此其账务处理比较简单;而权责发生制以收入、费用的归属期作为其确认的标准,其账务处理比较复杂。当收入、费用的收支期与归属期不相一致时,权责发生制要运用诸如应收、应付、预提、待摊等特殊概念来对资产、

负债、收入和费用进行确认反映,其账务处理也就显得比较复杂,但唯有如此,企业才能正确地反映出特定期间的经济业务及经营成果。

二、权责发生制下的期末账项调整

用权责发生制的观点来看,账簿的日常记录还不能确切地反映本期的收入和费用。原因是收入、费用的收支期与其应归属期可能不相一致,即出现跨期现象。如有些收入款项虽在本期内收到和入账,但并不应归属本期(如表 4-10 的业务 4、业务 5)。而有些收入虽在本期内尚未收到,但应归属本期(如表 4-10 中的业务 3)。有些费用虽在本期已经支付和入账,但并不应归属本期(如表 4-10 中的业务 11),而有些费用虽在本期内尚未支付,却应归属本期(如业务 9)。所以,为正确计算损益,在期末结账前,必须对账簿里已记的账项按权责发生制的观点进行必要的调整,合理地反映相互连接的各会计期应计的收入和应负担的费用,使各期的收入和费用能在相关的基础上进行配比,从而比较正确地算出各期的经营损益。

大致说来,按权责发生制的观点,企业期末应做的账项调整有如下四类。

(一)预收收入

预收收入是本期或前期已经收到货币资金并入账,但要到后续各期才能赚取的收入。企业的预收收入主要是预收货款,也包括向外界提供劳务等而预收的其他业务收入。如预收包装物出租的租金收入等。

从权责发生制的观点看,预收收入虽已在本期或前期收到入账,但因构成收入的商品尚未交付或劳务尚未提供,所以对预收款项的企业而言,该项预收款是企业的一项负债。只有当商品已经交付或劳务已经提供时,该项负债才能转化为收入。

[业务 42] 某搬家公司收到某客户的劳务订金 6 000 元,规定从当月起,连续 6 个月为其搬家。假定每月的劳务量一致。

当搬家公司收到订金时,由于尚未开始提供劳务,因此,这 6 000 元尽管已收取,但并不能作为收入入账,而只能作为一笔负债,在"预收账款"账户中反映。因此,该项经济业务发生后,应做的分录如下。

借:银行存款　　　　　　　　　　　　　　6 000
　　贷:预收账款　　　　　　　　　　　　　　　6 000

[业务 43] 月末,对预收的劳务订金进行账项调整。

业务 42 中的 6 000 元,是 6 个月的劳务报酬总额。本月提供了劳务总量的 1/6,相应地应赚取 6 000 元中的 1/6,即 1 000 元,作为本月的收入。因此,月末应将本月赚取的收入从预收订金中转出,作为当月的收入,负债调低,收入调高。这笔调整分录如下。

借:预收账款　　　　　　　　　　　　　　1 000

贷：主营业务收入　　　　　　　　　　　　　1 000（或劳务收入）

（二）应计收入

　　应计收入是本期已经获得，但尚未收到款项的收入。它主要是向外界提供劳务或财产物资使用权利而尚未结算、尚未收到入账的收入。按权责发生制的观点，应计收入虽未在本期内收到，但产生收入的劳务或财产物资使用权已经提供，应构成本期获得的收入。因此，期末应将其调整入账，计为本期的收入。

　　[业务44]　企业曾经购买到期一次还本付息的债券，按债券契约规定，本月有应计利息2 000元。

　　按债券契约规定，所购债券的利息只有在债券到期时才能收到，但收到的利息，明显的是本金、时间、利率三者共同作用的结果。按权责发生制的观点，尽管利息尚未于本期收取，但当期已将资金使用权让渡给对方，应获得资金使用费——利息，这是本期的收入，应做的调整分录如下：

　　借：应收利息　　　　　　　　　　　　　　2 000
　　　贷：投资收益　　　　　　　　　　　　　　2 000

（三）预付费用

　　预付费用是本期或前期已经支付入账，但因系后续各会计期受益，而应归属后续各会计期负担的费用。如预付保险费、预付租金、预付报刊订阅费等。

　　预付费用要根据后续各期的受益比例，分别摊销记做各受益期的费用。在会计上，通过设置"预付账款"账户予以反映（摊销期超过一年的，设置"长期待摊费用"账户予以反映）。该账户的性质、登记方法已在前面的内容中做了介绍。

　　[业务45]　1月初，预付第二季度的报刊费600元。

　　此项支出发生于1月份，但这笔支出的归属期却是第二季度的4、5、6月。从1月份去看这笔支出，具有明显的"预付"性质，这是为4、5、6月预付的报刊费。因此，该项经济业务发生后，应做的分录如下：

　　借：预付账款　　　　　　　　　　　　　　600
　　　贷：银行存款　　　　　　　　　　　　　　600

（四）应计费用

　　应计费用是已在本期耗用，或已由本期受益，而应归属本期负担的费用，这些费用或者要在以后会计期内支付，或者要在本期账项调整后补行支付，均应于期末调整入账，以正确计算本期的费用。

　　应计费用的特点是归属期先于支付期。类似的例子有当月耗用电力，下月才支付的电力费，当月耗用人工下月才支付的工资费用，应由当月负担但于季末才支付的借款利息等。下面举两例予以说明。

　　[业务46]　企业为均衡全年各月的修理费，每月按计划数400元预提机器设

备修理费。

机器设备的修理要发生修理费用支出。对此类支出,会计上大致有以下两种处理方法。一是将此笔支出全数记入修理期间,实质上是假定此笔支出仅使当期受益。但若此笔支出金额较大,势必使修理期间的利润下降幅度较大,造成利润信息失真。二是将此笔支出按受益期进行分摊,摊入各受益期。对受益期的认识,又有两种观点:一是认为修理使修理发生前的各期受益,企业应于修理费用实际支出前,将估计修理费用预提记入各期的成本费用;二是认为修理使修理发生后的各期受益,企业应于修理费用实际支出后,按估计的受益期,将修理费用支出摊入各受益期。

再联系到本题,企业对修理费支出是采用在修理费用实际支出前,预提记入各期的成本费用。这是典型的先期记入成本费用,而后期才支付的应付费用。对此应付费用,企业于"应付账款"账户中反映。因此,该笔经济业务应做的调整分录如下。

借:制造费用　　　　　　　　　　　　　　　400
　贷:应付账款　　　　　　　　　　　　　　　400

综上所述,实行权责发生制,对期末账项进行调整是一个必要的步骤。调整使得应当记入本期的收入、费用得以在账簿中反映。但账项调整并不仅限于满足权责发生制的要求。账簿记录经过调整后,才可以进行对账和结账,计算确定本期的经营成果。

习　题　四

一、单项选择题

1. 采购员出差回来报销差旅费 2 300 元,原来预支 2 500 元,则应编制会计分录(　　)。

  A. 借:其他应收款　　　　　　　　　　　　2 500
      贷:库存现金　　　　　　　　　　　　　　2 500
  B. 借:管理费用　　　　　　　　　　　　　　2 500
      贷:其他应收款　　　　　　　　　　　　　2 500
  C. 借:管理费用　　　　　　　　　　　　　　2 500
      贷:其他应收款　　　　　　　　　　　　　2 300
        库存现金　　　　　　　　　　　　　　200
  D. 借:管理费用　　　　　　　　　　　　　　2 300
     库存现金　　　　　　　　　　　　　　　200
      贷:其他应收款　　　　　　　　　　　　　2 500

2. 某企业的甲车间月初的在产品成本为 3 000 元,本月消耗的材料的价值 30 000元,生产工人工资及福利费 5 000 元,甲车间管理人员工资及福利费 1 000

元,甲车间水电等费用 1 500 元,月末在产品生产成本 4 200 元,为厂部预付半年报刊费 600 元(含本月)。甲车间本月完工产品的生产成本总额为(　　)元。

　　A. 36 300　　　　B. 36 500　　　　C. 37 100　　　　D. 36 900

3. 用银行存款购进材料并已验收入库,同时支付价税款,应编制的会计分录是(　　)。

　　A. 借:在途物资
　　　　应交税费——应交增值税(进项税额)
　　　　贷:银行存款

　　B. 借:原材料
　　　　应交税费——应交增值税(进项税额)
　　　　贷:银行存款

　　C. 借:在途物资
　　　　贷:应交税费——应交增值税(进项税额)
　　　　　　银行存款

　　D. 借:原材料
　　　　贷:应交税费——应交增值税(进项税额)
　　　　　　银行存款

4. 某企业销售商品一批,增值税专用发票上标明的价款为 60 万元,适用的增值税税率为 16%,为购买方代垫运杂费为 2 万元,款项尚未收回。该企业确认的应收账款为(　　)万元。

　　A. 60　　　　　　B. 62　　　　　　C. 70.2　　　　　D. 71.6

5. 甲公司 200×年实现税后利润 1 000 万元,根据《公司法》规定,按照 10% 提取法定盈余公积。同时公司章程规定按 10% 计提任意盈余公积,20 万元用于派发现金股利。这一过程中涉及的会计科目不包括(　　)。

　　A. 利润分配　　　B. 应付股利　　　C. 盈余公积　　　D. 主营业务收入

6. 下列费用中,不构成产品成本的是(　　)。

　　A. 直接材料费　　B. 直接人工费　　C. 期间费用　　　D. 制造费用

7. 某企业年初未分配利润为 100 万元,本年净利润为 1 000 万元,按 10% 计提法定盈余公积,按 5% 计提任意盈余公积,宣告发放现金股利为 80 万元,该企业期末未分配利润为(　　)万元。

　　A. 855　　　　　B. 867　　　　　C. 870　　　　　D. 874

8. 下列收入中不属于其他业务收入的是(　　)。

　　A. 罚款收入　　　　　　　　　　　B. 包装物销售收入
　　C. 包装物出租收入　　　　　　　　D. 材料销售收入

9. 某企业为增值税一般纳税人,增值税税率为 17%,200×年 1 月采购原材料一批,增值税发票上价款为 50 000 元,增值税额为 8 500 元;购入时发生运杂费 800 元。则该材料入库的价值为(　　)元。

A. 58 800   B. 50 800   C. 50 000   D. 58 500

10. 企业200×年8月份末负债总额100万元,9月份收回欠款15万元,用银行存款归还借款10万元,用银行存款预付购货款5万元,则9月份末负债总额为( )万元。

A. 110   B. 105   C. 90   D. 80

二、多项选择题

1. 企业销售商品缴纳的下列各项税费,记入"税金及附加"科目的有( )。
   A. 消费税   B. 增值税   C. 教育税附加   D. 城市维护建设税

2. 企业预收的账款可以通过( )科目核算。
   A. 应收账款   B. 应付账款   C. 预付账款   D. 预收账款

3. 年末没有余额的账户有( )。
   A. 投资收益   B. 本年利润   C. 利润分配   D. 固定资产

4. 以下( )账户直接记入当期损益。
   A. 制造费用   B. 财务费用   C. 管理费用   D. 销售费用

5. 以下( )属于"利润分配"账户核算的内容。
   A. 提取法定盈余公积   B. 提取任意盈余公积
   C. 提取法定公益金   D. 给投资者分配利润

6. 其他业务收入是指除主营业务活动以外其他经营活动实现的收入,主要包括( )。
   A. 出租固定资产实现的收入   B. 出租无形资产实现的收入
   C. 销售产品实现的收入   D. 销售材料实现的收入

7. 下列属于直接费用的有( )。
   A. 车间固定资产折旧   B. 生产产品耗用材料
   C. 生产工人的工资   D. 管理人员的福利费

8. 下列费用中,属于销售费用的有( )。
   A. 代垫运费   B. 广告费   C. 产品运输费   D. 产品展览费

9. 下列各项中,影响企业营业利润的项目有( )。
   A. 投资收益   B. 管理费用   C. 营业外收入   D. 营业税金及附加

10. 某企业采购A、B两种材料,下列采购支出属于直接费用的有( )。
    A. 两种材料的运杂费   B. 两种材料的买价
    C. 两种材料的装卸费   D. B材料的包装费

三、判断题

1. 企业购进材料时需要支付一定的增值税额,称为进项税额,应记入采购成本。 ( )

2. "管理费用"账户是用来核算生产和非生产部门发生的工资、福利费、折旧费等的账户。 ( )

3. 凡是本月支付或耗费的成本,都应记入本月产品成本。 ( )

4. 企业销售一批产品实现收入,应贷记"库存商品"账户。　　　　　　(　　)
5. 企业发生毁损的固定资产的净损失,应记入营业外支出。　　　　　(　　)
6. "制造费用"账户属于损益类账户,故期末没有余额。　　　　　　　(　　)
7. 所得税是一种费用。　　　　　　　　　　　　　　　　　　　　　(　　)
8. 营业外收入是指与企业生产经营无直接关系的各项收入,如罚款收入、投资收益等。　　　　　　　　　　　　　　　　　　　　　　　　　　　　　(　　)
9. 法定盈余公积是从销售收入中提取的公积金。　　　　　　　　　　(　　)
10. 企业预付的广告费,应记入本期的销售费用。　　　　　　　　　 (　　)

四、填空题

1. 甲企业销售产品,收到货款存入银行,则贷方应记_____科目。
2. 乙公司本月行政部门购买办公用品1 000元,发生电话费、会议费等3 000元,部门经理预借差旅费2 000元,则该月管理费用的借方发生额是_____。
3. 年度终了,应将"本年利润"账户的余额转入_____账户。
4. _____账户核算企业经营活动发生的营业税、消费税、城市维护建设税、资源税和教育费附加等相关税费。
5. 期间费用包括财务费用、管理费用和_____三部分。
6. 企业为了正确计算产品成本,应设置"生产成本"和_____这两个成本类账户。
7. 企业因短期借款而发生的利息,借方应记入_____账户。
8. _____账户期末如有借方余额,表示企业尚未加工完成在产品的成本。
9. 净利润=利润总额-_____。
10. 期末应将_____类账户余额转入"本年利润"账户。

五、实训题

1. 火炬公司发生下列材料采购业务:
(1)从A工厂购进甲材料15吨,单价3 000元,计45 000元,增值税率16%,价、税款均以银行存款支付,材料尚未运到;
(2)从B工厂购入甲材料10吨,单价2 100元,增值税3 360元,供货方代垫运费700元,材料验收入库,款项尚未支付;
(3)A工厂的甲材料运到,以现金支付运费690元,材料验收入库;
(4)从C工厂购进乙材料20吨,单价1 000元;丙材料10吨,单价250元,共计价款22 500元,增值税3 600元,价、税款均以银行存款支付;
(5)以银行存款支付乙、丙两种材料的运费1 200元,按购进材料的重量分摊记入材料成本;
(6)乙、丙两种材料验收入库;
(7)以银行存款25 060元偿还向B工厂进货的价税款;
(8)以银行存款30 000元向D公司预付订购丁材料的款项;
(9)D公司发来丁材料2 000千克,每千克单价10元,增值税额为3 200元,余款暂欠；

(10)欠 D 公司货款用库存现金偿还。

要求：根据火炬公司发生的材料采购业务，编制会计分录。

2. 新奥企业 20×8 年 5 月份发生如下 9 个方面的经济业务。

(1)本月份甲材料耗用情况如下：生产 A 产品的材料的价款 50 000 元，生产 B 产品的材料的价款 30 000 元，车间一般消耗的材料的价款 2 000 元，厂部一般消耗的材料的价款 8 000 元，所有材料的价款共计 90 000 元。

(2)本月份工资费用如下：生产 A 产品工人工资 30 000 元，生产 B 产品工人工资 22 000 元，车间管理人员工资 8 000 元，厂部管理人员工资 12 000 元，共计 72 000 元。

(3)车间发生固定资产修理费 4 100 元，用银行存款支付。

(4)通过银行将职工工资 72 000 元划转到各职工的工资卡中。

(5)本月固定资产计提折旧的情况如下：生产车间计提 10 000 元，厂部计提 2 000 元。

(6)以银行存款支付本月水费 3 600 元，其中生产 A 产品用水的水费 2 000 元，生产 B 产品用水的水费 1 200 元，生产车间用水的水费 300 元，厂部用水的水费 200 元。

(7)物资采购部门人员出差回来，报销差旅费 2 000 元，余额退还现金 1 000 元(出差前预支了差旅费 3 000 元)。

(8)归集本月发生的制造费用总额，按生产工时比例分配，A 产品生产工时 700 小时，B 产品生产工时 300 小时。

(9)计算并结转本月完工 A 产品、B 产品成本。(假设 A、B 产品均无期初、期末在产品)

要求：根据上述生产过程发生的经济业务，编制会计分录。

3. 东华公司 20×8 年 12 月份发生下列 9 个方面的经济业务。

(1)销售给东方公司 A 产品 100 台，单位售价 4 000 元，价款共计 400 000 元，销项税额 64 000 元。产品已经发出，款项已收到并存入银行。

(2)销售给东海公司 A 产品 200 台，单位售价 4 000 元，价款共计 800 000 元，销项税额 128 000 元，代对方垫付运费 3 000 元，用银行存款支付。产品已经发出，但款项尚未收到。

(3)以现金支付销售给东海公司 A 产品装卸费 200 元。

(4)以银行存款支付广告费用 60 000 元。

(5)销售给东成公司 B 产品 200 件，单位售价 200 元；D 产品 1 000 件，单位售价 500 元。销项税额 86 400 元，收到该公司签发的商业汇票一张，期限为 3 个月。

(6)收到东升公司预付购进 B 产品的货款 300 000 元，已存入银行。

(7)月末发给东升公司 B 产品 1 250 件，单位售价 200 元，销项税额为 42 500 元，余款以现金支票方式退回。

(8)A产品单位成本为3 200元,B产品单位成本为150元,D产品单位成本为400元,结转当月各种产品的销售成本。

(9)月末计提城市维护建设税5 600元,教育费附加2 400元。

要求:根据以上销售过程的经济业务,编制会计分录。

4.新方企业20×8年7月份发生以下9个方面的经济业务。

(1)2日,收到新元工厂投入新机床一台,价值50 000元。

(2)5日,向新光工厂购进B材料21 000件,单价6元,货款126 000元和进项税额20 160元以及对方代垫运杂费280元均未付款。

(3)8日,向新海公司出售甲产品2 600件,单价80元;乙产品3 400件,单价100元。货款548 000元及销项税额87 680元均未收到。

(4)13日,计算本月应付职工工资14 400元,其中甲产品生产工人工资5 260元,乙产品生产工人工资38 400元,车间管理人员工资1 200元,厂部管理人员工资2 100元,专设销售机构人员工资2 000元。

(5)15日,厂技术科张三出差预借差旅费1 500元,以库存现金支付。

(6)18日,售给新地公司B材料1 000千克,价款6 500元及销项税额1 040元均收存银行。结转该批材料的成本为6 030元。

(7)31日,结转已销产品的生产成本共计319 500元,其中甲产品184 000元,乙产品135 500元。

(8)31日,将损益类各收支账户的净发生额结转"本年利润"账户。除前述业务中的损益类账户外,还包括投资净收益9 200元、所得税费用48 141.5元。

(9)31日,按净利润的10%提取法定盈余公积金。

要求:根据以上经济业务,编制会计分录。

5.某企业20×8年年度决算时,各损益类账户12月份余额如下:

账户名称	借方发生额	贷方发生额
主营业务收入		300 000
主营业务成本	130 000	
税金及附加	15 000	
销售费用	8 000	
管理费用	18 000	
财务费用	5 000	
其他业务收入		20 000
其他业务成本	18 000	
投资收益		6 000
营业外收入		7 640
营业外支出	5 640	
所得税费用	44 220	

要求：

(1)根据上述资料编制"本年利润"账户期末结转分录；

(2)计算营业利润、利润总额及净利润。

六、计算业务题

某企业本月发生下列业务：

(1)本月生产甲、乙产品耗用原材料12 500元。其中：甲产品10 000元，乙产品2 500元；发生工资费用9 600元。其中：甲产品6 000元，乙产品3 600元。甲、乙产品均无期初在产品。

(2)本月制造费用1 600元，按甲、乙产品的生产工时比例分配。其中：甲产品120工时，乙产品80工时。

要求：

(1)计算本月制造费用分配率以及甲、乙产品应分配的制造费用。

(2)计算本月甲、乙产品总成本。

(3)编制相关的会计分录。

第五章 账户的分类

在第四章账户和复式记账法的应用中,以工业企业为例,循着其资金运动的规律,我们已设置和运用了一系列账户。这一系列账户中的每个账户都有其特定的反映内容、设置目的、登记方法,用以对某类经济业务的会计数据进行分类反映,从某一侧面反映会计要素的变化及其结果。所有这些账户,从单个的核算内容看,是彼此独立的,只能反映全部经济业务中的某个局部,但将这些单个账户"归并"起来从整体上看,这些账户又是作用互补、具有内在联系的账户体系,能从整体上反映企业所有的经济业务。为了正确地设置和运用这些账户,就需要从理论上进一步认识各个账户所反映的经济内容及其在整个账户"群"中的地位和作用,并在了解各个账户特性的基础上,根据它们的某些共性,探讨账户之间的内在联系,掌握各类账户在提供核算指标方面的规律性。为此,应选取不同的视角将整个账户体系中的账户进行分类、归并,以达到对其更进一步认识的目的。

对账户进行分类的标准有多种多样。常见的分类标准有:(1)按账户所反映的经济内容分类;(2)按账户所提供的核算指标与会计报表的关系分类;(3)按账户的用途和结构分类。

第一节 账户按经济内容分类

账户的经济内容是指账户所反映和监督的会计对象的具体内容。账户按经济内容分类,是所有账户分类中的基础分类。因为通过账户的经济内容,可以确切地了解各个账户所反映和监督的具体内容,即该账户的核算口径有多大,什么样的经济业务可纳入该账户来反映。了解账户的经济内容是我们认识一个账户的起点。

企业所有经济业务引起的资金运动,都可以归结为会计的6个要素的增减变动及其结果,即资产、负债、所有者权益、收入、费用、利润的增减变动及其结果,这6个要素便是会计对象的具体内容。因此,账户按其所反映的经济内容分类,实质上便是按会计要素进行分类。它可分为资产类、负债类、所有者权益类、损益类、利润类等6类账户,分别为各个会计要素提供核算指标。

下面对各类性质的账户做简要介绍。

一、资产类账户

资产类账户是反映资产增减变动的账户,它通常按资产流动性的不同,又可分为以下两类:

(1)反映流动资产的账户,如"库存现金"、"银行存款"、"应收账款"、"原材料"、"库存商品"等账户;

(2)反映非流动资产(即长期资产)的账户,如"长期股权投资"、"固定资产"、"无形资产"等账户。

二、负债类账户

负债类账户是反映负债增减变动的账户,它通常按负债流动性的不同,又可以分为以下两类:

(1)反映流动负债的账户,如"短期借款"、"应付账款"、"应付职工薪酬"、"应交税费"等账户;

(2)反映长期负债的账户,如"长期借款"、"长期应付款"等账户。

三、所有者权益类账户

所有者权益类账户,是反映企业所有者权益构成内容增减变化的账户。

所有者权益账户按其形成来源和构成不同,又可分为以下三类:

(1)反映所有者原始投入的所有者权益账户,如"实收资本"账户;

(2)反映经营积累所形成的所有者权益账户,如"法定盈余公积"账户;

(3)反映企业筹资和投资过程中形成的所有者权益账户,如"资本公积"账户。

四、成本类账户

成本类账户反映企业为生产产品、提供劳务而发生的经济利益的流出。它针对一定成本计算对象(某产品、某类产品、某批产品、某生产步骤等),表明了由此发生的企业经济资源的耗费。成本类账户包括"生产成本"、"制造费用"、"研发支出"等账户。

五、损益类账户

损益类账户反映某一会计期间的一切经营活动和非经营活动的所有损益内

容。它既包括来自生产经营方面已实现的各项收入,已耗费的需要在本期配比的各项成本、费用,也包括来自其他方面的业务收支,以及本期发生的各项营业外收支等。一般来说,该类账户可划分为收入类、利得类、费用类、损失类四大类账户。

(一)收入类账户

收入类账户是反映企业在日常经营活动中所形成的、会导致所有者权益增加的、与所有者投入资本无关的经济利益的总流入。该类账户主要包括"主营业务收入"、"其他业务收入"账户。

(二)利得类账户

利得类账户是反映企业在非日常经营活动中所形成的、会导致所有者权益增加的、与所有者投入资本无关的经济利益的流入,主要包括"营业外收入"等账户。

(三)费用类账户

费用类账户是反映企业日常经营活动中所形成的、会导致所有者权益减少的、与向所有者分配无关的经济利益的总流出,主要包括"主营业务成本"、"其他业务成本"、"税金及附加"、"销售费用"、"管理费用"、"财务费用"、"所得税费用"等账户。

(四)损失类账户

损失类账户是反映企业在非日常经营活动中所发生的、会导致所有者权益减少的、与向所有者分配利润无关的经济利益的净流出,主要包括"营业外支出"等账户。

账户按经济内容进行分类,见图5-1。

六、利润类账户

利润类账户是反映企业利润的实现和分配情况的账户,该类账户可分为以下两类:

(1)反映利润实现情况的账户,如"本年利润"账户;
(2)反映利润分配情况的账户,如"利润分配"账户。

下面将制造业企业的主要账户,按其所反映的经济内容进行分类的情况,以图的形式列出(见图5-1)。为使图不致太过于庞大,每类(或细类)所包含的账户以科目的序号代替,科目的序号见第二章会计科目名称和编号表。

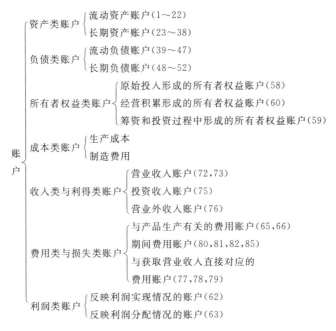

图 5-1 按经济内容分类的账户

注:与产品生产有关的费用的账户是"生产成本"、"制造费用"账户,这两个账户的使命是归集企业为生产产品而发生的各种耗费。当产品完工时,产品成本由"生产成本"账户转入"库存商品"账户,产成品为企业的流动资产。在产品未完工时,其成本则以余额的形式残留于"生产成本"账户,是企业的在产品,也为企业的流动资产。因此,"生产成本"账户的借方和贷方都反映企业的流动资产的内容,从这一意义上讲,"生产成本"账户,可归之于流动资产类账户。

第二节 账户按与会计报表的关系分类

会计核算是循着"会计凭证→会计账户(账簿)→会计报表"的顺序进行的。在会计核算的这一顺序中,我们可以见到,会计报表的编制,依赖于会计账户为其提供信息资料。问题是:当编制某种报表时,是需要借助于所有账户还是借助于部分账户的信息资料?这就是会计账户与会计报表的关系问题。

账户按其与会计报表的关系,可分为两类:一类是资产负债表账户,该类账户为资产负债表的编制提供指标资料;另一类是利润表账户,该类账户为利润表的编制提供指标资料。下面逐一说明这两类账户。

一、资产负债表账户

资产负债表,是一张静态报表,反映企业在某个特定时日的财务状况。形象地说,便是静态方程"资产＝负债＋所有者权益"的表格化、报表化。静态方程中的资产、负债、所有者权益三个指标,是一个时点概念,它们的数字指标是"存量"性质的静态指标。因此,能为资产负债表的编制提供信息资料的账户,也就只能是反映资金运动静态表现的账户,这类账户通常有期末余额。资产负债表账户在这一意义上也被称为实账户。

资产负债表账户包括资产账户、负债账户、所有者权益账户,其具体内容正是上节账户按经济内容分类所包含的内容。

二、利润表账户

利润表,是一张动态报表,反映企业在某个特定时期的经营成果及其分配情况。形象地说,是动态方程"收入－费用＝利润"的表格化。动态方程中的收入、费用、利润等三个指标,是一个期间概念,它们的数字指标是"流量"性质的动态指标。因此,能为利润表的编制提供信息资料的账户也就只能是反映企业资金运动动态表现的账户,这类账户的发生额是计算企业期间损益的数据来源,通常于期末将该类账户进行结转,以计算期间损益,结转后该类账户无期末余额。利润表账户在这一意义上也被称为虚账户。

利润表账户包括收入账户、费用成本账户、利润账户三类,其具体内容正是上节账户按经济内容分类所包含的内容。

按账户与会计报表的关系,账户的分类概括如图 5-2 所示。

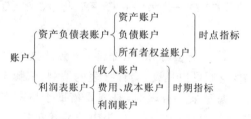

图 5-2　账户按与会计报表关系的分类

注:"生产成本"账户的余额并入资产负债表中的"存货"项目反映,理由已在前面解释。

在上面的分类中,将利润类账户中的"本年利润"账户、"利润分配"账户归类于利润表账户。实质上,这两个账户也可以归类于资产负债表账户,道理在于通过期末的结账程序,利润最终会影响所有者权益,前面所附的会计科目表,正是将

"本年利润"账户和"利润分配"账户归类于所有者权益类。

第三节 账户按用途和结构的分类

对账户按其经济内容进行分类,可以使我们了解完整的账户体系应包括哪些账户,各类账户所核算的会计对象的具体内容是什么。这对于正确区分账户的性质,合理地设置和运用账户,以满足经济管理的需要具有重要意义。但是,仅按账户的经济内容对账户进行分类,只能使我们了解该账户反映什么,至于要了解设置该账户的作用以及如何提供反映对象的核算指标,就需要在按照经济内容对账户进行分类的基础上,进一步研究账户按照用途和结构的分类,以找出各账户在提供核算指标、设置目的上的规律性。

所谓账户的用途,是指通过账户的记录能够提供什么核算指标,即设置和运用账户的目的。

所谓账户的结构,是指在账户中如何记录经济业务,以取得各种必要的核算指标。具体是指,账户的借方登记什么核算内容,贷方登记什么核算内容,期末余额一般在哪一方,具体表示什么内容。

本节以工业企业为例,说明在借贷记账法下账户按用途和结构的分类。账户按用途和结构,可以分为盘存账户、结算账户、所有者投资账户、集合分配账户、成本计算账户、收入账户、费用账户、财务成果账户、调整账户等10类。在下面的学习中,希望经常重温第四章的业务举例,它是理解本节内容的基础。

下面简要说明各类账户的用途、结构和特点。

一、盘存账户

盘存账户是用来反映和监督可以用实地盘点的方法进行清查,以确定各项实物资产和货币资金实有数的账户。盘存账户在账户结构上的共性是:借方登记各项货币资金或实物资产的增加数,贷方登记各项货币资金和实物资产的减少数。期末余额总是在借方,表示期末各项实物资产和货币资金的实有数。盘存账户的结构如图5-3所示。

属于盘存账户的主要有:"库存现金"、"原材料"、"库存商品"、"固定资产"等账户。

盘存账户除了结构上的共性外,还有如下共同点:

(1)从其反映的经济内容来看,都属资产性质,因此,按经济内容进行分类,这些账户同属资产类账户;

借方	盘存账户	贷方
期初余额:货币资金或实物资产的结存额		
发生额:本期货币资金或实物资产的增加额		发生额:本期货币资金或实物资产的减少额
期末余额:货币资金或实物资产的结存额		

图 5-3　盘存账户的结构

(2)这些账户所反映的对象,均可通过实地盘点的方法以确定其实有数;

(3)除"库存现金"账户外,其他盘存账户通过设置和运用明细账,可以提供实物和金额两种指标。

二、结算账户

结算账户是用来反映和监督本企业与其他单位或个人以及企业内各部门之间应收、应付、往来账款结算业务的账户。通俗地说,便是反映欠人、人欠的账户。按其所反映的结算业务的不同性质,结算账户可分为债权结算账户、债务结算账户和债权债务结算账户。

(一)债权结算账户

债权结算账户也称为资产结算账户,是用于反映和监督企业同各个债务单位或个人之间的债权结算业务的账户。这类账户的共同结构是:借方登记债权(应收款项)的增加数,贷方登记债权(应收款项)的减少数,期末余额一般在借方,表示尚未收回债权的实有数。

债权结算账户的基本结构如图 5-4 所示。

借方	债权结算账户	贷方
期初余额:债权实有数 发生额:债权本期增加数		发生额:债权本期减少数
期末余额:债权实有数		

图 5-4　债权结算账户的结构

属于债权结算账户的有"应收账款"、"应收票据"、"其他应收款"等账户。

(二)债务结算账户

债务结算账户也称负债结算账户,是用来反映和监督企业同各个债权单位或个人之间的债务(应付款项)结算业务的账户。这类账户的共同结构是:贷方登记债务的增加数,借方登记债务的减少数,期末余额一般在贷方,表示期末尚未偿还债务的实有数。债务结算账户的基本结构如图5-5所示。

借方	债务结算账户	贷方
	期初余额:债务实有数	
发生额:本期债务的偿还数	发生额:本期债务的增加数	
	期末余额:债务实有数	

图 5-5 债务结算账户的结构

(三)债权债务结算账户

在第三章提到过,借贷记账法下对各账户的性质归属,并不要求作固定的分类,而视各账户余额的具体表现而定。正是利用这一特点,借贷记账法下设置了债权债务结算账户这类具有双重性质的账户。

债权债务结算账户也称往来结算账户,是用来核算、监督企业同其他单位或个人之间的往来结算业务的账户。某些与企业经常发生业务往来的单位,有时是企业的债权人,有时是企业的债务人,其身份常常转换。为了能在同一账户中反映企业与这类单位之间发生的债权和债务的结算关系,企业可设置债权债务结算账户。

债权债务结算账户,顾名思义,兼有债权结算账户和债务结算账户的双重特点。通俗地说,便是这两类账户合并的产物。因此,债权债务结算账户的结构也便是债权结算账户和债务结算账户的结构的"并集"。具体指:借方登记债权的增加数和债务的减少数,贷方登记债务的增加数和债权的减少数,其余额既可能在借方,也可能在贷方。余额如在借方,表示尚未收回的债权大于尚未偿付的债务的差额,即净债权。余额如在贷方,表示尚未偿付的债务大于尚未收回的债权的差额,即净债务。债权债务结算账户的基本结构如图5-6所示。

关于债权债务结算账户,以下两点应引起特别注意。

(1)由于债权债务结算账户是两类不同性质账户的"并集",属双重性质,因此,作为总分类账户的债权债务结算账户的期末余额,与作为其所属明细账户的债权结算账户、债务结算账户的期末余额,在方向上就可能不一致。此时,总分类账户对其所属明细分类账户在数量上的"控制"关系体现为"差式",而非"和式",具体是:

借方	债权债务结算账户	贷方
期初余额:期初债权大于期初债务的差额		期初余额:期初债务大于期初债权的差额
发生额:(1)债权增加额		发生额:(3)债权减少额
(2)债务减少额		(4)债务增加额
期末余额:期末债权大于期末债务的差额		期末余额:期末债务大于期末债权的差额

图 5-6 债权债务结算账户的结构

$$\frac{\text{总分类账户的}}{\text{借方(贷方)余额}} = \frac{\text{所属明细分类账户的}}{\text{借方(贷方)余额合计}} - \frac{\text{所属明细分类账户的}}{\text{贷方(借方)余额合计}}$$

(2)由于债权债务结算账户的期末余额表示的是一个净数(债权与债务之差,既可能是净债权,也可能是净债务),其期末余额并不能如实反映企业真正的债权数、债务数。因此,在为企业编制资产负债表时,如果企业设置了债权债务结算账户,为了正确反映企业的财务状况,应将总分类账户上的净数按其形成过程还原为债权数、债务数(见上式),即利用所属明细账上的期末余额,分别其性质,列示为债权数、债务数,体现最为普通的"丁是丁,卯是卯"原则。

下面举例说明(1)、(2)两点。

例:假定企业不设置"其他应收款"、"其他应付款"账户,而将二者的核算内容归并置于"其他往来"账户核算,并按往来单位设置明细账。

现假定"其他往来"总账与其所属明细账的全部资料如图 5-7 所示。

借方	其他往来	贷方
	余额:200	
债权增加额(1)100		债权减少额(3)300
债务减少额(2)50		债务增加额(4)200
发生额:150		发生额:500
		余额:150

借方	其他往来 ——甲工厂	贷方	借方	其他往来 ——乙工厂	贷方
余额:300					余额:100
债权 增加额 (1)100		债权 减少额 (3)300	债务 减少额 (2)50		债务 增加额 (4)200
发生额:100		发生额:300	发生额:50		发生额:200
余额:100					余额:250

图 5-7 其他往来账户的结构

下面的资料表明,"其他往来"总账账户中债权债务的实际变动和结余的具体情况如下。

①总账上的期初余额 200 元净债权是对甲工厂的债权 300 元,与对乙工厂债务 100 元两者相抵后的结果,期初真实的债权为 300 元,真实的债务为 100 元。

②总账上的本期借方发生额,既非纯粹的债权增加,也非纯粹的债务减少,而是两者金额之和。同样,总账上的本期贷方发生额,也并非单一性质的金额资料,而是债务的增加数与债权减少数之和。从这一点看,总账上的发生额是很能体现其双重性的。

③总账上的期末余额 150 元为期末的净债务,它是企业对乙工厂债务 250 元(见明细账)与对甲工厂债权 100 元相抵后的结果。期末实际的债务是 250 元,实际的债权是 100 元。在编制资产负债表时,应分别反映为债务和债权。

企业常设的债权债务结算账户有:"其他往来"、"内部往来"账户。如果企业不设"预付账款"和"预收账款"账户,而将预收账款业务并入"应收账款"账户,将预付账款业务并入"应付账款"账户,则此时的"应收账款"和"应付账款"账户也就成了债权债务结算账户。要特别提醒的是,在这类情况下为企业编制资产负债表时,一定要借助总账下各明细账户上的余额资料,区别各明细账户余额的性质,分别以债权、债务的性质列入资产负债表,以反映企业真正的财务状况。

结算账户的特点是:

(1)应当按照发生结算业务的对方单位或个人设置明细账,以便及时进行结算和核对账目;

(2)结算账户只能提供金额指标。

三、所有者投资账户

所有者投资账户是用来反映、监督企业所有者权益的增减变动及其结存情况的账户。这类账户反映的内容都是所有者权益性质,既包括投资者的原始投入,又包括在经营过程中形成的最终所有权归属于企业所有者的各种公积金。属于所有者投资账户的,有"实收资本"、"资本公积"、"法定盈余公积"等账户。

所有者投资账户的结构如图 5-8 所示。

借方	所有者投资账户	贷方
		期初余额:期初所有者投资的实有额
发生额:本期所有者投资的减少额		发生额:本期所有者投资的增加额
		期末余额:期末所有者投资的实有额

图 5-8　所有者投资账户的结构

四、集合分配账户

集合分配账户是用来归集和分配企业在生产经营过程中某个阶段所发生的某种费用的账户。企业在生产经营过程中发生的应由多个成本计算对象共同负担的间接费用,在其发生时,不便于直接记入各成本计算对象,应首先通过集合分配账户进行归集,然后再按照一定标准分配记入各个成本计算对象。企业可以通过集合分配账户的设置和运用,来反映和监督有关费用计划的执行情况和费用分配情况。

集合分配账户的借方登记费用的发生数,贷方登记费用的分配数,一般情况下该账户无期末余额,其结构如图 5-9 所示。

图 5-9 集合分配账户的结构

属于集合分配账户的有"制造费用"账户。

集合分配账户的特点是:具有明显的过渡性质,平时用它来归集那些不能直接记入某个成本计算对象的间接费用,期末将其归集的全部费用分配出去,由有关成本计算对象负担,分配之后该账户期末无余额。

五、跨期摊配账户

跨期摊配账户是在费用的归属期和支付期不一致的情况下,用来反映费用的支付、归属和摊配情况的账户。设置跨期摊配账户是会计期间假设和权责发生制核算原则的共同要求。这是企业为正确计算期间损益而应设置的必不可少的账户。

属于跨期摊配账户的主要有"长期待摊费用"账户。

"长期待摊费用"账户反映的是分摊期在一年以上的各种费用发生和摊销。其费用的支付期在前,归属期在后。跨期摊配账户的结构,如图 5-10 所示。

六、成本计算账户

成本计算账户是用来反映和监督生产经营过程中某一阶段所发生的全部费用,确定该阶段各个成本计算对象实际成本的账户。这类账户的借方登记生产经营过程中发生的应记入成本的全部费用(包括可直接记入成本的直接费用和期末

借方	跨期摊配账户	贷方
期初余额：以前各期发生或支付但截止本期期初尚未摊配完的费用 发生额：本期发生，应由本期和以后各期成本或损益对象共同负担的费用		发生额：按照一定标准分摊的，由本期成本或损益对象负担的费用
期末余额：已经发生或支付，但截止到本期期末尚未分摊的费用		

图 5-10　跨期摊配账户的结构

通过集合分配账户分配转入的间接费用），贷方登记转出成本计算对象的实际成本。期末如有余额，一定在借方，表示尚未完成某一过程的成本计算对象的实际成本，该类账户的期末余额在企业编制资产负债表时，在报表的资产项目中反映。

属于成本计算账户的有"在途物资"、"生产成本"等账户，其结构如图 5-11 所示。

借方	成本计算账户	贷方
期初余额：期初尚未完成某一过程的成本计算对象的实际成本		
发生额：生产经营过程某一阶段所发生的全部费用		发生额：结转已完成某一过程的成本计算对象的实际成本
期末余额：尚未完成某一过程的成本计算对象的实际成本		

图 5-11　成本计算账户的结构

成本计算账户的特点是：除了设置总分类账户外，还应按照各个成本计算对象分别设置明细分类账户来进行明细核算，既提供金额指标，又提供实物指标。

七、收入账户

收入账户是用来反映、监督企业在一定期间内所取得的各种收入和收益的账户，这类账户为损益的计算确定提供收入金额指标。其共同结构是：贷方登记取得的收入或收益额，借方登记收入或收益的减少数和期末转入"本年利润"账户的收入或收益额。由于当期实现的全部收入或收益都要于期末转入"本年利润"账户,所以收入账户期末无余额。

属于收入账户的主要有"主营业务收入"、"其他业务收入"、"营业外收入"等账户,其结构如图5-12所示。

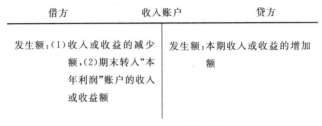

图 5-12　收入账户的结构

八、费用账户

费用账户是用来反映、监督企业在一定期间内所发生的应记入当期损益的各项费用、成本和支出的账户。费用账户的借方登记费用支出的增加额,贷方登记费用支出的减少额和期末转入"本年利润"账户的费用支出数额。由于当期发生的全部费用支出都要于期末转入"本年利润"账户,所以该类账户期末无余额。

属于费用账户的主要有"主营业务成本"、"销售费用"、"管理费用"、"财务费用"、"所得税"等账户,其基本结构如图5-13所示。

图 5-13　费用账户的结构

九、财务成果账户

财务成果账户是用来反映、监督企业在一定期间内全部生产经营活动的最终成果(盈利或亏损)的账户。可以说,它是收入、费用账户的"总结"账户。

属于财务成果账户的是"本年利润"账户。该账户的贷方登记期末从各收入账户转入的收入或收益额,借方登记期末从各费用账户转入的费用、支出额。该账户的期末余额如果在贷方,则表示企业在一定时期内获得的利润总额(税后)。该账户的期末余额如果在借方,则表示企业在一定时期内发生的亏损总额。

财务成果账户的结构,可用图5-14表示。

借方	财务成果账户（本年利润）	贷方
发生额：应记入本期损益，从各费用账户转入的费用额		发生额：应记入本期损益，从各收入账户转入的收入额
期末余额：年初至期末的累计亏损总额		期末余额：年初至期末的累计利润总额

图 5-14　财务成果账户的结构

十、调整账户

调整账户是用来调整相关账户（也称被调整账户）的金额，以求得被调整账户实际数额的账户。在会计核算中，由于经营管理或其他方面的要求，有时需要对一些会计要素的具体项目用两套数字从不同的方面进行反映，一套数字是该项目的原始数字，一套数字是该项目原始数字的调整数字。在这种情况下，就需要设置两个账户，用一个账户反映该项目的原始数字，用另一个账户来反映该项目原始数字的调整数字。前者称为被调整账户，后者称为调整账户。

调整账户按其调整方式的不同，可以分为备抵账户、附加账户和备抵附加账户三类。

（一）备抵账户

备抵账户亦称抵减账户，是用来抵减被调整账户的余额，以求得被调整账户实际余额的账户。其调整方式可用下列计算公式表示：

$$被调整账户余额 - 备抵账户余额 = 被调整账户的实际余额$$

备抵账户的余额呈现特点：与被调整账户的余额在方向上相反。即如果被抵减账户的余额在借方（或贷方），则抵减账户的余额一定在贷方（或借方）。

最典型的抵减账户有"累计折旧"、"坏账准备"账户。其对应的被抵减账户分别为"固定资产"、"应收账款"账户。下面举两例说明。

例：假定"固定资产"、"累计折旧"账户的期末余额如图 5-15 所示。

图 5-15　固定资产与累计折旧的备抵

在"固定资产"账户上的期末余额 100 000 元，是固定资产的原始价值，从某种程度上反映企业曾经有过的固定资产投资规模。在"累计折旧"账户上反映固定资产已转移的价值，即其折旧价值。将两个账户上方向相反的余额抵减后的结果

70 000元(100 000元－30 000元)，便是企业固定资产的账面余额。这一数字与固定资产的原始价值相比，可以得出反映固定资产新旧程度的指标。这是经营管理上的一个有用指标。

例：假定"本年利润"、"利润分配"账户上的期末余额如图5-16所示。

图 5-16　本年利润与利润分配的备抵

"本年利润"账户的期末贷方余额，反映实现的累计利润额，"利润分配"账户的借方余额，反映的是从所赚取的利润中已分配的利润数。两个账户上方向相反的余额相减，即为企业期末的未分配利润 10 000 元(50 000 元－40 000 元)。

（二）附加账户

附加账户是用来调整被调整账户的余额，以求得被调整账户实际余额的账户。其调整方式，可用下列计算公式表示：

$$\text{被调整账户余额} + \text{附加账户余额} = \text{被调整账户的实际余额}$$

附加账户的余额呈现特点：与被调整账户的余额在方向上相同。即如果被调整账户的余额在借方(或贷方)，则附加账户的余额也一定在借方(或贷方)。

单纯的附加账户很少，这里不举例，专业会计中再涉及。

（三）备抵附加账户

备抵附加账户是一种既可能是备抵账户，也可能是附加账户的调整账户。当它的余额方向与被调整账户的余额方向一致时，即是附加账户；当它的余额方向与被调整账户的余额方向相反时，就成了备抵账户。因此，该类账户在某一时刻具备调整账户中的哪一种功能，取决于其余额与被调整账户的余额在方向上的一致或相反。

典型的备抵附加账户是"材料成本差异"账户。

例：假定工业企业采用计划成本进行材料收发的日常核算。在此情况下，"原材料"账户登记收、发材料的计划成本，而原材料的实际成本与计划成本的差异，则置之于"材料成本差异"账户反映。

下面分两种情况来看"材料成本差异"账户的调整功能。

情况1："原材料"账户的余额与"材料成本差异"账户的余额在方向上一致，如图 5-17 所示。

图 5-17　原材料与材料成本差异的附加

"原材料"账户上的余额是原材料的计划成本数,"材料成本差异"账户上的余额是材料成本的超支数(实际数高于计划数的部分)。因此,将两个账户上方向相同的余额相加,即是材料的实际成本 104 000 元(100 000 元＋4 000 元)。此时,"材料成本差异"账户对"原材料"账户起附加作用。

情况2:"原材料"账户的余额与"材料成本差异"账户的余额在方向上相反,如图 5-18 所示。

图 5-18　原材料与材料成本差异的备抵

此时,"材料成本差异"账户上的余额是材料成本的节约数,而材料的实际成本为 96 000 元(100 000 元－4 000 元)。"材料成本差异"账户此时对"原材料"账户起备抵作用。

所有调整账户均具有以下特点。

(1)调整账户与被调整账户所反映的经济内容相同,被调整账户反映会计要素的某个项目的原始数字,而调整账户反映对同一项目原始数字的调整数字。因此,按账户的经济内容分类,调整账户与被调整账户属于同一类账户。

(2)调整的方式是用调整数字加上或减去被调整数字,借以求得具有特定含义的数字。

(3)调整账户不能离开被调整账户而独立存在,有调整账户就有被调整账户。

账户按用途和结构的分类可用图 5-19 表示。

账户按用途和结构分类
- 盘存账户:"库存现金"、"银行存款"、"原材料"、"库存商品"、"固定资产"等账户
- 结算账户:"应收账款"、"其他应收款"、"短期借款"、"应付账款"、"其他应付款"、"应交税费"、"应付利润"、"长期借款"等账户
- 所有者投资账户:"实收资本"、"资本公积"、"盈余公积"等账户
- 集合分配账户:"制造费用"等账户
- 跨期摊配账户:"长期待摊费用"等账户
- 成本计算账户:"在途物资"、"生产成本"等账户
- 收入账户:"主营业务收入"、"其他业务收入"、"营业外收入"、"投资收益"等账户
- 费用账户:"销售费用"、"主营业务成本"、"其他业务成本"、"管理费用"、"财务费用"、"营业外支出"等账户
- 财务成果账户:"本年利润"
- 调整账户:"累计折旧"、"材料成本差异"、"坏账准备"等账户

图 5-19　账户按用途和结构分类

习 题 五

一、单项选择题

1. 按用途和结构分类,"库存现金"账户属于(　　)。
   A. 资本账户　　B. 结算账户　　C. 盘存账户　　D. 财务成果账户

2. "原材料"账户按经济内容分类,属于(　　)。
   A. 资产账户　　B. 债权账户　　C. 成本计算账户　　D. 总分类账户

3. "长期待摊费用"账户按用途和结构分类,应属于(　　)。
   A. 负债账户　　B. 资本账户　　C. 成本计算账户　　D. 跨期摊配账户

4. 账户按经济内容分类,"累计折旧"账户属于(　　)。
   A. 资产账户　　B. 负债账户　　C. 费用账户　　D. 调整账户

5. "制造费用"账户按其用途和结构分类,属于(　　)。
   A. 成本费用账户　　B. 负债账户　　C. 集合分配账户　　D. 成本计算账户

6. 下列各项中,属于资产类账户的有(　　)。
   A. 累计折旧　　B. 应付账款　　C. 预收账款　　D. 生产成本

7. 下列各项中,按照经济内容分类属于资产类账户,按照用途和结构分类属于结算类账户的是(　　)。
   A. 库存现金　　B. 库存商品　　C. 制造费用　　D. 预付账款

8. 成本类账户的期末借方余额为企业的(　　)。
   A. 资产　　B. 负债　　C. 所有者权益　　D. 收入

9. 下列各项中,不属于损益类账户的是(　　)。
   A. 管理费用　　B. 财务费用　　C. 制造费用　　D. 销售费用

10. 企业的预收账款不单独设账户核算,而是通过"应收账款"账户进行核算,则"应收账款"账户应属于(　　)。
    A. 资产结算账户
    B. 负债结算账户
    C. 非结算账户
    D. 债权债务结算账户

二、多项选择题

1. 在下列盘存账户中,可以通过设置和运用明细账来提供数量和金额两种指标的有(　　)账户。
   A. "银行存款"　　B. "原材料"　　C. "库存现金"　　D. "库存商品"

2. 下列各组账户中,(　　)组账户所反映的经济内容是相同的,但是它们有不同的用途和结构。
   A. "固定资产"和"累计折旧"
   B. "制造费用"和"财务费用"
   C. "本年利润"和"利润分配"
   D. "应收账款"和"坏账准备"

3.（　　）账户的余额既可能在借方,也可能在贷方。
A.盘存　　　　　B.财务成果　　　　C.跨期摊配　　　　D.债权债务
4.下列账户中,属于损益类账户的有（　　）。
A."主营业务收入"　　　　　　B."应交税费"
C."管理费用"　　　　　　　　D."所得税费用"
5.下列账户中,属于调整账户的有（　　）。
A."应收账款"　　　　　　　　B."坏账准备"
C."累计折旧"　　　　　　　　D."材料成本差异"
6.下列账户中属于成本计算账户的有（　　）。
A."管理费用"　　B."财务费用"　　C."生产成本"　　D."材料采购"
7.下列各项中,反映相同的经济内容,却具有不同用途和结构的有（　　）。
A."应收账款"　　B."应付账款"　　C."本年利润"　　D."利润分配"
8.下列各项中,属于流动负债账户的有（　　）。
A."短期借款"　　B."预收账款"　　C."应交税费"　　D."应付债券"
9.下列各项中,属于盘存账户的有（　　）。
A."库存现金"　　B."原材料"　　　C."制造费用"　　D."固定资产"
10.下列各项中,首先用来归集一定时期的生产过程中的费用,然后再分配转出的有（　　）账户。
A."材料采购"　　　　　　　　B."主营业务成本"
C."制造费用"　　　　　　　　D."生产成本"

三、判断题

1."累计折旧"账户,贷方登记折旧的增加数,借方登记折旧的减少数,因此它是负债类账户。　　　　　　　　　　　　　　　　　　　　　　　　　（　　）
2.账户按用途和结构分类,"本年利润"和"利润分配"账户均属于财务成果账户。　　　　　　　　　　　　　　　　　　　　　　　　　　　　　　（　　）
3.调整账户和被调整账户的余额方向一定相反。　　　　　　　　（　　）
4."实收资本"账户和"盈余公积"账户按经济内容划分都属于所有者权益类账户。　　　　　　　　　　　　　　　　　　　　　　　　　　　　　　（　　）
5.盘存账户都可通过设置明细账,提供实物数量和金额两种指标。（　　）
6."其他往来"账户是一个债权债务结算账户。　　　　　　　　　（　　）
7."制造费用"账户既是集合分配账户又是成本类账户。　　　　　（　　）
8."长期待摊费用"账户期末一般为贷方余额。　　　　　　　　　（　　）
9.企业在各月月末都有在产品的情况下,"生产成本"账户就其用途和结构划分,既是成本计算账户,又是盘存账户。　　　　　　　　　　　　　　　（　　）
10.通过"累计折旧"账户对"固定资产"账户进行调整,反映固定资产的原始

价值。 （　）

四、填空题

1. 调整账户按调整方式分为备抵账户、附加账户和_____三类。
2. 债权类账户期末余额一般在_____方。
3. "累计折旧"账户是_____账户的备抵账户。
4. "本年利润"账户的借方登记期末转入的本期发生的各项_____数。
5. 结算类账户按照用途和结构不同,可分为债权结算账户、债务结算账户以及_____三类。
6. 成本计算账户的余额一定在_____方,表示尚未完成某个阶段成本计算对象的实际成本。
7. 债务结算账户的借方登记债务的_____。
8. "长期待摊费用"账户期末一般为_____方余额。
9. 当调整账户与被调整账户的余额在同一方向时,应属于_____账户。
10. 设置跨期摊配账户是遵循了会计核算的_____基础。

第六章 会 计 凭 证

第一节 填制和审核会计凭证的意义和会计凭证的种类

一、填制和审核会计凭证的意义

前面我们反复提到"经济业务"一词,在实务上,"经济业务"的信息资料是通过"会计凭证"这一载体来传递的。所谓会计凭证,是指记录经济业务、明确经济责任的书面证明。它是记账的依据。填制和审核会计凭证是会计核算的专门方法之一,是会计工作的起点。起点工作的任何失误,会给后续工作带来步步失误。

如同论点需要论据的支持一样,会计上的一切记录也必须有真凭实据去证明其记录的真实性、客观性,这是会计核算工作必须遵循的客观性原则。通俗地说,就是用事实说话。而通过对会计凭证的填制和审核,可以检查每一笔经济业务的真实性、正确性、合理合法性等,因为每笔经济业务的发生,都必须填制相关的会计凭证。凭证上载有经济业务的全部信息,如发生的日期、内容、数量、金额以及对此凭证的真实性负责的各有关人员的签章。因此,对会计凭证的填制和审核在整个会计核算中起着重要的作用。

填制和审核会计凭证在会计核算中具有十分重要的意义,归纳起来主要有以下四个方面。

(一)填制、取得会计凭证,可以及时正确地反映各项经济业务的完成情况

企业日常发生的经济业务是川流不息的,如资金的取得和运用、生产过程中的耗费、财务成果的取得和分配等,既有货币资金的收付,又有财产物资的进出,通过会计凭证的填制,可以将日常所发生的大量的各项经济业务真实地记录下来,提供经济业务的原始资料,传递经济信息。

(二)审核会计凭证,可以更有力地发挥会计的监督作用,检查经济业务的合理性和合法性

通过对会计凭证的审核,可以检查单位的各项经济业务是否符合国家的法

律、制度和计划,有无铺张、浪费、贪污、盗窃等损害公私财产的行为发生,有无违反财经纪律的现象。总之,通过对会计凭证的审核,可以及时发现和纠正经济管理中存在的问题,从而可以防止违法乱纪、损公肥私的行为发生,为改善企业的经营管理、提高经济效益服务。

(三)审核无误的会计凭证是记账的依据

没有凭证,不能记账。记账必须以经过审核无误的会计凭证为依据。这样才能保证会计记录的客观性、真实性和正确性,防止主观臆断和弄虚作假等行为。我国《企业会计制度》规定:"会计核算应当以实际发生的经济业务为依据,如实反映企业的财务状况、经营成果和现金流量。"而实际发生的经济业务就是借助经审核无误的会计凭证来记载和反映的。

(四)填制和审核会计凭证,可以加强经济管理中的责任制

各单位发生的经济业务,特别是财产物资的进出与耗用,都是由有关单位协同完成的,每个协同单位都会在相关凭证上留下自己的烙印——签章。签章既是权力的象征,也是责任的标志。因此,通过对会计凭证的填制可以将各协同单位联系在一起,相互监督、相互促进。而通过对会计凭证的审核,可以明确各协同单位是否依法依约履行了自己的职责。

二、会计凭证的种类

会计凭证的种类很多,可以按照不同的标准予以分类。最基本的分类是按会计凭证的填制程序和用途分类。

会计凭证按其填制的程序和用途,可以分为原始凭证和记账凭证两类。

(一)原始凭证

原始凭证又称单据,它是证明经济业务已经发生、明确经济责任、并据以记账的原始依据。原始凭证一般是在经济业务发生时直接取得或填制的,它又是记录经济业务的内容和完成情况的具有法律效力的书面证明,是进行会计核算的原始资料和重要依据。

原始凭证按其来源不同,分为自制原始凭证和外来原始凭证两种。

1. 自制原始凭证

自制原始凭证,是指本单位内部经办业务的部门或个人,在完成某项经济业务时自行填制的凭证。

自制原始凭证按其反映经济业务的方法和填制手续的不同,又分为一次凭

证、累计凭证和汇总原始凭证三种。

一次凭证是指只反映一项,或同时反映若干项同类性质的经济业务,其填制手续一次完成的原始凭证。大多数原始凭证都是一次凭证,如企业购进材料验收入库由仓库保管员填制的"收料单",车间或班组填制的一次用"领料单"等都是一次性的自制原始凭证。收料单的格式见表 6-1。

表 6-1 一次原始凭证

(企业名称)

供货单位:京钢　　　收　料　单　　　凭证编号:0064
发票编号:0025　　　20×8 年 10 月 8 日　　收料仓库:3 号库

材料类别	材料编号	材料名称及规格	计量单位	数量		金　额(元)			
				应收	实收	单价	买价	运杂费	合计
型钢	10 201	30m/m 圆钢	公斤	2 000	2 000	4.00	8 000	400	8 400
备　注						合　计			8 400

仓库保管员(签章)　　　　　记账(签章)　　　　　　收料(签章)

累计凭证,是指用来连续反映一定时期内若干项不断重复发生的同类经济业务的原始凭证。这种凭证的填制手续不是一次完成的,而是把经常发生的同类经济业务连续登记在一张凭证上,可以随时计算业务的发生额累计数,便于同定额、计划、预算数进行比较,可以起到控制有关费用的作用。

企业使用的限额领料单,就是一种累计凭证,其格式、填制如表 6-2 所示。

通过上表可以随时掌握信息:该车间本月消耗圆钢的限额是多少,已领用多少,还剩多少,本月的材料费用是超支还是节约。因此,该限额领料单可以起到事先控制领料、减少凭证数量和简化凭证填制手续的作用。

汇总原始凭证,是指在会计的实际工作中为简化记账凭证的填制工作,将一定时期若干份记录同类经济业务的原始凭证汇总编制成一张汇总凭证,用以集中反映某项经济业务总括情况的原始凭证。通俗地说,便是多张性质一样,但日期、金额不同的原始凭证的汇总,如将全月的领料单汇总编制成一张原始凭证——"发出材料汇总表"(见表 6-3)。

表 6-2 累计原始凭证

(企业名称)

限额领料单

领料单位:一车间	用途:乙产品	计划产量:5 000 台
	20×8 年 5 月	编　　号:2407
材料编号:102 058	名称规格:16m/m 圆钢	计量单位:公斤
单　　价:4.00 元	消耗定量:0.2 公斤/台	领用限额:1 000

续表

	请 领		实 发				
	数量	领料单位负责人	数量	累计	发料人	领料人	限额结余
5/1	200		200	200			800
5/10	100		100	300	略	略	700
…	…	…	…	…	…	…	…
5/31	100		100	950			50
累计实发金额 3 800 元							

供应部门　　　　　　生产计划部门　　　　　仓库负责人
负责人（签章）　　　负责人（签章）　　　　　（签章）

表 6-3　发出材料汇总表

材料类别：甲材料　　　20×8年×月×日　　　附领料单　　　份

用途	领料单位	第一仓库	第二仓库	第三仓库	合 计
生产用					
一般消耗					
总　计					

主管会计　　　　　　审核　　　　　　制表

2. 外来原始凭证

外来原始凭证是指在经济业务发生时，从外单位取得的原始凭证，如由供应单位开给的发票、由收款单位或个人开给的收款收据等。外来原始凭证一般都是一次凭证。

外来凭证以购货发票为例（如表6-4）。

表 6-4　外来凭证

（企业名称）
发 货 票
20×8 年 10 月 4 日

购货单位：京昌农机厂

编号：867
结算方式：转账支票

品名及规格	计量单位	数 量	单 价	金 额
300m/m 圆钢	公斤	2 000	4.00	8 000
总计人民币（大写）捌仟元整				

单位公章　　　会计（签章）　　　复核（签章）　　　制单（签章）

上述各种原始凭证,无论是自制原始凭证,还是外来原始凭证,其编制都是以实际发生的经济业务为依据。但也有些自制原始凭证,其编制是根据账簿的已有记录,把某一项经济业务加以归类、整理而重新编制的。如按权责发生制的要求,月末为固定资产编制"固定资产折旧计算表"作为固定资产计提折旧的原始凭证。再如在计算产品成本时,月末将"制造费用"账户归集的间接费用分配出去,记入各成本计算对象时,编制"制造费用分配表"作为制造费用分配的原始凭证。这些原始凭证都是根据账簿的已有记录编制的,会计上称之为记账编制凭证,其格式和内容如表 6-5 所示。

表 6-5 记账编制凭证

制造费用分配表　　　　　　　20×8 年 10 月

应借科目		生产工时	分配率/(元/工时)	分配金额/元
生产成本	甲产品	2 000	0.8	1 600
	乙产品	3 000	0.8	2 400
合　　计		5 000	0.8	4 000

（二）记账凭证

记账凭证,是指会计人员根据原始凭证或原始凭证汇总表的经济内容,应用会计科目和复式记账法,确定经济业务的会计分录而填制的,作为记账依据的会计凭证。由于原始凭证来自不同的单位,种类繁多,数量庞大,格式不一,不能清楚地表明经济业务应记入的会计账户及方向。为了便于登记账簿,必须对原始凭证进行必要的分类和归类,将原始凭证加工填制成记账凭证,然后根据记账凭证登记账簿。这样做不仅可以简化记账工作、减少差错,而且便于对账和查账,提高记账工作的质量。

记账凭证按其所反映的经济业务是否与货币资金的收付有关,分为收款凭证、付款凭证和转账凭证三种。

(1)收款凭证,是用来记录现金、银行存款等货币资金收款业务的记账凭证。它是根据现金和银行存款等的收款业务的原始凭证填制的,具体又有现金收款凭证和银行存款收款凭证之分。

(2)付款凭证,是用来记录现金、银行存款等货币资金付款业务的记账凭证,它是根据现金和银行存款等的付款业务的原始凭证填制的,具体又分为现金付款凭证和银行存款付款凭证。

(3)转账凭证,是用来记录与现金、银行存款等货币资金收付业务无关的转账业务的记账凭证,它是根据有关转账业务的原始凭证填制的。

经济业务比较简单的企业,为了简化凭证,不再区分收款凭证、付款凭证、转账凭证,而将三种凭证的格式并为一种,称为通用记账凭证。

收款凭证、付款凭证、转账凭证和通用记账凭证的格式分别如表 6-6 至表 6-9 所示。

表 6-6 收款凭证

借方科目 银行存款　　　20×8 年 10 月 15 日　　　银收字第 16 号

摘要	贷方总账科目	明细科目	账页	金额									
				千	百	十	万	千	百	十	元	角	分
售出甲产品 10 件	主营业务收入	略					2	0	0	0	0	0	0
合计							2	0	0	0	0	0	0

财务主管　　　记账　　　审核　　　出纳　　　制单

附单据 3 张

表 6-7 付款凭证

贷方科目 库存现金　　　20×8 年 10 月 15 日　　　现付字第 16 号

摘要	借方总账科目	明细科目	账页	金额									
				千	百	十	万	千	百	十	元	角	分
支付本月工资	应付工资	略					4	0	0	0	0	0	0
合计							4	0	0	0	0	0	0

财务主管　　　记账　　　审核　　　出纳　　　制单

附单据 6 张

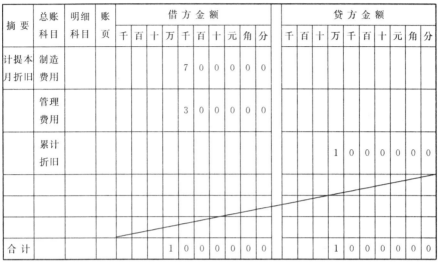

表6-8 转账凭证

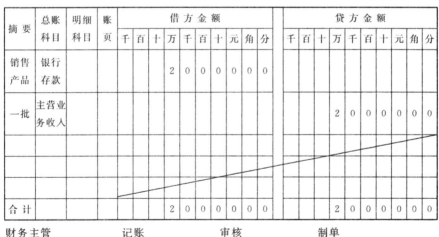

表6-9 通用记账凭证

记账凭证,按其包含的会计科目是否单一,分为复式记账凭证和单式记账凭证。

复式记账凭证又称多科目记账凭证,要求将某项经济业务所涉及的全部会计科目,集中登记在一张凭证上。这样编制的记账凭证,有利于了解经济业务的来龙去脉,便于查账,也减少记账凭证数量。不足之处是不便于分工记账和汇总。前面所附的记账凭证格式,都是复式记账凭证格式。

单式记账凭证又称单科目记账凭证,要求把某项经济业务所涉及的会计科目,分别登记在两张或两张以上的记账凭证中,每张凭证上只登记一个科目,其对方科目只供参考,不凭以记账。一笔经济业务涉及多少个会计科目,就填制多少张单式记账凭证。这样做便于按科目汇总,有利于分工记账。但编制记账凭证的工作量较大,而且因经济业务的全貌不能在一张凭证上反映而使得记账差错难以寻找。单式记账凭证的格式见表6-10、表6-11。

表6-10 借项记账凭证

会计科目	银行存款	年 月 日	收字第 $1\frac{1}{2}$ 号
二级或明细科目		摘 要	账页	金额
结算户存款		江山厂所欠货款 已收回存行		1 260
对方科目:应收账款		合 计		1 260

表6-11 贷项记账凭证

会计科目	应收账款	年 月 日	收字第 $1\frac{2}{2}$ 号
二级或明细科目		摘 要	账页	金额
江山工厂		江山厂所欠货款 已收回存行		1 260
对方科目:银行存款		合 计		1 260

会计主管: 记账: 出纳: 复核: 填制

注:1.上面两张单式记账凭证上反映的内容,合为一笔分录如下。

    借:银行存款   1 260
        贷:应收账款   1 260

2.编号"$1\frac{1}{2}$"为分式编号,整数"1"表示业务的顺序号,分式的分母"2"表示第1笔业务共需编制2张凭证,分式的分子"1"表示2张凭证中的第一张。

3.单式记账凭证中登记的科目若为借方科目,则称单式记账凭证为借项记账凭证;登记的科目若为贷方科目,则称单式记账凭证为贷项记账凭证。

记账凭证,按其是否经过汇总,可分为汇总记账凭证和非汇总记账凭证。上面介绍的收、付、转凭证,通用记账凭证,单式记账凭证,均是非汇总记账凭证。

汇总记账凭证按汇总方法的不同,可分为分类汇总和全部汇总两种。分类汇总是定期根据收款凭证、付款凭证、转账凭证分类汇总编制成汇总收款凭证、汇总付款凭证和汇总转账凭证;全部汇总是将企业、事业、行政单位一定时期内编制的记账凭证,全部汇总在一张记账凭证汇总表(亦称科目汇总表)上。各类汇总凭证的格式分别见表6-12至表6-15。

表 6-12　汇总收款凭证

借方科目：银行存款

贷方科目	金　额				总账页数	
	(1)	(2)	(3)	合计	借方	贷方
主营业务收入	4 000			4 000		
应收账款		7 000		7 000		
其他业务收入			1 000	1 000		

附注：(1)自1日至10日收款凭证自第1号至第2号共2张
　　　(2)自11日至20日收款凭证自第3号至第8号共6张
　　　(3)自21日至30日收款凭证自第11号至第13号共3张

表 6-13　汇总付款凭证

贷方科目：银行存款

借方科目	金　额				总账页数	
	(1)	(2)	(3)	合计	借方	贷方
在途物资	1 500	500		2 000		
应付账款	600	700		1 300		
库存现金	300	400	300	1 000		
管理费用	150			150		

附注：(1)自1日至10日付款凭证自第1号至第5号共5张
　　　(2)自11日至20日付款凭证自第6号至第10号共5张
　　　(3)自21日至30日付款凭证自第12号至第__号共1张

原始凭证和记账凭证之间存在着密切的联系。原始凭证是记账凭证的编制基础，在编制记账凭证时，原始凭证就是记账凭证的附件。记账凭证是以会计分录的形式对原始凭证的内容所做的概括说明。当某些账户所属明细账户较多时，原始凭证是登记明细账户的依据，二者关系密切，不能分割。

表 6-14　汇总转账凭证

贷方科目：原材料

借方科目	金　额				总账页数	
	(1)	(2)	(3)	合计	借方	贷方
生产成本	30 000		3 000	33 000		
其他业务成本		10 000		10 000		

附注：(1)自1日至10日转账凭证自第1号至第__号共1张
　　　(2)自11日至20日转账凭证自第2号至第__号共1张
　　　(3)自21日至30日转账凭证自第9号至第__号共1张

表 6-15　科目汇总表

20×8年×月1日—10日　　　　　　　　　　　　　　　　　　　　第1号

会计科目	总账页数	本期发生额 借方	本期发生额 贷方	记账凭证起讫号数
生产成本	7	30 000		(1)收款凭证第1~2号
原材料	3		30 000	
银行存款	6	5 000	42 000	
应付账款	15	5 000		(2)付款凭证第1~6号
应收账款	7		5 000	
应交税费	14	2 000		
利润分配	11	5 000		(3)转账凭证第1号
在途物资	21	30 000		
合　计		77 000	77 000	

注:科目汇总表实质上是试算平衡表的发生额部分,因此,科目汇总表也就相应地具备试算平衡的作用。

会计凭证的分类见图 6-1。

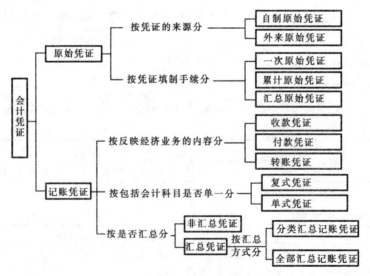

图 6-1　会计凭证的分类

第二节 原始凭证的填制和审核

一、原始凭证的基本内容

经济业务是多种多样的,因而用来记录经济业务的原始凭证,其内容和格式也不尽相同。但不管怎样,它们都具备一些共同的内容,这些共同的内容也称为凭证要素。具体包括:

(1)填制单位的名称;
(2)原始凭证的名称;
(3)填制凭证的日期;
(4)对外凭证要有接受单位的名称,俗称抬头;
(5)经济业务的内容摘要;
(6)经济业务所涉及的实物名称、数量、单价和金额;
(7)有关经办人员的签名或盖章。

此外,有些原始凭证为了满足计划、统计、业务等职能部门管理经济的需要,还需要列入计划、定额、合同号码等项目,这样可以更加充分发挥原始凭证的作用。对于在国民经济一定范围内经常发生的同类经济业务,应由主管部门制定统一的凭证格式。如由各专业银行统一制定的各种结算凭证,由航空、铁路、公路及水运等部门统一印制的客票等。印制统一的原始凭证,既可加强对凭证的管理和对企业、事业单位的经济活动的管理,又可以节约印制费用。

二、原始凭证的填制

原始凭证是具有法律效力的证明文件,是进行会计核算的依据,对其填制,必须严肃认真。正确填制原始凭证,应明确填制要求和填制方法。

原始凭证的填制,应遵守以下要求。

(一)必须真实

凭证上填制的日期、业务内容和数字必须真实可靠,不得以匡算或估计数填入。从现实生活中的财经犯罪案例可知这一要求的重要性。

(二)必须完整、清楚、正确

凭证规定的填写项目必须填列齐全,不可遗漏。对业务的内容,给予简明扼要的文字说明。经济业务涉及的数量、单价、金额等的计算必须正确。如果不慎凭证填写错误,则一般可用划线更正法更正。但重要凭证如收据、支票等,如果填写错误,则应予作废重填。凡作废凭证,应在凭证上加盖"作废"字样,并与存根一并保存,不得任意撕毁。

(三)必须及时

每项经济业务在发生或完成后,应由经办人员立即填制原始凭证,经签字盖章后递交会计部门,以便会计部门审核后及时记账。及时地填制原始凭证,有利于正确、完整、如实地反映经济业务。否则,时过境迁,记忆模糊,再来补填凭证,容易出现差错。

原始凭证的填制,是一件于细微处见精神的事情,在填制时,有些"细枝末节"不可丢弃。如设有大小写金额的原始凭证,大小写金额必须相符;支付款项的原始凭证必须有收款单位和收款人的收款证明;一式几联的原始凭证,应当注明各联的用途,填制时必须用双面复写,并连续编号,作废时应加盖"作废"戳记,连同存根一并保存,不得撕毁。总之,在原始凭证的填制上,要细心一点,周全一点。

三、原始凭证的审核

原始凭证必须经过指定的会计人员审核无误后,才能作为记账的依据。这是保证会计核算资料的真实、正确和合法,充分发挥会计监督作用的重要环节。

原始凭证的审核内容,主要包括下列几个方面。

(一)审核原始凭证的合法性

审核原始凭证所载的经济业务是否合法、合理,是否符合国家的有关政策、法令和制度的有关规定,有无违法乱纪的行为。审核时,会计人员必须坚持原则,履行职责。对于滥用职权、违法乱纪、伪造涂改、贪污浪费等行为,还应报请单位领导或上级处理。

(二)审核原始凭证的正确性

审核原始凭证的摘要是否填写清楚,日期是否真实,实物的数量、单价、金额是否正确,小计、合计数字大写与小写有无错误,审核凭证有无刮擦、挖补、涂改和伪造等情况。

(三)审核原始凭证的完整性

审核原始凭证的填制手续是否完备,应填项目是否填列齐全,有关经办人员是否都已签名或盖章,主管人员是否审批同意等。查到内容填写不全、手续不完备的凭证,不能由审核人员自行补充,应退还经办人员补办完整,然后才能据以办理收付财物并登记入账。

第三节 记账凭证的填制和审核

一、记账凭证的基本内容

记账凭证的种类甚多,格式不一,但其作用一致,都是对原始凭证进行分类、整理,按照复式记账的要求,用来确定经济业务的会计分录,并据以登记账簿。因此,各种记账凭证都具有一些共同的基本内容:

(1)填制单位的名称;
(2)记账凭证的名称;
(3)凭证的填制日期和编号;
(4)经济业务的内容摘要;
(5)应借、应贷的账户名称(包括一级账户和明细账户)和金额;
(6)所附原始凭证的张数和其他补充资料;
(7)填制人员、复核人员、记账人员、会计主管或其他指定人员的签名或盖章,收付款凭证还要有出纳人员的签名或盖章。

二、记账凭证的填制

前面提到过,记账凭证的主要作用在于确定经济业务的会计分录,因此,记账凭证的填制,也无非是在考虑经济业务的特点和其他工作的要求下,如何将经济业务的会计分录以凭证的形式体现出来。下面逐一说明。

(一)收款凭证的填制方法

收款凭证是用来记录货币资金收款业务的记账凭证,它是由出纳人员根据审核无误的原始凭证收妥款项后填制的。在借贷记账法下,由于收款经济业务的会计分录在借方科目上只有"库存现金"、"银行存款"两个科目可供选择,因此,设计的收款凭证在左上方固定借方科目,其选择的是"库存现金"或"银行存款"科目。在凭证内所反映的贷方科目,应填列与收入现金或银行存款相对应的会计科目。"金额"栏合计数表示借、贷双方的记账金额,在记账凭证上的资料过入相关账户后(过账),应在"账页"栏内做"√"记号或其他记号,如账页数,表示该笔金额已记入有关账户,以免漏记或重记(见表6-6)。

(二)付款凭证的填制方法

付款凭证是用来记录货币资金付款业务的记账凭证,它是由出纳人员根据审核无误的原始凭证付款后填制的。付款业务可理解为收款业务的"相反"业务,因此,在凭证的设计上,刚好与收款凭证呈"相反"变化:借方科目与贷方科目换位。其填制方法与收款凭证大体一致,见表6-7,此处略。

有一点请注意,对于只涉及"库存现金"和"银行存款"两个账户的业务,如将现金存入银行,以及从银行提取现金等,从理论上讲,既可编制收款凭证,也可编制付款凭证,但为避免重复记账,通行的做法是:只编制付款凭证。

(三)转账凭证和通用记账凭证的填制方法

转账凭证是用以记录与货币资金收付无关的转账业务的记账凭证,它是由会计人员根据审核无误的转账业务的原始凭证填制的。在借贷记账法下,将经济业务所涉及的会计科目全部填列在凭证内,借方科目在先,贷方科目在后,将各会计科目所记应借应贷的金额填列在"借方金额"或"贷方金额"栏内,借、贷方金额合计数应相等。转账凭证的格式和内容见表6-8。

通用记账凭证是用以记录各种经济业务的凭证,它对经济业务不区分类别来分别填制凭证。它的凭证格式与转账凭证格式一样,其填制方法也相同,见表6-9,这里不再重复。

(四)单式记账凭证的填制方法

单项记账凭证是指把一项经济业务所涉及的账户,分别按每个账户的借方和贷方填制一张凭证。如一项经济业务涉及两个账户,就填制两张单式记账凭证,如涉及三个账户,就填制三张,以此类推。其中填列借方账户的凭证,称为借项记账凭证;填列贷方账户的凭证,称为贷项记账凭证。

例:收回江山厂所欠货款1 260元,款已收存银行。

在借贷记账法下,该项经济业务发生后应编制的会计分录如下。

  借:银行存款   1 260
   贷:应收账款 1 260

该笔经济业务涉及两个会计科目,其中借方科目为"银行存款",贷方科目为"应收账款",按编制单式记账凭证的要求,其填制的单式借项记账凭证和单式贷项记账凭证,如表6-10、表6-11所示。

在借项记账凭证和贷项记账凭证中所列示的对应科目,只起参考作用,不得作为登记账簿的依据。

三、记账凭证的填制要求

各种记账凭证的填制,除了必须严格做到上述填制原始凭证的要求外,还应强调以下几点。

(一)摘要的填写

记账凭证的"摘要"栏是对经济业务的简要说明,必须认真、正确地填写,不得漏填或错填。漏填,则无法从记账凭证上了解经济业务的内容,不便于明细账的登记;错填,则会影响所反映经济业务的正确性。对不同的经济业务和不同性质的科目,其摘要填写应有所区别。如关于材料实物收付的经济业务,摘要栏内应注明其品种、数量、单价以及凭证的编号等。再如反映现金、银行存款或借款的科目,必须注明收付凭证和结算凭证的号码以及款项增减原因等。

(二)科目的使用和填写

记账凭证上使用的会计科目,必须符合会计制度的统一规定,科目之间的应借、应贷对应关系必须正确。在编制记账凭证时,提倡编制一借一贷的简单分录或一借多贷、多借一贷的复合分录,不宜编制多借多贷的会计分录,以便从账户之间的对应关系来推断经济业务的来龙去脉。

(三)金额的填写

记账凭证的金额登记方向、大小写数字必须正确,数字书写要符合规定,角分位不留空格,多余的金额栏应划斜线注销,合计金额的第一位数字前要填写人民币符号(￥)。

(四)记账凭证的编号

记账凭证在一个月内应当连续编号,以便查考。采用一种通用凭证时,可按经济业务发生的先后顺序编号。采用收、付、转等的专用凭证,可分类编号,如收字第1号、付字第1号、转字第1号等。也可采用"双重编号法",即按业务发生顺序与按类别顺序相结合,如某收款凭证为"总字第×号,收字第×号"。当一笔经济业务需要编制多张记账凭证时,记账凭证的编号可采用"分数编号法"。如一笔经济业务编制了3张转账凭证,凭证的顺序号为20号时,可编转字第$20\frac{1}{3}$号、转字第 20 $\frac{2}{3}$ 号、转字 20 $\frac{3}{3}$ 号。前面的整数表示业务的顺序号,分母表示该笔业务所编凭证的总张数,分子表示总张数中的第几张。在使用单式记账凭证时,其使用的凭证编号也可采用"分数编号法"。如果假定第七笔经济业务涉及 3 个借方科目和一个贷方科目,则要填制 4 张单式记账凭证,其编号分别为 7 $\frac{1}{4}$、7 $\frac{2}{4}$、7 $\frac{3}{4}$、7 $\frac{4}{4}$。

(五)记账凭证的附件记录与有关人员的签名盖章

记账凭证是据原始凭证编制的,因此,原始凭证也就成了记账凭证的佐证资料,每张记账凭证都要注明附件张数,以便查验。如果根据同一张原始凭证填制数张记账凭证时,则应在未付原始凭证的记账凭证上注明"附件××张,见××号记账凭证",如果原始凭证需要另行保管时,要在附件栏内加以注明。凭证填写完毕,要由有关人员签名盖章,以示负责。

(六)记账凭证的复核与试算

记账凭证填写完毕,应进行复核检查,并按所使用的记账方法进行试算平衡。相关人员均要签名盖章。出纳人员根据收、付款凭证收妥、付出款项时,应在凭证上加盖"收讫"或"付讫"戳记,以免重收、重付,防止差错。

四、记账凭证的审核

为了保证记账凭证的正确性,除了编制人员应当认真负责加强自审外,财会部门还应建立相互复核或专人审核的制度,记账凭证审核的主要内容有:

(1)记账凭证是否附有原始凭证,所附原始凭证的张数、经济内容、金额合计数等是否与记账凭证一致;

(2)经济业务是否正常,凭证上应借、应贷账户的名称和金额是否正确,账户对应关系是否清晰,金额是否准确;

(3)对记账凭证中要求填列的有关项目,是否填列齐全,有关负责人是否都已签名或盖章。

在记账凭证的审核过程中,如果发现差错,则应查明原因,按规定办法及时更正。只有经过审核无误的记账凭证,才能据以登记账簿。

第四节　会计凭证的传递和保管

一、会计凭证的传递

会计凭证的传递，是指会计凭证在从填制到归档保管整个过程中，在本单位有关业务部门人员之间的传递程序和传递时间。各种会计凭证，它们所记载的经济业务不同，涉及的部门和人员不同，据以办理的业务手续和所需时间也不尽相同。因此，应当为各种会计凭证规定一个合理的传递程序和在各个环节停留及传递的时间。会计凭证的传递，是会计制度的一个重要组成部分。

正确组织会计凭证的传递和保管，可以加强各有关部门的经济责任，对于及时反映和监督经济业务的发生和完成情况，具有重要的意义。因为正确地组织会计凭证的传递，能及时地、真实地反映和监督经济业务的发生和完成情况，促使经办业务的部门和人员及时正确地完成经济业务和办理凭证手续，从而加强经营管理的责任制。

在制定合理的会计凭证传递程序时，应当注意考虑下列三个方面。

(1)要根据经济业务的特点、企业内部的机构设置和人员分工情况，以及经营管理上的需要，合理规定各种会计凭证的联数和传递程序，做到既要使各有关部门和人员能利用会计凭证了解经济业务情况，并按规定手续进行审核，又要避免会计凭证传递通过不必要的环节，影响传递速度。

(2)要根据有关部门和人员办理业务手续的必要时间，确定会计凭证的传递时间。时间过紧，会影响业务手续的完成，时间过长则影响工作效率。

(3)建立会计凭证交接的签收制度。为了确保会计凭证的安全和完整，在各个环节中都应指定专人办理交接手续，做到责任明确，手续完备、严密，简便易行。

二、会计凭证的保管

会计凭证是一个单位的重要经济档案，必须妥善保管，以备日后查考。保管的方法和要求如下。

(1)每月记账完毕，要将本月的记账凭证按编号顺序整理，检查有无缺号和附件是否齐全，然后加上封面、封底，装订成册，以防散失。为了防止任意拆装，在装订处要贴上封签，加盖印章。最后，要将凭证按封面大小折叠整齐，在封面上写明年度、月份、册数和每册的起讫号数，以备日后查考。会计凭证封面的格式见

表 6-16。

(2)某些原始凭证数量过多,可以另行装订或单独保管,但应在记账凭证中注明。

(3)遇有特殊情况,如发生贪污盗窃等经济犯罪案件,需要某项凭证作证时,应予复制,避免抽出原凭证,致使原册残缺。

表 6-16 会计凭证封面

年月份	（企业名称）
	年　月份　共　册第　册
	收款
	付款　凭证　第　号至第　号共　张
	转账
第册	附:原始凭证共　　　　　　　张
	会计主管(签章)　　　　　保管(签章)

(4)会计凭证要集中保管,按年月顺序排列,以便查阅。查阅时应有一定的手续制度,一般不得借出。凭证的销毁要按规定办理。

习 题 六

一、单项选择题

1. 会计日常核算工作的起点是(　　)。

　A. 设置会计科目和账户　　　　B. 填制会计凭证

　C. 登记会计账簿　　　　　　　D. 财产清查

2. 发出材料汇总表是(　　)。

　A. 汇总原始凭证　　　　　　　B. 汇总记账凭证

　C. 累计凭证　　　　　　　　　D. 记账凭证

3. 以下(　　)属于外来原始凭证。

　A. 入库单　　　　　　　　　　B. 出库单

　C. 付款收据　　　　　　　　　D. 发出材料汇总表

4. 记账凭证是(　　)根据审核无误的原始凭证填制的。

　A. 会计人员　　　　　　　　　B. 经办人员

　C. 主管人员　　　　　　　　　D. 复核人员

5. 以下不属于原始凭证的是(　　)。

　A. 发货票　　　　　　　　　　B. 付款收据

C. 商品订购单　　　　　　　　D. 车船票

6. 填制原始凭证时应做到大小写数字符合规范，填写正确。如大写金额"壹仟零壹元伍角整"，其小写应为(　　)。

A. 1 001.50 元　　　　　　　　B. ¥1 001.50

C. ¥1 001.50 元　　　　　　　D. ¥1 001.5

7. 为了避免重复记账，习惯上对于将现金存入银行的业务，一般只编制(　　)。

A. 库存现金付款凭证　　　　　B. 银行存款收款凭证

C. 库存现金收款凭证　　　　　D. 银行存款付款凭证

8. 下列原始凭证中不属于自制原始凭证的是(　　)。

A. 收料单　　B. 发货单　　C. 购货发票　　D. 领料单

9. 出纳人员付出货币资金的依据属于(　　)。

A. 收款凭证　　B. 付款凭证　　C. 转账凭证　　D. 原始凭证

10. 下列会计凭证中，不能作为登记账簿依据的是(　　)。

A. 借款单　　B. 发货票　　C. 入库单　　D. 合同

二、多项选择题

1. 下列属于原始凭证的有(　　)。

A. 付款凭证　　　　　　　　　B. 销货发票

C. 收料单　　　　　　　　　　D. 制造费用分配表

2. 涉及现金与银行存款之间划转业务时，可以编制的记账凭证有(　　)。

A. 库存现金收款凭证　　　　　B. 库存现金付款凭证

C. 银行存款收款凭证　　　　　D. 银行存款付款凭证

3. 下列各种凭证中属于外来原始凭证的有(　　)。

A. 银行转来的结算凭据　　　　B. 出差人员填制的差旅费报销单

C. 仓库保管员填制的收料单据　D. 购买外单位原材料收到的发货票

4. 付款凭证的借方科目可能是(　　)。

A. 银行存款　　B. 库存现金　　C. 应付账款　　D. 原材料

5. 下列属于一次性原始凭证的有(　　)。

A. 收料单　　　　　　　　　　B. 产品质量检验单

C. 销货发票　　　　　　　　　D. 限额领料单

6. 原始凭证审核包括(　　)审核。

A. 原始性　　B. 合法性　　C. 完整性　　D. 正确性

7. 业务员出差回来，报销差旅费 1 100 元，出差之前预借 1 500 元，剩余的款项交回现金。对于这笔业务应编制的凭证为(　　)。

A. 收款凭证　　B. 付款凭证　　C. 转账凭证　　D. 单式记账凭证

8. 分数编号法中,对"12$\frac{2}{3}$",下列表述正确的是( )。

A. "12"表示这是本会计期间的第 12 笔业务

B. "3"表示这是这笔业务的第 3 张凭证

C. "2"表示这张凭证是这笔业务的第 2 张凭证

D. "3"表示这笔业务总共有 3 张凭证

9. 企业购买材料一批并已入库,该项业务可能存在下列原始凭证:( )。

A. 发货票　　　　B. 支票　　　　C. 货运单据　　　　D. 入库单

10. 对于( ),各单位不得自行设计和印刷。

A. 银行汇票　　　B. 支票　　　　C. 发货票　　　　D. 入库单

三、判断题

1. 只有原始凭证是登记账簿的依据。　　　　　　　　　　　　　( )
2. 自制原始凭证都是由会计人员填制的。　　　　　　　　　　　( )
3. 付款凭证的贷方科目只能填写"库存现金"或"银行存款"。　　( )
4. 出纳人员可以依据现金、银行存款收付业务的原始凭证收付款项。( )
5. 收料单、领料单、工资结算单、付款凭证都属于自制原始凭证。　( )
6. 原始凭证填制要求小写金额数字前面写上货币单位符号,后面再写上"元",符号和数字之间不留空格。　　　　　　　　　　　　　( )
7. 收款凭证属于单式凭证。　　　　　　　　　　　　　　　　　( )
8. 对于将现金送存银行业务,会计人员应填制的记账凭证是银行收款凭证。
　　　　　　　　　　　　　　　　　　　　　　　　　　　　( )
9. 记账凭证的填制日期与原始凭证的填制日期应该相同。　　　　( )
10. 原始凭证不得外借,其他单位如果由于特殊原因需要使用本单位的原始凭证,则须经本单位领导批准后方可外借。　　　　　　　　　( )

四、填空题

1. 仓库使用的限额领料单,按来源分类应属于_____凭证。
2. 自制原始凭证按其反映经济业务的方法和填制手续的不同,分为一次凭证、累计凭证和_____。
3. 经济业务发生或完成时,由经办人直接取得或填制的凭证是_____。
4. 记账凭证按经济内容与货币收付业务是否有关,分为收款凭证、付款凭证和_____三类。
5. 企业销售商品时应有的原始凭证名称是_____。
6. 如果一笔经济业务需填制两张记账凭证,该凭证顺序号为 99,则此两张记账凭证的编号应为_____。
7. 连续反映一定时期内若干项不断重复发生的同类经济业务的原始凭证称作_____。

8.出纳人员根据付款凭证付出款项时,应在凭证上加盖_____戳记。

9.只有经过审核无误的记账凭证,才能据以_____。

10.销售产品一批,发货票小写金额为￥50 009.40,则其大写金额为_____。

第七章 会计账簿

第一节 账簿的意义和种类

一、会计账簿的意义

账簿,是按照会计科目开设账户、账页,用来序时、分类地记录和反映各项经济业务的簿籍。簿籍是账簿的外表形式,而账户记录则是账簿的内容。设置账簿是会计工作的一个重要环节,登记账簿则是会计核算的一种专门方法,前面所说的过账,就是在账簿中按账户进行分类登记。

每个单位日常发生的经济业务,都以会计凭证的形式进行了详细记录。但会计凭证数量多而且分散,每张会计凭证只能各自反映其不同的经济业务,说明个别经济业务的内容,换句话说,只能从"点"的角度反映单位的经济业务的"流",而不能系统、连续、全面地反映企业、经济单位在一定时期内同类和全部资金增减变化情况,不能从整体上把握资金运动的脉搏。因此,有必要设置账簿,以便把会计凭证所提供的多而且分散的会计资料加以归类整理,登记到有关会计账簿中,从"面"、"体"的角度来反映、监督企业的资金运动,正确地计算成本、费用和利润,系统地、全面地为经济管理提供各种必要的数据资料和经济信息。

设置和登记账簿,对于提高经营管理水平,加强经济核算,具有如下几个方面的重要意义。

(一)账簿是系统地登记和积累会计资料的工具

在账簿中,借助于各分类账户,可以对全部经济业务按照其不同的性质,进行分门别类的归类和汇总,获得各种总括和明细分类的核算资料,从而为经济管理和经济活动的分析提供系统而完整的会计资料。

(二)账簿记录为编制会计报表提供资料

账簿已分门别类地对经济业务进行了登记,积累了一定时期的会计资料。而且这些资料都具有"归纳总结"的性质,通过整理,企业即可以会计报表的形式来总结一个企业的经营成果、评价其财务状况等。企业的会计报表,其信息资料取之于会计账簿。

(三)账簿是考核经营成果,加强经济核算,分析经济活动情况的重要依据

账簿记录了一定时期资金运用和取得的情况,能提供费用、成本、销售收入和财务成果等指标。结合有关资料,可以进行"开源节流"的分析,提高企业的经济效益。

二、账簿的种类

会计账簿的种类是多种多样的,可以按不同的标准进行适当的分类,以便正确设置和运用会计账簿。账簿的分类一般有以下两种标准。

(一)账簿按其用途分类

账簿按用途分为序时账簿、分类账簿和备查账簿。

1. 序时账簿

它又称日记账,是按照经济业务发生时间的先后顺序,逐日逐笔登记经济业务的账簿。实务上,经济业务发生时间的先后顺序,用凭证编号体现。日记账可以用来登记全部经济业务,也可以只用来登记某一类经济业务,前者称为普通日记账,后者称为特种日记账。在实际工作中,由于经济业务的复杂性,应用一本账簿序时记录企业的全部经济业务比较困难,也不便于分工,因此,在实际工作中已很少使用普通日记账。目前应用比较广泛的是记录某一类经济业务的特种日记账,如现金、银行存款日记账。

2. 分类账簿

这是指对各项经济业务按账户进行分类登记的账簿。账户按其反映内容的详细程度的不同,有总分类账户和明细分类账户之分,相应地,分类账也就有总分类账和明细分类账之分。

总分类账,是根据总分类账户开设账页,用来总括反映全部经济业务和资金状况的簿籍。明细分类账是根据明细账户开设账页,详细反映会计要素的某一具体项目的增减变动和结果。总分类账与明细分类账的关系,同总分类账户与明细分类账户的关系一样:前者对后者有控制、统御的作用,后者对前者有补充说明的作用。

3. 备查账簿

它也称辅助账簿,是对某些在序时账簿和分类账簿中未能记载的经济业务事项进行补充登记的账簿。这种账簿可以对某些经济业务的内容提供必要的参考资料。

在实际工作中,序时账簿还可与分类账簿结合起来,在一本账簿中进行登记,称之为联合账簿。日记总账就是一种联合账簿。

(二)账簿按外表形式分类

各种账簿按其外表形式的不同,分为订本式账簿、活页式账簿和卡片式账簿。

1. 订本式账簿

这是指账簿在使用前就把若干账页固定地装订成册的账簿。应用订本式账簿,由于账页固定,可以避免账页散失,防止抽换账页的不正当行为。但应用订本式账簿也有其缺点,同一本账簿在同一时间内只能由一人登记,不能分工记账。同时,订本式账簿账页固定,不能根据需要增减账页,因而必须预先估计每一个账户需要的页数,以此来保留空白账页。如果保留空白账页不够,就要影响账户的连续登记;如果保留空白账页有多余,又会造成浪费。

2. 活页式账簿

这是指把分散的账页装存在账夹内,并可以随时增减账页的账簿。这种账簿,其账页数不固定,可据实际需要增减,有利于分工记账。相对的,活页式账簿的缺点是容易散失或抽换账页。

3. 卡片式账簿

它是由许多分散的、具有一定格式的卡片组成,存放在卡片箱中保管的账簿。卡片可不固定在一起,数量可根据经济业务增减。如材料卡片、固定资产卡片等,使用完毕,不再登账时,可将卡片穿孔固定保管。

三种账簿形式不同,作用也各异,在实际工作中,可根据实际需要设置各类账簿。对带有统御性和比较重要的账簿,如总账,现金、银行存款日记账,一般采用订本式账簿。明细分类账,常采用活页式账簿或卡片式账簿。

账簿的分类可用图 7-1 表示。

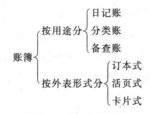

图 7-1　账簿的分类

第二节 账簿的设置和登记

账簿所记录的经济业务不同,设置账簿的目的和作用不同,其结构和登记方法也各异。本节以日记账和分类账为例,介绍账簿的结构和登记方法。

一、日记账的设置

前面已提到,日记账有普通日记账和特种日记账之分。目前,各单位一般不设普通日记账,普通日记账已由记账凭证取代,而仅设置特种日记账。一般来说,任何单位都设有两种特种日记账——现金日记账和银行存款日记账,用于序时地反映库存现金和银行存款的增减变化和结存情况,借以加强对货币资金的监督。

(一)现金日记账

现金日记账,是由出纳员根据现金的收款凭证和付款凭证,逐日逐笔按经济业务发生的先后顺序进行登记,以反映库存现金每天的收入、付出和结存情况的账簿,其一般格式如表7-1。

现金日记账的登记方法如下。

①日期栏:填写现金实际收付日期。

②凭证栏:登记每笔现金收支所依据的凭证的种类和编号,以便日后的账证核对。

③摘要栏:简要说明入账经济业务的内容,文字力求简练,但要说明问题。

④对方科目:填列与每笔现金收入或支出发生对应关系的会计科目,如此填列的目的在于了解现金的来源及其用途。

⑤收入、支出栏:根据每笔现金收支的实际金额,据实填列。

表7-1 现金日记账

20×8年		凭证		摘 要	对方科目	收入	支出	结余
月	日	种类	编号					
3	1			上月结余				200
	4	现付	21	付购入材料运杂费	物资采购		60	
	4	银付	11	提取现金备发工资	银行存款	11 200		
	4	现付	22	汪涛预借差旅费	其他应收款		80	
	4	现收	21	贺华报销差旅费	其他应收款	120		
	4	现付	23	发放工资	应付工资		11 200	

续表

20×8年		凭证		摘 要	对方科目	收入	支出	结余
月	日	种类	编号					
	4			本日合计		11 320	11 340	180
	…	…	…	…	…	…	…	…
	31			本月合计		52 000	51 800	400

每日终了,应分别计算出当日现金的收入、支出及结存额,同时将余额与出纳员的库存现金核对。按现金管理规定,库存现金超过规定的,出纳员应及时将超过部分送存银行,以防不测。

请注意,在填列上表的现金日记账中,用了一张银行存款付款凭证,理由是现金与银行存款之间的相互划转,只编贷方的付款凭证,以免重复记账。同样的道理,在银行存款日记账中,也可能要用到现金付款凭证。

(二)银行存款日记账

银行存款日记账是用来逐日逐笔反映企业银行存款的增加、减少和结存情况的账簿,一般也是由出纳员根据银行存款的收付凭证按时间顺序来登记的,其格式如表7-2所示。

表7-2 银行存款日记账

20×8年		凭证号数		摘 要	结算凭证		对方科	收入	支出	结余
月	日	收款	付款		种类	号数				
9	1 1 1	银收1	银付1	月初结余额 支付购买材料款 销售收入	(略)	(略)	物资采购 主营业务收入	10 000	2 000	45 000
9	30			本月发生额合计 及月末金额				160 000	175 000	30 000

银行存款日记账的登记方法与现金日记账的登记方法基本相同。这里不再介绍。但银行存款日记账设有"结算凭证种类和号数"栏,主要理由是银行存款的收付,都是根据银行规定的结算凭证办理,为便于今后与银行对账,因而单独列出每笔存款收付所依据的结算凭证的种类和号数。

现金、银行存款的日记账除了可以采用上面的收入、支出、结余三栏式外,也可以采用多栏式。现以多栏式现金日记账为例列示格式,如表7-3所示。

第七章 会计账簿

表 7-3 现金日记账（多栏式）

20×8年		凭证号	摘要	贷方账户			借方账户						余额
月	日			银行存款	其他应付款	收入合计	银行存款	其他应付款	生产成本	应付职工薪酬	管理费用	付出合计	
5	1		月初余额										300
	2	（略）	（略）	200		200							500
	3				50	50	400				80	480	70

多栏式现金日记账的一大优点是：能详细反映现金收入的来源、现金支出的用途；但缺点是当与现金对应的借方账户、贷方账户较多时，账页将过于庞大，因而一般又将上面的多栏式格式分拆为多栏式现金收入日记账与多栏式现金支出日记账，其格式分别如表 7-4、表 7-5 所示。

表 7-4 现金收入日记账

20×8年		收款凭证编号	摘要	贷方科目				支出合计	余额
月	日			银行存款	…	…	收入合计		

表 7-5 现金支出日记账

20×8年		付款凭证编号	摘要	结算凭证		借方科目			
月	日			种类	编号	管理费用	…	…	支出合计

多栏式现金日记账的登记方法与三栏式现金日记账的登记方法一样，区别在于现金的收支被分别反映在两本账上。每日终了，要结出现金收入、现金支出的本日合计数，同时将现金支出日记账的"支出合计数"转记到现金收入日记账中的本日"支出合计"栏内，并结出当日余额。

二、总分类账和明细分类账

（一）总分类账的结构及其登记方法

总分类账，是按照总分类账户（也称为一级账户）开设账页，用来分类、总括地反映单位全部经济业务和资金状况的簿籍。一切企业、事业单位都要设置总分类账。其账页格式多为三栏式,采用订本式账簿,如表7-6所示。

表7-6 总分类账

会计科目:长期借款　　　　　　　　　　　　　　　　　　　　　　　第20页

20×8年		凭证		摘要	借方金额	贷方金额	借或贷	余额
月	日	种类	编号					
1	1			上年结余			贷	140 000
	4	银付	12	归还银行借款	55 000		贷	85 000
	13	银收	31	向银行借款		30 000	贷	115 000
	…	…	…	…	…	…	…	…
	31			本月发生额及余额	90 000	80 000	贷	130 000

另一种通用的三栏式总分类账的格式是在"借方"、"贷方"栏内设置"对方科目"栏,其格式如表7-7所示。

表7-7 总分类账

会计科目:　　　　　　　　　　　　　　　　　　　　　　　　　　　第1页

20×8年		凭证		摘要	借方		贷方		借或贷	余额
月	日	种类	编号		金额	对方科目	金额	对方科目		

登记总分类账所依据的凭证种类,取决于采用的会计核算形式,它可以直接根据收款凭证、付款凭证和转账凭证,按经济业务发生时间的先后顺序逐笔登记,也可以对基本记账凭证进行汇总(分类或全部汇总),然后以汇总的记账凭证登记总分类账。

(二)明细分类账的结构和登记

明细分类账,是根据经营管理上的实际需要,按照某些总分类科目的明细科目,分类、连续地记录和反映会计要素的某一具体项目详细的增减变动及其结果的账簿。明细分类账的设置,对于加强财产物资管理、往来款项结算、收入及费用开支的监督等,有着重要作用。因此,各企业、机关和事业等单位,都要根据实际需要和有关规定,设置和运用必要的明细分类账簿。

明细分类账的通常格式有三种:三栏式、数量金额式、多栏式。现分别加以说明。

第七章 会计账簿

1.三栏式明细分类账

三栏式明细账的格式,与三栏式总分类账的格式相同,设置借方、贷方和余额三个栏目。它适用于只需要详细反映金额增减变动的经济业务。如应收账款、应付账款等结算业务的明细分类核算。其格式如表7-8所示。

表7-8 应付账款明细账

单位名称:光明厂

20×8年		凭证		摘　　要	借方	贷方	借或贷	余　额
月	日	种类	号数					
7	1			月初余额			贷	3 000
	10	转	15	购料欠款		1 500	贷	4 500
	18	银付	14	还款	3 500		贷	1 000
7	31			本月发生额及月末余额	3 500	1 500	贷	1 000

2.数量金额式明细分类账

数量金额式明细分类账设有收入、发出和结存三大栏,在每大栏下设有数量、单价、金额三小栏,可称之为双三栏式。它可以从数量和金额两个方面,反映经济业务的变化。此种格式的明细分类账适用于既要金额信息又要数量信息的经济业务的管理,如材料、库存商品等的管理。其格式如表7-9所示。

表7-9 数量金额明细分类账

_____明细账

类　别							计量单位				
名称或规格							存放地点				
编　号							储备定额				
20×8年		凭证		摘要	收　入			发　出			结　存		
月	日	种类	编号		数量	单价	金额	数量	单价	金额	数量	单价	金额

3.多栏式明细分类账

多栏式明细分类账,是根据经济业务的特点和经营管理上的需要,在账页上设置若干栏目,以提供这类经济业务的详细情况。它一般用于登记明细项目多、借贷方向单一的经济业务。如"生产成本"账户的明细账,多采用多栏式明细账。如表7-10、表7-11所示。

表 7-10　多栏式明细分栏账——费用、成本类账户

_____明细账

20×8年		凭证		摘要	借方(项目)				借或贷	余额
月	日	种类	编号					合计		

表 7-11　多栏式明细分栏账——收入类账户

20×8年		凭证		摘要	贷方(项目)				借或贷	余额
月	日	种类	编号					合计		

各种明细账的登记,应根据本单位业务量的大小和经营管理上的需要,以及所记录的经济业务内容而定,可以根据原始凭证、汇总原始凭证和记账凭证逐笔登记,也可以根据这些凭证逐日或定期汇总登记。

第三节　账簿的登记和使用的规则

登记账簿是会计核算的专门方法之一,它在整个会计核算方法中,具有承上启下的作用。会计凭证的信息,要分类系统地转记于其中,而报表的编制,又依赖于账簿为其提供资料。因此,登记账簿,必须严肃认真,确保会计信息的真实性。为此,在登记账簿的过程中,必须遵循登记账簿的一般规则。

一、会计账簿的启用规则

账簿是各企业、机关和事业单位储存会计数据的重要经济档案。为了保证账簿记录的合法性,明确记账责任,保证资料完整,防止舞弊行为,在账簿启用时,应在"账簿启用和经管人员一览表"中详细记录单位名称、账簿名称、账簿编号、账簿册数、账簿共计页数、启用日期,并加盖单位公章,经办人员均应载明姓名并加盖印章。记账人员因故调离岗位时,应办理交接手续,在交接记录栏内填写交接日期和交接人员姓名。"账簿启用和经管人员一览表"一般列于账簿的扉页,其一般

格式如表 7-12 所示。

表 7-12　账簿启用和经管人员一览表

账簿名称：_____　　　　　单位名称：_____
账簿编号：_____　　　　　账簿册数：_____
账簿页数：_____　　　　　启用日期：_____
会计主管(签章)　　　　　　　记账人员(签章)

移交日期			移交人		接管日期			接管人		会计主管	
年	月	日	姓名	盖章	年	月	日	姓名	盖章	姓名	盖章

二、会计账簿的登记规则

账簿的登记规则主要有以下几点。

(1)为了保证账簿记录的真实性、正确性,记账必须以经审核无误的会计凭证为依据,按账户页次顺序登记,不得跳行、隔页。如果发生跳行、隔页时,应在空行、空页处用红线对角划掉,声明作废,加盖"此行空白"或"此页空白"字样,并由记账人员签章,以示负责。

(2)为保证账簿记录清晰耐久,防止篡改,记账时应当使用钢笔和蓝黑墨水书写。除结账、改错、冲销账簿记录使用红色墨水外,一般不得使用红色墨水。如果在记账中发生文字或数字等记账错误,得按规定的办法更正,严禁刮擦、挖补、涂改或用褪色药水更改字迹。

(3)记账时,每一笔账都要注明日期、凭证号数、业务摘要和金额,记账后要在记账凭证上注明记入账簿的页数,或用"√"表示已经登记入账,避免重记、漏记。

(4)各账户在账页记到最后第二行时,应留出末行,加计本页合计数,在摘要栏内注明"转次页"字样,并将合计数记入次页的第一行,在摘要栏内注明"承前页"字样,月终结账时,应在账页上结出本月发生额和月末余额。

(5)账簿的数字记录,应紧靠行格的底线书写,占全行格 2/3 左右的位置,数字排列要均匀,大小数要对正,严禁使用怪体字、错别字、潦草字。

(6)记账可采用下列一些代用符号,使记账便捷,提高工作效率。

已记账和核对无误可用"√"表示。

账户余额结平可用"— 0 —"或"平"表示。
单价可用"@"表示,如单价10元,可写为"@10元"。
号码顺序可用"♯"表示,如第16号,可写为"♯16"。

三、账簿记录错误的更正方法

会计人员对待登记账簿工作,必须严肃认真,一丝不苟,尽己所能地把账记好算好。但人非圣贤,孰能无过,由于各种情况,难免发生记账差错。如果账簿记录发生错误,则要分析错误的原因和具体情况,采取相应的方法更正。更正错账的方法一般有以下几种。

(一)划线更正法

在结账之前,如果发现账簿记录有错,而记账凭证无误,即纯属过账笔误或数字计算错误,可用划线更正法更正此类错误。具体做法是:先在错误数字或文字上画一条红线,予以注销。然后在划线的上方写上正确的文字或数字,并在划线处加盖记账员的图章,以示负责。但应注意,错误数字要整笔划掉,不能只划去其中一个或几个写错的数字,并保持原有字迹仍可辨认。例如:把5 813元误记为5 613元时,应将错误数字5 613全部用红线划掉,然后在其上方写"5 813",而不能仅把错误数字"6"改为"8"。

(二)红字更正法

红字更正法一般适用以下两种情况。

1. 红字更正法1

它的具体做法是:先用红字金额编制一笔内容与原错误凭证相同的记账凭证,注明更正某月某日的错账,并用红字金额登入有关账簿,冲销原来的错误记录,然后再编制一张用蓝字金额填制的正确凭证,重新登记入账。

例:收回所欠货款1 000元,款存银行。编制记账凭证,误做下列会计分录,并已登记入账。

①借:银行存款　　　1 000
　　贷:主营业务收入　　　1 000

此笔错账的应借应贷方向、科目有误,当发现此笔错账时,保持原分录的借贷关系但用红字金额编制一张记账凭证,并登记入账,冲销原错误凭证记录(红字以□表示,下同),凭证分录如下。

②借:银行存款　　　|1 000|
　　贷:主营业务收入　　　|1 000|

同时再用蓝字金额编制一张正确的记账凭证,并登记入账,凭证分录如下。

③借:银行存款　　　　1 000

　　贷:应收账款　　　　　1 000

上面更正错账的过程在"T"形账户中的表现情况如图 7-2 所示。

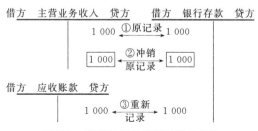

图 7-2　错账更正的"T"形账户示例 1

2. 红字更正法 2

在记账以后,如发现记账凭证上所列账户应借应贷的对应关系正确,但所记金额大于应记金额,即金额记过了头,只要将超额部分去掉即可,这时也可采用红字更正法。具体做法是:填制一张记账凭证,保持原错误凭证上的账户对应关系,但将多记金额用红字填写,并用红字登记入账,以冲销原多记金额。

例:某企业以银行存款归还购料欠款 1 000 元。误做下列分录,并已登记入账。

①借:应付账款　　　　10 000

　　贷:银行存款　　　　　10 000

此笔错账有一点"难能可贵"之处:账户的对应关系正确。遗憾的是:沿着正确方向走过了头。因此,改正方法是:往回走!将多记金额用红字填制一张记账凭证,并登记入账,凭证上的分录如下。

②借:应付账款　　　9 000

　　贷:银行存款　　　9 000

上面更正错账的过程在"T"形账户中的表现情况如图 7-3 所示。

图 7-3　错账更正的"T"形账户示例 2

(三)补充登记法

在记账以后,如发现记账凭证上所列账户应借应贷的对应关系正确,但所记金额小于应记金额,这时可采用补充登记法更正。具体做法是:保持原错误凭证上的账户对应关系,再填制一张记账凭证,凭证上的金额为少记部分的金额,并注明凭证是补记某月某日某凭证少记的金额,将其补记入账。

例:某企业销售产品一批,计价款 20 000 元(不含税),货款已收到。

会计人员在处理此笔业务时,将金额 20 000 元误识为 2 000 元,并已登记入账。错误凭证上的分录如下。

① 借:银行存款　　　2 000
　　贷:主营业务收入　　2 000

此笔错账的遗憾之处是:未能沿着正确方向往前走下去,有半途而废之憾。当发现此笔错账时,可将少记的金额 18 000 元,再编制一张记账凭证,补充登入有关账簿,凭证上的分录如下。

② 借:银行存款　　　18 000
　　贷:主营业务收入　　18 000

上面更正错账的过程在"T"形账户中的表现情况如图 7-4 所示。

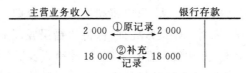

图 7-4　错账更正的"T"形账户示例 3

第四节　对账和结账

一、对账

对账,简单地说就是核对账目,即把账簿上所载资料进行内部核对、内外核对、账实核对,以保证账证、账账、账实相符,为期末编制各项会计报表提供真实可靠的数据资料。

(一)账证核对

账证核对,是将各种账簿的会计记录与对应会计凭证的内容进行核对,这种核对除在日常制证、记账过程中进行以外,期末还要全面地进行一次核对。如果发现账证内容不能相互印证,必须追本溯源,查明根由,以达到账证相符。

(二)账账核对

账账核对,是将各种账簿之间的有关指标进行相互核对。主要包括以下内容。

(1) 总分类账各账户本月借方发生额合计数与贷方发生额合计数是否相等，期末各账户借方余额合计数与贷方余额合计数是否相等。这一核对工作是通过试算平衡表的编制来完成的。已在第三章的综合举例中做了说明。

(2) 总分类账各账户的发生额、余额与其所属有关明细分类账各账户的发生额、余额合计数是否相等，这是总分类账和明细分类账平行登记的必然要求。这一核对工作是通过编制"明细分类账户发生额和余额明细表"来完成的。

(3) 现金日记账和银行存款日记账的余额与总分类账各该账户余额是否相符。

(4) 会计部门有关财产物资的明细分类账余额，应该同财产物资保管或使用部门经管的明细记录的余额定期相互核对，保证相符。

(三) 账实核对

账实核对，是指将各种财产物资的账面数与实有数相互核对，具体内容包括：
(1) 现金日记账账面余额与现金实际库存数相核对；
(2) 银行存款日记账账面余额与开户银行账目相核对；
(3) 各种材料、物资明细分类账账面余额与材料物资实存数相核对；
(4) 各种有关债权、债务明细分类账的余额应当经常或定期地同有关的债务人和债权人核对相符。

在实际会计核算工作中，账实核对一般是通过财产清查来进行的。财产清查是会计核算的一种专门方法，后面有章节专门说明。

二、结账

会计期间假设决定企业必须定期编制反映企业经营成果、财务状况的会计报表，而报表的编制，要依赖于另一必不可少的工作——结账。所谓结账，是指按照规定把一定时期（月份、季度、年度）内所发生的经济业务登记入账，并将各种账簿记录结算清楚的账务工作。

结账工作主要包括以下内容：

(1) 将本期所发生的经济业务全部记入相关账簿，既不能因编制报表而提前结账，也不能将属于本期的经济业务延至下期入账；

(2) 期末，按权责发生制的要求，做好账项调整工作，并将调整账项记入账簿；

(3) 结出各损益类账户的本期发生额，并区别发生额的性质，向"本年利润"账户结转，据以计算确定本期利润（见第四章业务31）；

(4) 结出各资产负债类账户的本期发生额和期末余额，并将期末余额结转下期,作为下期的期初余额。

结账工作通常是为了总结一定时期经济活动的变化情况和结果。因此,月份、季度、年度终了,一般应结出月份、季度和年度发生额,在摘要栏内注明"本月合计",或"本季合计"字样。在月结、季结数字上端和下端均画单红线,以示区别。但结总数字本身,不得以红字书写。对于只有一笔发生额的账户,可以不予结总。年终结账时为求各账户借方、贷方平衡起见,应将各账户的上年结转的借方(或贷方)余额,按照原来相同的方向,填列在全年发生额合计数的下一行的借方(或贷方)栏内,并在摘要栏内注明"上年结转"字样,同时将本年余额按相反方向填列在全年发生额合计的下一行(借方余额应填列贷方栏),并在摘要栏内注明"结转下年"字样。然后分别借方和贷方加总填列在一行,并在摘要栏内注明"合计"字样(借、贷方金额应相符)。最后在合计数下端划两道平行红线,上端划一道红线,表示封账。在会计上,结账时划的单红线称为计算线,划的两条平行红线称为结束线。

现以"库存现金"账户为例加以说明(见表7-13)。

表7-13 总分类账

账户:库存现金　　　　　　　　　　　　　　　　　　　　　　　　　第　页

20×8年		凭证号	摘　　要	借方	贷方	借或贷	余额
月	日						
1	1		上年结转			借	150
1	5				60	借	90
1	10			50		借	140
1	21				40	借	100
1	31		一月份合计	50	100	借	100
2	6	略		100		借	200
2	11				80	借	120
2	25				40	借	80
2	28		二月份合计	100	120	借	80
3	7			20		借	100
3	15			150		借	250
3	24				50	借	200
3	31		三月份合计	170	50	借	200
3	31		第一季度合计	320	270	借	200
…	…	…	…				
			20×8年度发生额总计	11 200	11 100	借	250

续表

20×8年		凭证号	摘　　要	借方	贷方	借或贷	余额
月	日						
			上年余额	150			
			结转下年		250		
			合　　计	11 350	11 350	平	

习　题　七

一、单项选择题

1. 一般来讲,明细分类账可根据需要采用(　　)。
   A. 订本式账簿　　　　　　　　B. 卡片式账簿
   C. 备查账簿　　　　　　　　　D. 活页式账簿

2. 鉴于总账及其所属明细账的相互关系,在进行账簿登记时应采用(　　)。
   A. 复式记账法　　　　　　　　B. 借贷记账法
   C. 平行登记法　　　　　　　　D. 加权平均法

3. 在下列有关账项核对中,属于账实核对的内容是(　　)。
   A. 银行存款日记账余额与银行对账单余额的核对
   B. 银行存款日记账余额与其总账余额的核对
   C. 总账账户借方发生额合计与其明细账借方发生额合计的核对
   D. 总账账户贷方余额合计与其明细账贷方余额合计的核对

4. 企业在记录管理费用时,通常所采用的明细账账页格式是(　　)。
   A. 多栏式明细账　　　　　　　B. 三栏式明细账
   C. 数量金额式明细账　　　　　D. 订本式明细账

5. 记账以后,发现记账凭证应借、应贷的账户名称和金额正确,但借贷方向错误,应采用的更正方法是(　　)。
   A. 划线更正法　　B. 红字更正法　　C. 补充登记法　　D. 平行登记法

6. 库存现金日记账和银行存款日记账必须采用(　　)账簿。
   A. 订本式　　　　B. 活页式　　　　C. 三栏式　　　　D. 多栏式

7. 如果在结账前发现账簿记录中的数字或文字错误,属于过账笔误和计算错误,则可采用(　　)进行更正。
   A. 划线更正法　　B. 红字更正法　　C. 补充登记法　　D. 试算平衡法

8. 对账时,账账核对不包括(　　)。
   A. 总账各账户的余额核对　　　B. 总账与明细账之间的核对
   C. 总账与备查账之间的核对　　D. 总账与日记账的核对

9. 多栏式明细账适用于( )。
A. 应收账款明细账　　　　　　　　B. 库存商品明细账
C. 原材料明细账　　　　　　　　　D. 物资采购明细账
10. 可以采用数量金额式账页的有( )。
A. 生产成本明细账　　　　　　　　B. 库存商品明细账
C. 材料采购明细账　　　　　　　　D. 主营业务成本明细账

二、多项选择题

1. 会计账簿按用途不同分为( )。
A. 序时账簿　　　B. 三栏式账簿　　　C. 分类账簿　　　D. 备查账簿
2. 库存现金日记账可以根据( )登记。
A. 库存现金收款凭证　　　　　　　B. 库存现金付款凭证
C. 银行存款收款凭证　　　　　　　D. 银行存款付款凭证
3. "应付账款"下有甲、乙、丙三家往来企业，总账账户借方发生额为 78 000 元，贷方发生额为 340 000 元；其中甲企业明细账的借方发生额为 43 000 元，丙企业借方发生额为 8 000 元；乙企业贷方发生额为 250 000 元，丙企业没有贷方发生额。则甲、乙企业的明细账中( )。
A. 甲企业贷方发生额为 90 000 元　　　B. 乙企业借方发生额为 27 000 元
C. 甲企业贷方发生额为 27 000 元　　　D. 乙企业借方发生额为 90 000 元
4. 下列明细账中，可采用数量金额式账簿的有( )。
A. 原材料明细账　　　　　　　　　B. 库存商品明细账
C. 管理费用明细账　　　　　　　　D. 应付账款明细账
5. 根据记账凭证所记录的内容记账以后，发现记账凭证中应借、应贷的会计科目、记账方向正确，只是金额发生错误，且所记金额大于应记的正确金额时，应采用的更正方法是( )。
A. 将多记的金额用红字填制一张与原错误记账凭证的会计科目、记账方向相同的记账凭证
B. 根据用红字填制的记账凭证，用红字登记入账，以冲销多记金额，求得正确的金额
C. 用蓝字填制一张正确的记账凭证，据以用蓝字或黑字登记入账
D. 以蓝字金额填制与原错误记账凭证方向相反的记账凭证去冲销原错误记录或错误金额
6. 在下列情况中可以用红色墨水笔记账的是( )。
A. 按照红字冲账的记账凭证，冲销错误记录
B. 在不设借栏或贷栏的多栏式账页中，登记减少数
C. 在三栏式账户的余额栏前，未印明余额方向的，在余额栏内登记负数余额

D. 登记固定资产明细账

7. 企业到银行提取现金 500 元,此项业务应在( )中登记。
A. 库存现金银行账　　　　　　B. 银行存款日记账
C. 总分类账　　　　　　　　　D. 明细分类账

8. 下列情况可以使用红字更正法的是( )。
A. 记账凭证中实记金额大于原始凭证中的应记金额,记账凭证上无其他错误,且已入账
B. 记账凭证中实记金额小于原始凭证中的应记金额,且已入账
C. 记账凭证中的应借、应贷科目错误,且已入账
D. 记账凭证中的应借、应贷金额错误,且已入账

9. 任何会计主体必须设置的账簿有( )。
A. 库存现金日记账　　　　　　B. 银行存款日记账
C. 总分类账　　　　　　　　　D. 明细分类账

10. 在会计工作中红色墨水可用于( )。
A. 记账　　　　B. 结账　　　　C. 转账　　　　D. 冲账

三、判断题

1. 在登记账簿时,总账和明细账有着直接的联系。为简化记账程序,总账可以根据明细账的结果进行登记。　　　　　　　　　　　　　　　　　　( )

2. 记账以后,发现所记金额小于应记金额,但记账凭证正确,应采用红字更正法进行更正。　　　　　　　　　　　　　　　　　　　　　　　　　( )

3. 订本式账簿适用于日记账、总账,其优点是可以防止账页散失,便于分工记账。　　　　　　　　　　　　　　　　　　　　　　　　　　　　　( )

4. 日记账可以采用三栏式,也可以采用多栏式。　　　　　　　　( )

5. 备查账簿对其他账簿记录起到备忘参考和补充信息的作用,与其他账簿之间存在严密的依存和钩稽关系。　　　　　　　　　　　　　　　　　　( )

6. 期末损益类账户一般没有余额,应结转到利润表中,不做专门的会计分录。
　　　　　　　　　　　　　　　　　　　　　　　　　　　　　　( )

7. 对账的时间一般是在会计期末,将本月内的全部经济业务登记入账并结出各账户的期末余额之后、结账之前。　　　　　　　　　　　　　　　　( )

8. 三栏式账簿一般适用于费用、成本等明细账。　　　　　　　　( )

9. 平行登记要求总账和其相应的明细账必须同一时刻登记。　　( )

10. 明细账必须逐日逐笔登记,总账必须定期汇总登记。　　　　( )

四、填空题

1. _____是对某些在序时账簿和分类账簿中都不予登记或登记不详细的经济业务事项进行补充登记时使用的账簿。

2. 会计账簿是联结会计凭证和_____的中间环节。

3. 总分类账簿是根据_____开设的,用以分类记录全部经济业务,用来提供总括核算资料的账簿。

4. 会计账簿按外表形式的不同,分为订本式账簿、活页式账簿和_____三类。

5. 会计账簿按账页格式的不同,分为三栏式账簿、多栏式账簿和_____。

6. 在结账前,如果发现账簿记录中有数字或文字错误,而记账凭证没有错误,可采用_____予以更正。

7. 为了保证账簿资料的安全完整,总分类账簿应采用_____账簿。

8. 对账的内容包括账实核对、账账核对和_____。

9. "应付账款"和"应收账款"一般适用于_____账页。

10. 记账凭证记账栏中的"@"表示_____。

五、实训题

东方公司某年8月发生以下错账:

(1) 8日,管理人员张一出差,预借差旅费1 000元,用现金支付,原编记账凭证的会计分录为:

借:管理费用   1 000
  贷:库存现金   1 000

并已登记入账。

(2) 18日,用银行存款支付前欠A公司货款11 700元,原编记账凭证会计分录为:

借:应付账款—A公司   11 700
  贷:银行存款   11 700

会计人员在登记"应付账款"账户时,将"11 700"元误写为"1 170"。

(3) 30日,企业计算本月应交所得税34 000元,原编记账凭证会计分录为:

借:所得税费用   3 400
  贷:应交税费   3 400

并已登记入账。

要求:说明以上错账应采用的更正方法并对错账进行更正。

第八章 财产清查

第一节 财产清查的作用和种类

一、财产清查的作用

所谓财产清查,是指通过盘点实物,查核应收、应付款项,来确定财产物资、债权债务的实有数,并查明账面数与实有数是否相符的一种专门方法。

作为会计核算专门方法之一的财产清查,其主要作用是为了使会计资料能够如实反映财产物资的实存数,以保证账实相符。但是财产清查的全部作用,并不限于确保会计资料的账实相符,它对于加强企、事业单位的财产物资管理,提高资金使用效率,更好地发挥会计职能作用,同样具有重要的意义。

财产清查的重要作用,主要体现在以下几个方面。

(一)通过财产清查,可确保会计资料的真实可靠,提高会计资料的质量,增加其可信度

财产清查,确定了各项财产物资的实存数,将实存数与账存数进行对比,确定其盘盈、盘亏情况,并据实调整账簿记录,做到账实相符,以保证账簿记录建立在真实可靠的基础上,为经济决策提供可靠的决策数据。

(二)通过财产清查,促进企业改善经营管理,挖掘各项财产物资的潜力,提高资金的使用效率

借助财产清查,可查明各项财产盘盈、盘亏的原因和责任,找出财产管理中存在的问题,改善经营管理。在财产清查过程中,可以查明各项财产物资的储备情况、占用情况、利用情况,可以及时发现问题,充分挖掘各种财产的潜力,提高其使用效率。

(三)通过财产清查,促使财产保管人员加强责任感,以确保各项财产的安全完整

财产清查,不仅可以确定财产物资的实存数,而且通过对账实不符原因的分

析,可以检查各种财产物资有无毁损、变质,是否被贪污盗窃,促使各经办人员自觉遵守财经法规、财经纪律和企业的规章制度,确保所托管财产物资的安全完整;也为企业进一步健全财产物资保管的岗位责任制提供决策依据。

二、财产清查的种类

(一)按财产清查的对象和范围分类

财产清查按清查的对象和范围分类,可分为全面清查和局部清查两种。

1. 全面清查

这是指对企业的全部资产、负债进行清查,它包括对货币资金、存货、固定资产、各种应收应付款和借款等的清查。由于全面清查涉及的范围广,参加的部门和人员多,企业的投入大,一般来说,在以下几种情况下,需要进行全面清查:①年终决算前,为了确保年终决算会计资料的真实、准确,需要进行一次全面清查;②单位撤销、合并或改变隶属关系时,需要进行全面清查;③中外合资、国内联营,需要进行全面清查;④开展清产核资或单位主要负责人调离工作,需要进行全面清查。

2. 局部清查

这是指根据需要,对企业的部分资产、负债进行盘点、查核,清查的主要对象大多是流动性较强的流动资产,如现金、材料、在产品等。

局部清查范围小,内容少,涉及的人也少,但专业性较强,一般有:①对于现金应由出纳员在每日业务终了时清点,做到日清月结;②对于银行存款和银行借款,应由出纳员每月同银行核对一次账目;③对于存货,除年终清查外,平时也应有所选择地予以抽查;④对于债权债务,应在年度内至少核对一至二次,有问题的要及时解决。

(二)按财产清查的时间分类

财产清查按清查的时间分类,可以分为定期清查和临时清查两种。

1. 定期清查

这是指根据管理制度的规定或预先计划安排的时间对财产所进行的清查。一般在月末、季末、年末结账时进行,以确保会计资料的真实正确。定期清查的对象不定,可以是全面清查也可以是局部清查。

2. 不定期清查

这是指事先并无计划安排,根据实际需要而进行的清查。其清查对象在大多数情况下是局部的,如更换出纳员时对现金、银行存款所进行的清查,发生自然灾害如地震、水灾后进行的清查。

三、财产物资的盘存制度

财产清查在会计核算中的主要作用是解决财产物资的账实是否相符的问题。为此,先得确定财产物资的账面数。在会计上,确定财产物资账面数的方法有以下两种。

(一)永续盘存制

永续盘存制,也称账面盘存制。采用这种方法,平时对各项财产物资的增减变动,都要取得或填制相应的会计凭证,逐日逐笔地记入有关账簿,并随时结算出其账面结存数。即根据下面"顺算"方法随时计算财产物资的账面数:

$$期初结存数 + 本期增加数 - 本期减少数 = 期末结存数$$

采用永续盘存制,要求财产物资的流入、流出都有严密的手续,便于加强监督。而且要求在账簿中对财产物资的进出进行连续登记,能随时结出账面结存数,便于随时掌握财产物资的占用情况及其动态。

请注意,在永续盘存制下,得到的财产物资的结存数指标,是其账面结存数,而实际结存数为多少,有待于财产清查来确定。因此,在永续盘存制下也要进行财产清查,其目的在于检查账实是否相符。

(二)实地盘存制

这是指平时根据有关会计凭证,只登记财产物资的增加数,不登记其减少数,期末通过实地盘点确定财产物资的实际库存数,然后再根据"期初结存数+本期增加数-期末结存数=本期减少数"的公式,倒算出本期减少数。因此,这种盘存制度也称为"以存计耗(或销)制"。在此盘存制度下,以期末盘点的财产物资的实际结存数作为账面结存数。

采用实地盘存制,其优点是平时工作量小,账务处理简单,但其缺点也是明显的:由于对各项财产物资的减少缺乏日常监督,在期末倒算销售成本时,难免将财产物资正常的耗用或销售,同非正常的人为损耗、贪污盗窃,等同看待为本期的减少数,有鱼目混珠之嫌。因此,只有在特殊情况下,如对某些价值很小而收发频繁的零星材料、废料或是零售商店的非贵重商品,方可采用"实地盘存制"。在采用实地盘存制的情况下,财产清查盘点的次数,必须适当增加,以弥补日常核算工作中的一些缺陷。在一般情况下不宜采用这种盘存制度。

第二节　财产清查的方法

一、财产清查的准备工作

财产清查是一项非常复杂细致的工作,其牵涉面广,工作量大,为保证财产清查工作保质保量地完成,企业应抽调专职人员组成清查小组,该小组一般由企业领导挂帅,有各专业人员、职工群众参加,负责财产清查工作。在清查前,应做好下面的准备工作。

(1)制定财产清查计划,确定清查的对象、范围,配备清查人员,明确清查任务。

(2)清查之前必须将所有经济业务登记入账,结出各账户的发生额和余额,并试算平衡,确保账证、账账相符,为财产清查准备准确的账面结存数。

(3)各财产物资保管部门、使用部门,应将截止到财产清查时点之前的各项财产物资的出入办好凭证手续,并全部登记入账。同时,应将要清查的财产物资分类整齐排列,挂上标签,标明各种物资的品种、规格、型号及结存数量,为财产清查准备准确的实存数。

(4)对银行存款、银行借款和结算款项,要取得对账单,以便查核。

(5)对需使用的度量衡器,要提前校验准确,确保计量准确。

(6)对清查中需要的各种表册,要准备妥当。

二、财产清查的方法

企业的财产物资种类繁多,它们被企业以各种各样的资金形态占用着。财产清查也因清查对象的特点不同而需要采用不同的方法。下面以实物资产、货币资金和往来款项为例,介绍财产清查的方法。

(一)实物资产的清查

实物资产的清查,是指对原材料、在产品、产成品、固定资产等财产物资的清查。对这类财产物资的清查,通常可按其实物特点,如体积、形态、数量、重量及堆垛方式的不同,逐一进行点数或用计量器具确定其实存数。在清查中,对于包装完整的商品、物资,可按大件清点,必要时可抽查细点。有些堆垛笨重的商品,点数、计量确是有困难的,也可采用技术测算的方法对其实存数进行推算。

为了明确经济责任,进行财产物资的盘点时,有关财产物资的保管人员必须在场,并参与盘点工作。清查盘点的结果,应及时登记在"盘存单"上,由参加盘点的人员和实物保管人员同时签字才能生效。盘存单的格式见表8-1。

表8-1　盘存单

单位名称：　　　　　　　盘点时间：　　　　　　编号：
财产类别：　　　　　　　存放地点：

序号	名　称	规格型号	计量单位	实存数量	单　价	金　额	备　注

盘点人签章　　　　　　实物保管人签章

盘存单是记录实物盘点结果的书面文件,财产清查得到的实存数指标载于其上。为了进一步查明被查物资是否账实相符,还应根据盘点的实存数与账簿记录的账面数编制"实存账存对比表"(格式见表8-2)。该表是财产清查中的一份重要的原始凭证,在这个凭证上确定的各种实物资产的账实之间的差异,既是经批准后调整账簿记录的依据,也是分析差异原因、明确经济责任的根据。

表8-2　实存账存对比表

单位名称：　　　　　　　　　　年　月　日

序号	名称	规格型号	计量单位	单价	实存		账存		实存与账存对比				
									盘盈		盘亏		
					数量	金额	数量	金额	数量	金额	数量	金额	
金额合计													

盘点人签章　　　　　　　会计签章

(二)库存现金的清查

库存现金的清查,在方法上同实物资产的清查一样,都是通过实地盘点进行的。但由于现金收支业务十分频繁,容易出现差错,因此出纳员应当经常进行现金盘点并与现金日记账的账面余额核对。清查前,出纳员应将现金收、付凭证全部登记入账。清查时出纳员要在场,现钞应逐张查点,一切借条、收据不得抵充现金,并查明有无违反现金管理规定的行为,如坐支现金、库存超额等。然后将清查结果编制库存现金盘点报告表,该表既起"盘存单"的作用,又起"实存账存对比表"的作用。其格式如表8-3所示。

表 8-3　　库存现金盘点报告表

单位名称：　　　　　　　　　　　　　　　年　月　日

实存金额	账存金额	实存与账存对比		备　注
		盘　盈	盘　亏	

盘点人签章　　　　　　　　　出纳员签章

（三）银行存款的清查

银行存款作为单位的资产，其收支动态有两者在跟踪反映：一为单位本身；二为开户银行。因此银行存款的清查方法与现金、实物的清查方法不同，它是采取与开户银行核对账目的方法进行的，即将单位登记的"银行存款日记账"与银行送来的对账单逐笔核对收支额和同一日期的余额。通过核对，往往发现双方账目不尽一致，余额也不相合，其主要原因有二：一是存在正常的"未达账项"；二是双方账目可能发生不正常的错账漏账情况。

所谓未达账项，是指由于企业与银行取得凭证的时间不同，导致记账时间有先后之分，发生的一方已取得结算凭证并登记入账，而另一方由于尚未取得结算凭证而未入账的款项。未达账项归纳起来不外乎有以下四种情况。

(1) 银行已收款记账，而企业尚未记账的款项。如外地某单位给企业汇来款项，银行收到汇单后，马上登记企业存款的增加，而企业由于尚未收到汇款凭证不能记银行存款增加。如果此时对账，则形成未达账项。

(2) 银行已付款记账，而企业尚未记账的款项。如银行代企业支付水电费，银行已取得支付款项的凭证，并记存款减少，而企业尚未接到凭证，不能记银行存款减少。如果此时对账，则形成未达账项。

(3) 企业已收款记账，而银行尚未记账的款项。如企业销售产品收到支票，送存银行后即可根据银行盖章退回的"进账单"回联登记银行存款的增加，而银行则不能马上记增加，要待款项收妥后再记增加。如果此时对账，则形成未达账项。

(4) 企业已付款记账，而银行尚未记账的款项。如企业开出现金支票时，可根据支票存根联立即记录银行存款的减少，但如果持票人当天并未持票向银行兑现，银行则不能记录企业银行存款的减少。如果此时对账，则形成未达账项。

上述任何一种未达账项的存在，都会导致企业的银行存款日记账余额与银行对账单余额不符。为了求得银行存款的实有数额，必须消除企业与银行之间存在的未达账项的影响。在实务上，消除未达账项的影响是通过编制"银行存款余额调节表"来完成的。

现举例说明编制"银行存款余额调节表"的具体方法。

例：假设 6 月 30 日企业的银行存款日记账余额为 236 400 元，银行对账单所

列存款余额为 245 800 元,经过逐笔核对,查明有以下几笔未达账项:

(1)6 月 28 日,银行受企业之托代收款项 5 000 元,银行已收到并记账,而企业尚未接到银行的收款通知;

(2)6 月 29 日,企业开出支票 14 000 元,持票人尚未向银行办理转账手续,银行尚未入账;

(3)6 月 29 日,银行代付款项 1 200 元,而企业尚未接到银行付款通知;

(4)6 月 30 日,企业送存支票 8 400 元,银行尚未记账。

根据以上资料编制"银行存款余额调节表",调整双方余额。"银行存款余额调节表"的格式见表 8-4。

表 8-4　银行存款余额调节表

20×8 年 6 月 30 日　　　　　　　　　　　　单位:元

项　　目	金　　额	项　　目	金　　额
企业账面余额	236 400	银行账面余额	245 800
加:银行已收,企业未收款项	5 000	加:企业已收,银行未收款项	8 400
减:银行已付,企业未付款项	1 200	减:企业已付,银行未付款项	14 000
调节后的存款余额	240 200	调节后的存款余额	240 200

表 8-4 的编制方法是,企业与银行双方都在本身余额的基础上补记上对方已记账、本身未记账的未达账项。采用这种方法进行调整,双方调节后的余额相等,说明双方记账相符。否则,说明记账有错误,应进一步查明原因,予以更正。但有一点请注意,银行存款余额调节表中的未达账项,只有当其变为已达时,才能在账簿中做出正式记录。换句话说,不能以银行存款余额调节表作为补记未达账项的原始记录。

经过调节后重新求得的余额,既不等于单位的银行存款日记账的账面余额,也不等于银行对账单的余额,而是单位银行存款的真正实有数。

为了确保银行存款余额调节表的正确编制,有两点要特别重视:一是调节表中涉及两方——企业及其开户银行;二是要正确区分未达账项的种类,判明其归属于谁,否则会张冠李戴,即便侥幸将调节表编制平衡,也是不正确的平衡。

银行存款的清查方法,也适合于银行借款的清查。

(四)往来款项的清查

往来款项主要包括应收款、应付款、暂收款等款项。

各项往来款项的清查与银行存款的清查一样,也是采取同对方单位核对账目的方法。首先,应将本单位往来账目核对清楚,确认准确无误后,再向对方填发对账单,送往各经济往来单位。对账单位按明细账逐笔抄列一式两份。其中一份作为回单,对方单位如核对相符,应在回单上盖章后退回。如发现数字不符,应将不符合的情况在回单上注明或另抄对账单退回本单位,作为进一步核对的依据。

往来款项清理完毕后,根据各个往来单位寄回的回单,编制"往来账项清查表",其格式如表8-5所示。

在往来款项的清查中,要及时发现和处理长期未清的往来款项,该收的应尽早收回,该还的应尽早偿还。让往来单位之间处于相互信任的气氛之中。即便出现坏账、呆账,也要尽早研究处理。

表8-5 往来账项清查表

清查日期: 　　　　　　　　　　年　月　日
总分类账户名称:_____　　总分类账户结余金额:_____　　　第　页

明细账户名称	账面结存余额	清查结果		核对不符的原因和金额				备注
		核对相符金额	核对不符金额	有争执的账项	未达账	其他	合计	

清查人员　　　会计　　　制表日期　　年　月　日

第三节　财产清查结果的处理

一、财产清查结果的处理工作

借助财产清查,可使各单位掌握财产物资的第一手资料,摸清家底,做到胸中有数。对在财产清查中发现的财产管理和会计核算等方面的有关情况,应当认真分析,以有关的法令、制度为依据,进行恰当的评价,长则扬,短则避,发挥财产清查的积极作用。

财产清查结果的处理,主要应包括以下几方面的工作。

(一)认真总结,加强监管

财产清查,可以发现企业在财产管理方面存在的问题,例如:有无长期积压物资,闲置不用的固定资产;有无违背财产物资定额管理制度的规定,超额采购、储备;有无违法乱纪、贪污盗窃等现象。针对这些问题,企业应认真总结,拿出切实可行的整改方案,加强财产物资的监管工作,保护财产物资的安全与完整。

（二）核准差异，查明原因

在财产清查中，当发现财产物资的账面数与实有数存在差异时，应认真核准差异，将其差异在"账存实存对比表"中显示出来。对各项差异，应认真分析其形成原因，明确经济责任，按照规定程序经有关部门批准后，予以严肃认真处理。财产清查人员应以高度的责任心，深入调查研究，实事求是，对问题定性要准确，处理方法要得当。

（三）调整账目，及时处理

在核实账实差异之后，会计核算上对账实不符的差异，有两件事情要做。第一件，本着实事求是的精神，根据财产清查获得的"账存实存对比表"，编制记账凭证，调整账簿记录，将账实不符的财产物资的账面数调整为实有数，以期达到账实相符，客观地反映企业状况。第二件，认真分析账实不符的原因，并根据其原因提出处理意见，报请有关领导部门批复处理，待领导部门做出批复后，严格依照批复意见进行账务处理，编制记账凭证，登入有关账簿，对差异进行转销。

为了反映和监督企业在财产清查中查明的各种财产物资的盘盈、盘亏、毁损及其处理情况，会计核算上设置和运用"待处理财产损溢"账户。各项待处理财产物资的盘盈净值，在批准前记入该账户的贷方，批准后转销已批准处理财产物资的盘盈数登记在该账户的借方；各项待处理财产物资的盘亏及毁损净值，在批准前记入该账户的借方，批准后转销已批准处理财产物资的盘亏及毁损数登记在该账户的贷方。期末本科目应无余额。为分别反映和监督企业固定资产和流动资产的盘盈、盘亏情况，"待处理财产损溢"账户下设"待处理财产损溢——待处理流动资产损溢"和"待处理财产损溢——待处理固定资产损溢"两个明细账户，分别情形进行明细分类核算。

请注意，"待处理财产损溢"账户是一个具有双重性质的账户。财产物资的盘盈、盘亏及其转销，都是借助于这一账户来反映和监督的，其处理前的余额也并不固定于某一方向。为引起重视，我们将"待处理财产损溢"账户的结构列示如下（见图 8-1）。

现分别以流动资产、固定资产的盘盈、盘亏为例，来说明财产清查结果在账务上的处理。

待处理财产损溢

借方	贷方
本期发生额：本期发生财产物资的盘亏、毁损数；报经批准转销的财产物资的盘盈数	本期发生额：本期发生财产物资的盘盈数；报经批准转销的财产物资的盘亏、毁损数

图 8-1　待处理财产损溢账户的结构

二、流动资产盘盈、盘亏的账务处理

流动资产盘盈、盘亏的账务处理程序是:根据清查盘点的结果,若出现账实不符,应首先在"待处理财产损溢"账户中登记其差异,达到账实相符,待查明原因,并经过规定程序报批后,转销其差异。

盘亏、毁损的账务处理见图 8-2。

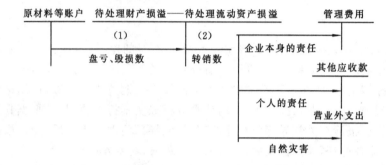

图 8-2 盘亏、毁损的账户处理

盘盈的账务处理见图 8-3。

图 8-3 盘盈的账务处理

现举例说明各种情形的账务处理。

例1:某企业在财产清查中,盘盈原材料 100 公斤,价值 10 000 元。

原材料在清查中出现账实不符现象,应根据"账存实存对比表"编制记账凭证,在报经批准前,调整账簿记录,达到账实相符,应做的会计分录如下。

借:原材料　10 000
　　贷:待处理财产损溢
　　　　——待处理流动资产损溢　10 000

经查明,此项盘盈材料,属计量仪器不准,造成平时领用少付多算,按领导部门的批复意见和有关财务制度的规定,该项盘盈材料的价值转销冲减本月的管理费用,应编制如下会计分录。

借:待处理财产损溢
　　——待处理流动资产损溢　　10 000
　　贷:管理费用　　　　　　　　10 000

例2：在财产清查中，发现购进的某种原材料的实际库存较账面库存短缺，短缺的材料价值为800元。

在批准转销前，根据"账存实存对比表"确定的账实不符的差异，编制记账凭证，调整账面记录，做到账实相符。应编制的会计分录如下。

借：待处理财产损溢
　　——待处理流动资产损溢　　　　800
　　贷：原材料　　　　　　　　　　　　　　800

流动资产的盘亏、毁损，其原因是多种多样的，有正常原因，也有非正常原因。因此，对流动资产盘亏、毁损的处理也就不尽相同。按现行财务制度规定，如属于定额范围内的自然损耗，以及因管理不善等造成的一般经营损失部分，经批准后列为管理费用，记入当期损益；如属于管理人员过失导致的盘亏、毁损，则应由过失人赔偿，记入"其他应收款"账户；如属于自然灾害等非正常损失造成的盘亏、毁损，则应经批准后列为营业外支出，记入本期损益。

现假定上述盘亏材料的原因已查明，并得到了领导部门的如下批复：盘亏材料中的400元属于定额内损耗，记入管理费用；300元属保管人员过失造成，应由当事人赔偿；100元为非正常损失所致，列为营业外支出。

财会部门据此批复，可将盘亏材料价值800元进行相应的转销，编制如下的会计分录。

定额损耗部分的会计分录如下。

借：管理费用　　　　　400
　　贷：待处理财产损溢
　　　　——待处理流动资产损溢　　　400

由过失人承担部分的会计分录如下。

借：其他应收款——×××　　300
　　贷：待处理财产损溢
　　　　——待处理流动资产损溢　　　300

非正常损失部分的会计分录如下。

借：营业外支出　　　100
　　贷：待处理财产损溢
　　　　——待处理流动资产损溢　　　100

上面三笔分录可合并编制为一笔分录。

根据《增值税暂行条例》规定，企业购进的货物、在产品、产成品发生非正常损失（包括自然灾害、因管理不善造成货物被盗窃、发生霉烂变质损失和其他非正常损失）以及购进的货物改变用途等，其进项税税额不得从销项税税额中抵扣，而应转出记入有关科目。如本例的进项税税额136元（800×17%），应转出记入"待处理财产损溢"账户借方,然后分别不同情况,转入"管理费用"、"其他应收款"或"营业外支出"账户。

三、固定资产盘盈、盘亏的账务处理

固定资产盘盈、盘亏的账务处理,其基本思想与流动资产盘盈、盘亏的账务处理相一致,差别仅在于转销差异数的处理上。

固定资产盘亏的账务处理如图8-4所示。

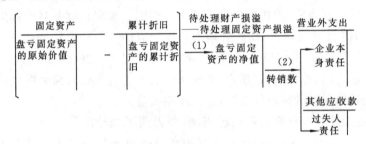

图8-4　固定资产盘亏的账务处理

固定资产盘盈的账务处理如图8-5所示。

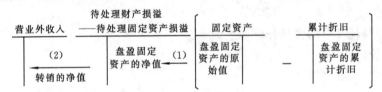

图8-5　固定资产盘盈的账户处理

现举例说明其账务处理。

例3:某企业在财产清查中,发现账外机器一台,估计其重置价值为3 000元,已提折旧2 000元。

当发现账外设备出现账实不符时,按账务处理程序,调整账面记录。按照《企业会计制度》规定,企业盘盈的固定资产,应该按照同类或类似固定资产的市场价格,减去该项资产的新旧程度估计的价值损耗后的余额,作为入账价值。因此,本例应编制的会计分录如下。

借:固定资产　　　　　　　　1 000
　　贷:待处理财产损溢
　　　　——待处理固定资产损溢　　1 000(净值)

经批准,该机器由企业继续留用,其盘盈价值(净值)作为营业外收入处理。根据批复意见,编制的会计分录如下。

借:待处理财产损溢
　　——待处理固定资产损溢　　1 000(净值)
　　贷:营业外收入　　　　　　　1 000

需要说明的是,如果盘盈的固定资产价值较大,一次性转入营业外收入会带来当期利润因该事项出现较大增加,而这明显不属于当期赚取的利润,因而金额较大的固定资产盘盈不计入当期利润,而是调增以前年度的利润。中级财务会计将详细讲解这种业务,会计学原理学习阶段暂不讨论这种情况。

例4:假定在财产清查中盘亏设备一台,其账面记录的原始价值为10 000元,已提折旧7 000元。

报经批准前,根据"账存实存对比表"的数据,调整账簿记录,做到账实相符,直接转销法下编制的会计分录如下。

借:待处理财产损溢
　　——待处理固定资产损溢　　3 000(净值)
　　累计折旧　　　　　　　　　7 000
　　贷:固定资产　　　　　　　　10 000

经批复,该项盘亏固定资产净值的80%由企业自身负责,其余的20%由保管人员负责赔偿。据此批复,企业可做转销分录如下(参见图8-4的转销部分)。

借:营业外支出　　2 400(3 000×80%)
　　其他应收款——×××　　600(3 000×20%)
　　贷:待处理财产损溢
　　　　——待处理固定资产损溢　　3 000(净值)

以上用流动资产中的原材料、固定资产中的设备为例,阐述了财产清查结果在账务处理上的一般思路,但具体到财产物资的各个细目上,其处理可能不尽一致,如对坏账的处理,就很特别。

例5:在财产清查中,查明确实无法收回的应收账款300元,因该单位未提坏账准备,故报经批准转销。

确实无法收回的应收账款,对企业而言,是一笔坏账损失,企业不能长期挂账,应按规定的手续经审批后,以批准的文件为原始凭证,注销这笔债权,同时将这笔坏账损失作为管理费用,记入本期损益。直接转销法下编制的会计分录如下。

借:管理费用　　300
　　贷:应收账款　　300

企业在财产清查中的有关债权、债务的坏账收入或坏账损失,经批准后,按照上述会计分录直接进行转销,勿须通过"待处理财产损溢"账户核算。

习 题 八

一、单项选择题

1. 财产物资的盘点结果存在账实不符时，会出现盘盈、盘亏或毁损等几种情况。这里的盘盈是指（　　）。
   A. 账存数大于实存数　　　　　　B. 实存数大于账存数
   C. 由于记账差错多记的金额　　　D. 由于记账差错少记的金额

2. 需要每天进行盘点的财产清查对象是（　　）。
   A. 债权债务　　B. 银行存款　　C. 固定资产　　D. 库存现金

3. 在永续盘存制下，平时（　　）。
   A. 只在账簿中登记财产物资的增加数，不登记财产物资的减少数
   B. 只在账簿中登记财产物资的减少数，不登记财产物资的增加数
   C. 对各项财产物资的增加数和减少数，都要在账簿中登记
   D. 对各项财产物资的增加数和减少数，都不需要在账簿中登记

4. 对于银行存款的清查，采用（　　）的方法。
   A. 检查银行存款日记账
   B. 与银行发来的银行对账单进行核对
   C. 银行存款日记账与总账相核对
   D. 清查支票

5. 库存现金清查在盘点结束后，应根据盘点结果，编制（　　）。
   A. 实存账存对比表　　　　　　B. 盘存单
   C. 对账单　　　　　　　　　　D. 库存现金盘点报告表

6. 对各项财产物资的盘点结果应当登记（　　）。
   A. 盘存单　　　　　　　　　　B. 实存账存对比表
   C. 银行对账单　　　　　　　　D. 库存现金盘点报告表

7. 对于银行已经入账，本单位尚未入账的未达账项，企业应该（　　）。
   A. 立即入账　　　　　　　　　B. 月底入账
   C. 记入备查簿　　　　　　　　D. 等结算凭证到达后入账

8. 下列单据中，应由财会部门编制，并可以直接作为调整账簿记录的原始凭证的是（　　）。
   A. 银行存款余额调节表　　　　B. 存货盘存单
   C. 实存账存对比表　　　　　　D. 银行对账单

9. 某企业期初甲材料库存成本 3 800 元，本月购入同品种材料 4 200 元，本月发出材料 4 100 元，期末盘点后甲材料的结存成本为 4 000 元。分别采用永续盘

存制和实地盘存制,则甲材料的发出金额是( )。

A.4 100 元和 4 000 元　　　　　B.4 100 元和 4 200 元

C.4 200 元和 4 000 元　　　　　D.以上都不对

10. 企业月末银行存款日记账余额 80 000 元,经查有四笔未达账项:企业已付银行未付款 3 000 元,企业已收银行未收款 5 000 元,银行已收企业未收款 10 000 元,银行已付企业未付款 4 000 元。则调节后存款余额为( )元。

A.82 000　　　　B.86 000　　　　C.90 000　　　　D.84 000

二、多项选择题

1. 既属于不定期清查,又属于全面清查的是( )。

A. 年中决算前的清查

B. 更换财产和现金保管员时的清查

C. 开展清产核资的清查

D. 单位撤销、合并或改变隶属关系时进行的清查

2. 以下( )属于需要每月至少清查盘点一次的财产清查对象。

A. 库存现金　　　　　　　　　B. 银行存款

C. 原材料　　　　　　　　　　D. 贵重的财产物资

3. 当( )情况发生时,企业的银行存款日记账的账面余额将大于银行对账单余额。

A. 企业已收款入账,银行未收款入账的未达账项

B. 企业已付款入账,银行未付款入账的未达账项

C. 银行已收款入账,企业未收款入账的未达账项

D. 银行已付款入账,企业未付款入账的未达账项

4. 下列财产物资,应该采用实地盘点法的有( )。

A. 银行存款　　　B. 库存现金　　　C. 固定资产　　　D. 存货

5. 银行存款日记账与银行对账单不一致的原因有( )。

A. 银行记错账　　　　　　　　B. 企业出纳记错账

C. 银行存款总账错误　　　　　D. 存在未达账项

6. 造成财产物资账实不符的原因包括( )。

A. 储存中发生自然损耗　　　　B. 财产物资发生计量错误

C. 财产物资的毁损、被盗　　　D. 账簿的漏记

7. "待处理财产损溢"科目,借方登记的内容有( )。

A. 待处理财产物资盘亏净值

B. 待处理财产物资盘亏原值

C. 结转批准处理的财产物资盘盈数

D. 结转批准处理的财产物资盘亏数

8.企业存货发生盘盈、盘亏,应先记入"待处理财产损溢"科目,待查明原因后分别转入(　　)。

A. 营业外支出　　　　　　　　B. 营业外收入
C. 管理费用　　　　　　　　　D. 其他应收款

9.盘亏的固定资产,在批准后可能涉及的账户包括(　　)。

A. 其他应收款　　　　　　　　B. 以前年度损益调整
C. 营业外收入　　　　　　　　D. 营业外支出

10.采用实地盘点的清查对象有(　　)。

A. 固定资产　　B. 应收账款　　C. 原材料　　D. 库存现金

三、判断题

1. 定期清查可以是全面清查,也可以是局部清查。　　　　　　　(　)
2. 对现金的清查,一定要有出纳人员在场。　　　　　　　　　　(　)
3. 年终决算前要进行全面清查,属于定期清查。　　　　　　　　(　)
4. 银行对账单余额才是企业正确的银行存款余额。　　　　　　　(　)
5. 企业可以将银行存款余额调节表作为登记账簿的依据。　　　　(　)
6. 无论采用何种盘存制度,期末都需要对财产物资进行清查。　　(　)
7. 对各种往来款项的清查,必须派人亲自到对方单位核对。　　　(　)
8. 存货发生盘盈后,在审批前,应先调整账面余额,使账实相符。(　)
9. "待处理财产损溢"是个过渡性账户,一般情况下,月末无余额。(　)
10. 存货在保管过程中发生的自然损溢,在日常会计核算中应加以反映,以保证账实相符。　　　　　　　　　　　　　　　　　　　　　　　　(　)

四、填空题

1. 企业在年终决算之前,一般须对存货进行一次全面清查,并将盘点结果如实登记在_____上。
2. 按财产清查的对象和范围划分,财产清查可分为全面清查和_____两类。
3. 清点库存现金时,出纳员必须在场,清点后将结果填入_____。
4. 银行存款的清查是将银行转来的对账单与_____上的记录进行逐笔核对。
5. 存货财产物资的盘存制度有实地盘存制和_____两种。
6. 在记账无误的情况下,银行对账单与企业银行存款日记账账面余额不一致是由于_____造成的。
7. 在与银行对账时首先应查明是否存在未达账项,如果存在未达账项,就应该编制_____对有关的账项进行调整。
8. 财产清查的结果,经查明是由于企业经营不善而造成的存货损失,则应借记_____账户。

9.对盘盈的存货,应于批准前,借记"原材料"、"库存商品"等账户,贷记_____。

10.库存现金是通过_____盘点来清查的。

五、实训题

某企业7月31日的银行存款日记账账面余额为691 600元,而银行对账单上企业存款余额为681 600元,经逐笔核对,发现有以下未达账项:

(1)7月26日,企业开出转账支票3 000元,持票人尚未到银行办理转账,银行尚未登账。

(2)7月28日,企业委托银行贷收款项4 000元,银行已收款入账,但企业未接到银行的收款通知,因而未登记入账。

(3)7月29日,企业送存购货单位签发的转账支票15 000元,企业已登账,银行尚未登记入账。

(4)7月30日,银行代企业支付水电费2 000元,企业尚未接到银行的付款通知,故未登记入账。

要求:根据以上有关内容,编制该企业7月31日的"银行存款余额调节表"。

第九章 会计报表

第一节 会计报表的作用及其编制要求

会计报表是利用日常会计核算资料,以货币作为计量单位,按公认会计准则或制度,以表格形式概括反映企业财务状况和财务状况的变化及经营成果的书面报告。编制会计报表是会计核算的又一种专门方法。

企业在生产经营活动中,日常发生的会计事项已通过凭证的编制,记入了账簿之中,但账簿上的记录仍是分散的、局部的,它所提供的会计资料,不能集中反映企业在一定时期的经济活动和财务收支的全貌,也不便于关心企业的人士利用会计资料做出决策。因此,企业就需要定期对日常的会计记录,加以整理汇总,以总括的形式编制会计报表来反映企业经济业务的全貌。

一、会计报表的作用

(一)有助于投资者、债权人等进行合理的决策

企业的投资者、债权人是会计报表最重要的使用者。企业的有关经济资源和经济业务等方面的财务信息,是投资人和债权人用来判断企业在激烈的市场环境中的生存、适应、成长与扩展能力的重要信息。尽管会计报表提供的信息主要是对过去经营成果和财务状况的反映和总结,但投资者可以利用多期会计报表的信息资料对企业的未来进行预测,如投资者来自股息等方面的现金收入以及债权人来自债券或贷款到期收回的本息的所得金额、时间的不确定性,均与企业的现金流动有关。这些信息主要是在公司定期对外公布的会计报表中披露的。

(二)为企业的经营管理者和职工对企业进行日常管理活动,提供必要的信息资料

企业的经营管理者,借助会计报表提供的信息,可以对企业的资金、成本、利润等计划指标的完成情况进行考核、评价,总结经验,找出不足,不断提高管理决

策水平,实现企业的目标。

同时,借助会计报表提供的信息,将企业的现状向职工交底,让职工参与企业的管理、监督,集思广益,从各方面提出改进的建议,促进企业增产节约、增收节支措施的落实,这也能增强职工的主人翁感。

(三)为财政、工商、税务和银行等行政管理部门,提供对企业实施管理和监督的各项信息资料

财政、工商、税务部门可以通过会计报表提供的信息,了解企业的资金筹集和运用是否合理,检查企业税收、利润计划的完成与解交情况,以及有无违反税法和财经纪律的情况,更好地发挥财政、税收的监督职能。银行部门利用会计报表提供的信息,可以考查资金的使用效果,分析企业的银行借款的物质保证程度(如计算流动比率、资产负债率等指标),研究企业资金的需要量,了解银行借款的归还以及信贷纪律的执行情况,充分发挥银行的监督和杠杆作用。

(四)为审计机关检查、监督企业的生产经营活动,提供必要的信息资料

正如一切腐败源于缺乏监督一样,会计信息上的腐败,如弄虚作假、夸大经营业绩、欺骗股东等,也源于缺乏监督。审计机关的审计工作,为这一腐败的滋生设置了障碍。它通过对会计报表的审计,进一步追溯账簿和凭证记录的真实性,可以客观、公正地对企业的经营管理做出评价,对企业在生产经营活动中是否遵守财经纪律、法令进行监督。

(五)为国家实行宏观调控提供决策依据

国家有关部门借助于各企业经过审计的会计报表,进行汇总分析,可考核国民经济各部门的运行情况、各种财经法律制度的执行情况,一旦发现问题便可及时采取相应措施,通过各种经济杠杆和政策倾斜,达到宏观调控的目的。

二、编制会计报表的基本要求

(一)内容完整

内容完整的要求有两项:一项是每个单位都必须按照统一规定的报表种类、格式和内容编制会计报表,该编制的都得及时编制,以保证会计报表种类的完整性;另一项是对每一种类的会计报表,无论是表首、表体还是附注的资料,都应按要求填列,以求得每一种类报表内容的完整。应当汇总编制的所属各单位的会计报表,必须全部汇总,不得漏编、漏报。

(二)数值真实

根据客观性原则,企业会计报表所填列的数值必须真实可靠,如实反映企业的财务状况和经营成果,不得以估计数值填列会计报表,更不得弄虚作假,篡改数值,隐瞒谎报,以保证会计报表的真实性。

会计报表的指标数值来源于账簿记录,为达到会计报表数值的真实,在账簿记录上应做到以下几点。

(1)报告期内所有的经济业务必须全部登记入账。这里所说的"所有",是"权责发生制"下的所有,因此,要特别注意期末应计、应收、待摊、预提等调整账项的登记,不得遗漏。

(2)在编制会计报表之前,应认真核对账簿记录,做到账证相符、账账相符、账实相符,如果发现有不符合之处,则应一查到底,查明原因,加以更正,然后才能根据账簿记录编制会计报表。

(3)企业应定期进行财产清查,对各项财产物资、货币资金和往来款项进行盘点、查核,在账实相符的基础上编制会计报表。

(4)在对账和财产清查的基础上,通过编制总分类账户本期发生额试算平衡表以验算账目有无遗漏,为正确编制会计报表提供数据。在编制报表以后,要核对会计报表之间的数值,各种会计报表之间,以及同一会计报表或项目指标之间,有钩稽关系的数值都要核对相符,本期会计报表与上期会计报表之间的数值应相互衔接一致,本年度会计报表与上年度会计报表之间的相关指标数值也应相互衔接一致,以求可比。

(三)说明清楚

考虑到在会计上存在对同一事项有不同处理的现象(如折旧的计提有直线法和加速法之分,存货发出计价有先进先出法、后进后出法等区别),更兼顾到广大的报表使用者并不一定具备会计方面的专业知识,编制会计报表需力求清晰明了,对需要加以说明的问题,应附有简要的文字说明,对会计报表中主要指标的构成和计算方法,对报告期内发生的特殊事项,如经营范围变化、经营结构变更、重大融资举措以及本报告期对经济效益影响较大的各种因素都必须加以说明,力求避免报表使用者为会计报表资料所误导,做出错误的决策。

(四)编报及时

会计报表必须遵照国家或上级机关规定的期限和程序,及时编制,及时报送,以便报表的使用者及时、有效地利用会计报表资料。这也是信息具有时效性的要求。为保证会计报表编报及时,企业必须加强日常的核算工作,认真做好记账、算账、对账和财产清查工作,加强会计人员的分工、配合,提高办事效率,按规定的期限及时编报会计报表。但不能为赶编会计报表而提前结账,将本期账项递延到下期处理,影响会计报表的信息质量。

以上四点必须同时做到,才能正确、及时地编制会计报表,发挥会计报表应有的作用。

第二节 会计报表的种类及其编制程序

一、会计报表的种类

不同性质的经济单位,会计核算的内容不一样,经济管理的要求也不尽相同,所编制的会计报表的种类也不尽一致。如营利组织的各类企业与非营利组织的各类事业单位,其编制的会计报表反映的内容就不一样。就企业而言,其编制的会计报表也可以按不同的标准区分为不同的类别。

(一)按会计报表反映的经济内容不同,可分为静态报表和动态报表

静态报表是反映资金运动的静态表现,即从时点上反映企业的资产、负债、所有者权益以及它们之间相互关系的状态的会计报表。企业的财务状况如何,正是借助于静态报表如表9-4所示的资产负债表来反映的。

动态报表是反映资金运动的动态表现,即从时期上反映企业的经营过程与成果及其现金流量变动的会计报表,如利润表(见表9-8)、现金流量表(见表9-13)。

(二)按照会计报表报送对象的不同,可分为对外会计报表和对内会计报表

1. 对外会计报表

对外会计报表是企业为了满足投资者和债权人,财政、税收、银行和证券监管等部门的需要,由财政部统一规定其种类、具体格式和编制方法的会计报表,包括"资产负债表"、"利润表"、"现金流量表"及以上三种报表的附表、报表附注和财务状况说明书。对外会计报表的编制具有强制性,任何单位都不得随意增减。财务会计上所称的报表,即是对外会计报表。

2. 对内会计报表

对内会计报表是为了满足企业内部管理,进行会计预测、决策、控制和加强财务管理的需要,由企业自行规定编制的会计报表。其具体格式和编制方法由企业内部自行规定,可根据管理上的需要进行灵活的调整和修订。这类会计报表大多

由管理会计和成本会计来完成。

（三）按照会计报表编制的时间不同，可分为月份会计报表、中期会计报表和年度会计报表三类

1. 月份会计报表

月份会计报表（亦称月报）包括"资产负债表"和"利润表"等主要会计报表，用来反映月份内企业经营成果及月末财务状况等。

2. 中期会计报表

它用来反映企业半年内的经营成果及中期末财务状况等。

3. 年度会计报表

它也称为年终决算报表，包括全部会计报表，用来总括反映企业年终财务状况、年度经营活动成果、全年财务状况变动情况和费用的支出及成本计划的完成情况。年度会计报表应附有全面、完整的财务状况说明书。年度会计报表包括"利润分配表"、"现金流量表"等。

（四）按照会计报表编制单位的不同，可分为单位会计报表和汇总会计报表两类

1. 单位会计报表

单位会计报表是独立核算的会计主体编制的，用来反映会计主体的财务状况、经营活动成果和费用支出及成本计划完成情况。

2. 汇总会计报表

汇总会计报表是由上级主管部门将其所属各基层经济单位的会计报表，与其本身的会计报表加以汇总，用来反映一个部门或一个地区的经济情况。

以上所介绍的有关会计报表种类及编报期，列表反映如下（见表9-1）。

表9-1　会计报表格式

编　号	会计报表名称	编　报　期
会企01表	资产负债表	中期报告、年度报告
会企02表	利润表	中期报告、年度报告
会企03表	现金流量表	（至少）年度报告
会企01表附表1	资产减值准备明细表	年度报告
会企01表附表2	股东权益增减变动表	年度报告
会企01表附表3	应交增值税明细表	中期报告、年度报告
会企02表附表1	利润分配表	年度报告
会企02表附表2	分部报表（业务分部）	年度报告
会企02表附表3	分部报表（地区分部）	年度报告

为了帮助会计报表的使用者更加清晰、明确地了解和掌握企业的经济活动情况,使会计报表在经济管理中起到更大的作用,企业应在编制、报送年度会计报表的同时,撰写并报送财务情况说明书,其主要内容有:

(1)经营环境的概要说明,如企业外部的宏观环境、市场需求环境、行业环境、人力资源、企业自身的生产经营状况及在同行业中所处地位等;

(2)会计数据的补充说明,如利润实现和分配情况、资金增减变动和周转情况、税金交纳情况、财务收支和各项资产的变动情况;

(3)会计政策的提示说明,如企业对坏账核算方法的选择、对固定资产折旧方法的选择等。

二、会计报表的编制程序

(一)清查财产

清查财产是编制会计报表的一项准备工作。在编制会计报表之前,必须按照会计制度的规定,对单位的各项财产进行清查盘点,盘点时要编制盘点表,并与账簿记录核对,做到账实相符。总之,编制会计报表时使用的资料应是实存资料,以保证会计报表的真实性。

(二)做好期末账项调整、结转事项

会计核算按权责发生原则进行。据此观点,期末要做好账项调整工作,如待摊费用的转销、预提费用的计提、应计收入的登录、应交税费的计算等期末调整账项,都要及时记录;对一些结转事项,如损益类账户向"本年利润"账户的结转,主营业务成本的结转等结转账项,也要及时登记。

(三)核对账目

为保证会计报表的正确编制,账簿记录的正确性是至关重要的。在编制报表前,应做好账账核对工作、账实核对工作,确保会计账簿指标的真实、准确。

(四)对账簿记录进行试算平衡

为提高会计报表编制的成功率,编制会计报表前还要对账簿记录的准确性进行测试。测试的办法是通过编制"总分类账户发生额和余额对照表",验算全部账户的借、贷方数额是否平衡,只有在测试平衡的基础上才能开始编制会计报表。

(五)结账

经过对会计记录的试算平衡后,正式对各个账户进行结账,结出各个账户的借方发生额、贷方发生额及期末余额。

(六)编表

正式结账以后,根据账簿记录编制各种会计报表。在编制会计报表时,应遵守会计报表的完整性要求,编制出符合规定的会计报表。

附注:"工作底稿"的编制方法。

企业期末的会计工作,从编制试算平衡表起,调整账项,进行对账和结账,直至编制各种会计报表,工作环节较多,需要占用一定的时间。为了及时确定经营成果,迅速编制会计报表,并减少调整结算中出现差错的可能性,保持账页和账表的整洁,可以在期末编制"工作底稿"。

"工作底稿"因编制目的和用途的不同,可有不同的格式。表9-2是一种典型的格式,"工作底稿"的编制方法就以此种格式展开叙述。

表 9-2 工作底稿

编制单位:　　　　　　　　　　年　月　日

账户名称	调整前的期末余额		调整		调整后的期末余额		利润表		资产负债表	
(会计科目)	借方	贷方	借方	贷方	借方	贷方	借方	贷方	借方	贷方

"工作底稿"的编制方法如下:

(1)将总分类账簿中各账户的名称过入账户名称栏,并视其余额方向填入"调整前的期末余额"栏的借方或贷方栏,并加计借、贷余额的总数,验算其是否平衡。只有借、贷方平衡,才可进行下一步骤。请注意,第一大栏实质上是一张试算平衡表。

(2)按权责发生制观点,确定期末的调整账项。按调整分录中涉及的账户名称和金额过入相应的账户名称栏和调整栏的借方、贷方栏,过入时注明经济业务的序号,便于以后进行正式记录。调整账项全部过入调整栏后,加计调整栏的借方、贷方总额,确定其是否平衡。只有平衡后,方可进行下一步骤(注:如果调整分录中涉及的账户名称在第一步骤中未出现,就请在账户名称栏中补上)。

(3)计算调整后各账户的期末余额。计算的方法是,利用调整前余额栏和调整栏中的金额,本着同方向相加,反方向相减的原则,计算出各账户的期末余额,填入调整后的期末余额栏,并验算借、贷方总额是否平衡,只有平衡后,方可进行下一步骤。

(4)将调整后的期末余额栏的余额,按账户的性质是资产负债类账户还是损益类账户,分别填入利润表栏和资产负债表栏。

(5)加计利润表大栏的借方、贷方金额,并比较其大小,此时有以下两种可能。

一是贷方金额合计大于借方金额合计,即贷差,这一差额即为本月实现的利润。根据本月实现的利润,计算本月应交的所得税,补做调整账项(借:所得税,贷:应交税费),并将这一调整账项过入调整栏,重复第 3 步、第 4 步。此时利润表大栏借方、贷方金额合计的差额为税后利润,这一指标即为利润表的最后一个指标。至此可着手编制利润表。

二是贷方金额合计小于借方金额合计,即借差,这一差额即为本月发生的亏损。此时无所得税的计算问题,这时,可利用"利润表"栏的借、贷方资料编制利润表。

(6)待利润表编制完毕,将利润表中的净利润数字转入"本年利润"账户。转入的方式是:若为净利润,转入"本年利润"账户的贷方,并将这一差额记入"利润表"栏的借方栏,以求得"利润表"栏的借、贷方平衡;若为净亏损,与净利润情形下的转入方式刚好方向相反,并计算"本年利润"账户的累计余额。此时,编制资产负债表的资料已全部备齐,可着手编制资产负债表。

请注意,"工作底稿"不是正式的会计记录,也不是正式的会计报表,而仅是期末账项调整、提高编制会计报表效率的辅助手段,因此,对"工作底稿"中的调整账项还得编制正式的记账凭证并过入账簿,"利润表"栏的各账户须结平,即做结账分录(见第四章业务 31)。

第三节 资产负债表

一、资产负债表的概念及其作用

资产负债表是反映企业在某一特定时日财务状况的会计报表。它主要是揭示企业在某一时日的资产、负债、所有者权益的存置,以及它们之间相互关系的状态,是发生各项经济业务后的累计结果,因而又称为财务状况表,是反映企业财务状况的静态财务报表。资产负债表在某种程度上可理解为会计静态方程"资产=负债+所有者权益"的表格化、明细化。

通过资产负债表,报表使用者可获得如下重要信息。

(1)企业所掌握的经济资源,以及这些资源的分布与构成情况,报表使用者可据此分析企业资产的分布是否合理,并形成自己的结论。

(2)显示企业资产的结构。企业的资本来自债权人及所有者,债权人对企业的资产有优先要求的权利,所有者享有剩余权益。因此,借助对负债与所有者权益的比率分析,反映企业债权人的资本受到所有者保障的程度,也在某种程度上帮助企业评估自身的财务风险。

(3)评估企业资产的流动性及财务实力。由于资产负债表上的资产是按其流动性加以排列的,通过资产的构成及其相对比例,企业的变现能力就能得到反映,而借助于资本结构,可显示一个企业筹措资本和使用资本的财务实力。

(4)通过多期资产负债表的对比分析,还可以看出资金结构的变化情况,并预测企业财务状况的未来走向。

二、资产负债表的结构

资产负债表是依据"资产＝负债＋所有者权益"这一会计等式的原理设置的,分为左右两方。左方反映企业拥有的全部资产,右方反映企业的全部负债和所有者权益。根据会计等式的基本原理,左方的资产总额等于右方的负债和所有者权益的总额,其结构如表9-3所示。这一左右对称的资产负债表格式,称为账户式资产负债表,这是国际上通用的格式,也为我国的《企业会计准则》所规定采用。

表9-3 资产负债表结构

资　产	负债及所有者权益
资　产	负　债
	所有者权益
资产总计	负债及所有者权益总计

资产负债表要能发挥其提供信息的作用,需将资产负债表中所有的项目按一定标准进行分类,并以适当的顺序加以排列。鉴于资产负债表使用者最为关心企业的偿债能力,因而资产负债表的项目分类是以其流动性的大小来进行排列的。资产流动性大的排列在前,流动性小的排列在后;负债到期日近的排列在前,到期日远的排列在后;所有者权益永久性大的排列在前,永久性小的排列在后。下面是一典型的分类方法。

资产:

(1)流动资产

(2)长期投资

(3)固定资产

(4)无形资产及长期待摊费用

(5)其他资产

负债：

(1)流动负债

(2)长期负债

所有者权益：

(1)实收资本

(2)资本公积

(3)盈余公积

(4)未分配利润

我国《企业会计准则》对资产负债表中的项目基本遵从上面的分类排列形式进行排列，详细排列顺序见下面资产负债表的格式（表9-4）。

表9-4 资产负债表

会企01表

编制单位： ___年___月___日 单位:元

资　　产	期末余额	年初余额	负债和所有者权益	期末余额	年初余额
流动资产：			流动负债：		
货币资金			短期借款		
交易性金融资产			交易性金融负债		
应收票据			应付票据		
应收账款			应付账款		
预付款项			预收款项		
应收利息			应付职工薪酬		
应收股利			应交税费		
其他应收款			应付利息		
存货			应付股利		
持有待售资产			其他应付款		
一年内到期的非流动资产			持有待售负债		
其他流动资产			一年内到期的非流动负债		
流动资产合计			其他流动负债		
非流动资产：			流动负债合计		
可供出售金融资产			非流动负债：		
持有至到期投资			长期借款		
长期应收款			应付债券		

续表

资产	期末余额	年初余额	负债和所有者权益	期末余额	年初余额
长期股权投资			长期应付款		
投资性房地产			专项应付款		
固定资产			预计负债		
在建工程			递延所得税负债		
工程物资			其他非流动负债		
固定资产清理			非流动负债合计		
生产性生物资产			负债合计		
油气资产			所有者权益：		
无形资产			实收资本		
开发支出			资本公积		
商誉			减：库存股		
长期待摊费用			盈余公积		
递延所得税资产			未分配利润		
其他非流动资产			所有者权益合计		
非流动资产合计					
资产总计			负债和所有者权益总计		

三、资产负债表的编制方法

一张完整的资产负债表包括表首、表体和附注。表首包括表名、编制单位、编表时间和货币计量单位四个要素。编表时间为某年某月某日，附注的填列是根据备查账簿的记录和有关账户分析填列的，必要时辅以文字说明和解释。下面重点说明表体中各项目的填列方法。

资产负债表是一张反映企业资金运动静态表现的静态报表。总的来说，表中各项目的数值是时点数值，取之于有关账户的期末余额。具体说来，有以下五种填列情况。

（一）大多数项目的金额是根据总账账户的期末余额直接填列

这些项目有"应收票据"、"应收股利"、"应收利息"、"工程物资"、"固定资产清理"、"短期借款"、"应付票据"、"应付股利"、"应交税费"、"其他应付款"、"预计负债"、"专项应付款"、"实收资本"、"资本公积"、"盈余公积"、"应付职工薪酬"等。

下面具体说明各项目的填列方法。

(1)"应收票据"项目，反映企业收到的未到期收款且未向银行贴现的应收票据,包括商业承兑汇票和银行承兑汇票。本项目应根据"应收票据"科目的期末余额填列。已向银行贴现和已背书转让的应收票据不包括在本项目内,其中已贴现的商业承兑汇票应在会计报表附注中单独披露。

(2)"应收股利"项目,反映企业因股权投资而应收取的现金股利,企业应收其他单位的利润,也包括在本项目内。本项目应根据"应收股利"科目的期末余额填列。

(3)"应收利息"项目,反映企业因债权投资而应收取的利息。企业购入到期还本付息债券应收的利息,不包括在本项目内。本项目应根据"应收利息"科目的期末余额填列。

(4)"工程物资"项目,反映企业各项工程尚未使用的工程物资的实际成本。本项目应根据"工程物资"科目的期末余额填列。

(5)"固定资产清理"项目,反映企业由于出售、毁损、报废等原因转入清理但尚未清理完毕的固定资产的账面价值,以及固定资产清理过程中所发生的清理费用和变价收入等各项金额的差额。本项目应根据"固定资产清理"科目的期末借方余额填列。如果"固定资产清理"科目期末为贷方余额,则以"一"号填列。

(6)"短期借款"项目,反映企业借入尚未归还的1年期以下(含1年)的借款。本项目应根据"短期借款"科目的期末余额填列。

(7)"应付票据"项目,反映企业为了抵付货款等而开出、承兑的尚未到期付款的应付票据,包括银行承兑汇票和商业承兑汇票。本项目应根据"应付票据"科目的期末余额填列。

(8)"应付股利"项目,反映企业尚未支付的现金股利。本项目应根据"应付股利"科目的期末余额填列。

(9)"应交税费"项目,反映企业期末未交、多交或未抵扣的各种税金。本项目应根据"应交税金"科目的期末贷方余额填列。如果"应交税金"科目期末为借方余额,则以"一"号填列。

(10)"其他应付款"项目,反映企业所有应付和暂收其他单位和个人的款项。本项目应根据"其他应付款"科目的期末余额填列。

(11)"预计负债"项目,反映企业预计负债的期末余额。本项目应根据"预计负债"科目的期末余额填列。

(12)"专项应付款"项目,反映企业各种专项应付款的期末余额。本项目应根据"专项应付款"科目的期末余额填列。

(13)"实收资本(或股本)"项目,反映企业各投资者实际投入的资本(或股本)总额。本项目应根据"实收资本"(或"股本")科目的期末余额填列。

(14)"资本公积"项目,反映企业资本公积的期末余额。本项目应根据"资本公积"科目的期末余额填列。

(15)"盈余公积"项目,反映企业盈余公积的期末余额。本项目应根据"盈余公积"科目的期末余额填列。其中,法定公益金期末余额,应根据"盈余公积"科目所属的"法定公益金"明细科目的期末余额填列。

(16)"应付职工薪酬"项目,反映企业应付未付的职工工资、福利费等。本项目应根据"应付职工薪酬"科目的期末余额填列。

(二)有些项目的金额是根据同类总账科目期末余额合并计算填列

这些项目如"货币资金"、"存货"、"未分配利润"。

(1)"货币资金"项目,反映企业库存现金、银行结算户存款、外埠存款、银行汇票存款、银行本票存款、信用卡存款、信用证保证金存款等的合计数。本项目应根据"库存现金"、"银行存款"、"其他货币资金"科目的期末余额合计填列。

(2)"存货"项目,反映企业期末在库、在途和在加工中的各项存货的可变现净值,包括各种材料、商品、在产品、半成品、包装物、低值易耗品、分期收款发出商品等。本项目应根据"材料采购"、"在途物资"、"原材料"、"周转材料"、"库存商品"、"委托加工物资"、"发出商品"、"材料成本差异"等科目的期末余额合计,减去"存货跌价准备"科目期末余额后的金额填列。材料采用计划成本核算,以及库存商品采用计划成本或售价核算的企业,还应按加或减材料成本差异、商品进销差价后的金额填列。

(3)"未分配利润"项目,反映企业尚未分配的利润。本项目应根据"本年利润"科目和"利润分配"科目的余额计算填列。未弥补的亏损,在本项目内以"-"号填列。

(三)有些项目的金额是根据总账科目余额减去其备抵项目后的净额填列

这些项目如"固定资产"、"应收账款"、"其他应收款"、"长期股权投资"、"在建工程"、"无形资产"等。"存货"项目在(二)中已做说明。

(1)"固定资产"项目,反映企业的各种固定资产净值。融资租入的固定资产,其原价及累计折旧也包括在内,而且融资租入固定资产原价应在会计报表附注中另行反映。这个项目应根据"固定资产"科目的期末余额减去"累计折旧"、"固定资产减值准备"备抵科目余额后的净额填列。

(2)"其他应收款"项目,反映企业对其他单位和个人的应收和暂付的款项,减去已计提的坏账准备后的净额。本项目应根据"其他应收款"科目的期末余额,减去"坏账准备"科目中有关其他应收款计提的坏账准备期末余额后的金额填列。

(3)"长期股权投资"项目,反映企业不准备在1年内(含1年)变现的各种股权性质的投资的可收回金额。本项目应根据"长期股权投资"科目的期末余额,减去"长期投资减值准备"科目中有关股权投资减值准备期末余额后的金额填列。

(4)"在建工程"项目,反映企业期末各项未完工程的实际支出,包括交付安装的设备价值,未完建筑安装工程已经耗用的材料、工资和费用支出、预付出包工程的价款,已经建筑安装完毕但尚未交付使用的工程等的可收回金额。本项目应根据"在建工程"科目的期末余额,减去"在建工程减值准备"科目期末余额后的金额填列。

(5)"无形资产"项目,反映企业各项无形资产的期末可收回金额。本项目应根据"无形资产"科目的期末余额,减去"无形资产减值准备"科目期末余额后的金额填列。

(四)有些项目的金额是根据有关总账科目和明细科目期末余额调整填列

这些项目如"应收账款"、"应付账款"、"预收款项"、"预付款项"、"长期待摊费用"等。

(1)"应收账款"项目,反映企业因销售商品、产品和提供劳务等而应向购买单位收取的各种款项,减去已计提的坏账准备后的净额。本项目应根据"应收账款"科目所属各明细科目的期末借方余额合计,减去"坏账准备"科目中有关应收账款计提的坏账准备期末余额后的金额填列。

如"应收账款"科目所属明细科目期末有贷方余额,应在本表"预收账款"项目内填列。

(2)"应付账款"项目,反映企业购买原材料、商品和接受劳务供应等而应付给供应单位的款项。本项目应根据"应付账款"科目所属各有关明细科目的期末贷方余额合计填列;如果"应付账款"科目所属各明细科目期末有借方余额,则应在本表"预付账款"项目内填列。

(3)"预收款项"项目,反映企业预收购买单位的账款。本项目应根据"预收账款"科目所属各有关明细科目的期末贷方余额合计填列。如果"预收账款"科目所属有关明细科目有借方余额的,则应在本表"应收账款"项目内填列;如果"应收账款"科目所属明细科目有贷方余额的,也应包括在本项目内。

(4)"预付款项"项目,反映企业预付给供应单位的款项。本项目应根据"预付账款"科目所属各明细科目的期末借方余额合计填列。如果"预付账款"科目所属有关明细科目期末有贷方余额的,则应在本表"应付账款"项目内填列;如果"应付账款"科目所属明细科目有借方余额的,也应包括在本项目内。

(5)"长期待摊费用"项目,反映企业尚未摊销的摊销期限在1年以上(不含1年)的各种费用,如租入固定资产改良支出、大修理支出以及摊销期限在1年以上(不含1年)的其他待摊费用。长期待摊费用中在1年内(含1年)摊销的部分,应在本表"待摊费用"项目填列。本项目应根据"长期待摊费用"科目的期末余额减去1年内(含1年)摊销的数额后的金额填列。

(6)"长期借款"项目,反映企业借入尚未归还的1年期以上(不含1年)的借款本息。本项目应根据"长期借款"科目的期末余额减去1年内到期的长期借款后的金额填列。

(7)"应付债券"项目,反映企业发行的尚未偿还的各种长期债券的本息。本项目应根据"应付债券"科目的期末余额减去1年内到期的应付债券金额后填列。

(8)"长期应付款"项目,反映企业除长期借款和应付债券以外的其他各种长期应付款。本项目应根据"长期应付款"科目的期末余额,减去"未确认融资费用"科目期末余额和一年内到期的长期应付款后的金额填列。

(五)其他项目的填列

这些项目包括:其他流动资产、其他长期资产、其他流动负债、其他长期负债。这些项目是根据企业本身特殊经营情况所增设的项目,如果企业并未增加这类其他项目,这些项目可以空置不填。

我国的资产负债表设有年初余额一栏。年初余额栏各项目的数值,应根据上年年末资产负债表的期末余额栏的数值填列。如果本年度资产负债表中规定的各项目的名称和内容与上年度不一致,应对上年年末资产负债表各项目的名称和数值按照本年度的规定进行调整后,填入本表的年初余额栏。

例1:通海公司20×8年12月31日各栏账户余额如表9-5所示。

表9-5 通海公司科目余额表

账户名称	借方余额		账户名称	贷方余额	
	年初数	期末数		年初数	期末数
库存现金	500	800	短期借款	134 000	44 000
银行存款	30 000	50 000	应付票据	8 000	12 000
其他货币资金	2 000	1 000	应付账款	59 400	86 800
应收票据	5 000	3 000	坏账准备	800	400
应收账款	40 000	20 000	预收账款	3 500	4 500
预付账款	8 500	5 500	应付职工薪酬	9 400	24 500
其他应收款	300	400	应交税费	7 000	6 000
原材料	85 000	1 300	其他应付款	600	700
周转材料	1 200	24 000	长期借款	10 000	20 000
库存商品	54 000	900	应付债券	50 000	52 000
材料成本差异	1 700	12 000	长期应付款	30 000	40 000
长期股权投资	10 000	12 000	累计折旧	7 500	8 000
固定资产	150 000	160 000	实收资本	90 000	100 000
在建工程	80 000	94 000	资本公积	28 000	34 000
无形资产	60 000	60 000	盈余公积	50 000	70 000
			利润分配	40 000	20 000
合计	528 200	444 900	合计	582 200	444 900

注:有关补充资料如下:(1)长期投资中无一年内到期的部分;(2)长期负债中无一年内到期的部分。

第九章 会计报表

根据上述资料编制的通海公司的资产负债表如下(见表9-6)。

表 9-6 通海公司资产负债表

编制单位:通海公司　　　　　20×8年12月31日

资　产	期末余额	年初余额	负债和所有者权益	期末余额	年初余额
流动资产:			流动负债:		
货币资金	32 500	51 800	短期借款	134 000	44 000
交易性金融资产	0	0	交易性金融负债	0	0
应收票据	5 000	3 000	应付票据	8 000	12 000
应收账款	39 200	19 600	应付账款	59 400	86 800
预付款项	8 500	5 500	预收款项	3 500	4 500
应收利息	0	0	应付职工薪酬	9 400	24 500
应收股利	0	0	应交税费	7 000	6 000
其他应收款	300	400	应付利息	0	0
存货	141 900	116 200	应付股利	0	0
持有待售资产					
一年内到期的非流动资产	0	0	其他应付款	600	700
			持有待售负债		
其他流动资产	0	0	一年内到期的非流动负债	0	0
流动资产合计	227 400	196 500	其他流动负债	0	0
非流动资产:			流动负债合计	221 900	178 500
可供出售金融资产	0	0	非流动负债:		
持有至到期投资	0	0	长期借款	10 000	20 000
长期应收款	0	0	应付债券	50 000	52 000
长期股权投资	10 000	12 000	长期应付款	30 000	40 000
投资性房地产	0	0	专项应付款	0	0
固定资产	142 500	152 000	预计负债	0	0
在建工程	80 000	94 000	递延所得税负债	0	0
工程物资	0	0	其他非流动负债	0	0
固定资产清理	0	0	非流动负债合计	80 000	112 000
生产性生物资产	0	0	负债合计	311 900	290 500

续表

资产	期末余额	年初余额	负债和所有者权益	期末余额	年初余额
油气资产	0	0	所有者权益:		
无形资产	60 000	60 000	实收资本	90 000	100 000
开发支出	0	0	资本公积	28 000	34 000
商誉	0	0	减:库存股	0	0
长期待摊费用	0	0	盈余公积	50 000	70 000
递延所得税资产	0	0	未分配利润	40 000	20 000
其他非流动资产	0	0	所有者权益合计	208 000	224 000
非流动资产合计	292 500	318 000			
资产总计	519 900	514 500	负债和所有者权益总计	519 900	514 500

第四节 利 润 表

一、利润表的概念及其作用

利润表又称损益表。它是反映企业在一定期间的经营成果及其分配情况的报表,属于动态报表。

随着人们对于企业盈利的重视,利润表已成为主要的财务报表之一,其地位甚至超过资产负债表,为广大的报表使用者所关注,这主要是因为利润表具有以下作用。

(一)作为考核管理人员经营业绩的工具

在企业资产的所有权与使用权分离后,企业的投资者并不直接参与企业的生产经营管理,而是将所投资产委托给某些管理人员进行营运,但企业的投资者对投出资产的营运效率是关心的。投资者可借助于利润表提供的信息,来评价管理人员的经营业绩,以便在企业经营不善时及时撤换经理人员或在经营良好时给予经理人员奖励。

(二)有助于分析企业的获利能力、偿债能力

将利润表中的有关指标进行对比分析,可推断一个企业的获利能力;而获利

能力信息,又从另一侧面反映了企业的偿债能力。因为只有有较强获利能力的企业才具有较好的偿债能力。

(三)有助于税务部门征收所得税

税务部门根据注册会计师签证的利润表计算核征所得税。

(四)有助于管理人员对未来的经营活动进行决策

管理人员通过预测未来的经营成果及盈利趋势,利用决策时预测的经营成果与实际结果相比较,就可以发现问题,指导未来的经营活动。

(五)有助于预测企业的现金流量

借助于利润表中的税后利润,再加上经营费用中的折旧费用,可大致推断一个企业的现金流量。现金流量是企业的管理人员和投资者都极为关心的指标,因为日常的经营周转、到期债务的偿还、股利的支付,都离不开现金流量。

二、利润表的组成要素

利润表反映企业在一定期间的经营成果及其分配情况。从理论上讲,该表分为两个部分:一部分反映企业的收入与费用,说明企业在一定期间的利润;另一部分反映利润的分配过程和结果,并与资产负债表上的"未分配利润"项目相联系。我国《企业会计制度》对利润表的具体编制做了一个灵活处置:当企业利润表上的项目较多时,利润分配部分可以不列入利润表,单独编制利润分配表作为利润表的附表,来另行反映。

我们下面的讲解就沿用这一灵活处置,使利润表反映企业期间利润的形成,利润分配表反映利润的分配过程及其结果。

三、利润表的格式

(一)单步式利润表

所谓单步式利润表,是将所有收入(包括营业外收入)及所有费用(包括营业外支出)分别加以汇总,两者相减而得出本期利润。

因只有一个相减的步骤,故称为单步式利润表,如表9-7所示,就是一张典型的单步式利润表。

表 9-7　××企业利润表
年　月

一、收入：	
主营业务收入	24 000 000
其他业务收入	90 000
投资收益	500 000
营业外收入	16 000
收入合计	24 606 000
减：	
二、费用：	
主营业务成本	20 000 000
营业费用	500 000
税金及附加	640 000
管理费用	1 104 000
财务费用	400 000
营业外支出	42 000
费用合计	22 686 000
三、利润总额：	1 920 000

单步式利润表简单明了，比较直观，而且编制方便，其缺点是没有揭示出各项收入与费用的不同层次的联系，不利于报表使用者进行具体分析，也不便于行业之间的比较，因此，我国企业不采用单步式利润表。

（二）多步式利润表

多步式利润表是指在表中经过多个层次的收入与费用的配比，才能计算出净利润总额的利润表。其理论依据是，企业在一定时期的利润是该期不同性质的收入与其相关成本和费用经多次配比而形成的。利润的计算要反映不同性质的收入与其相关成本、费用的配比情况，因而企业的利润要经过多步才能计算出来。

我国《企业会计准则》规定的利润表格式是多步式利润表。将净利润的计算分为以下三步进行。

第一步计算营业利润。

营业利润 ＝ 营业收入 － 营业成本 － 税金及附加
　　　　　－ 销售费用 － 管理费用 － 财务费用
　　　　　－ 资产减值损失
　　　　　＋ 公允价值变动收益（－ 公允价值变动损失）
　　　　　＋ 投资收益（－ 投资损失）＋资产处置收益（－资产处置损失）
　　　　　＋ 其他收益

其中，营业收入 ＝ 主营业务收入 ＋ 其他业务收入

营业成本 ＝ 主营业务成本 ＋ 其他业务成本

第二步计算利润总额。

利润总额＝营业利润＋营业外收入－营业外支出

第三步计算净利润。

净利润 ＝ 利润总额 － 所得税

多步式利润表的典型格式如表 9-8 所示。

表 9-8　多步式利润表

会企 02 表

编制单位：　　　　　　　　　　　　　　年　　　月　　　　　　　　　　　　　单位：元

项　　目	本期金额	上期金额
一、营业收入		
减：营业成本		
税金及附加		
销售费用		
管理费用		
财务费用		
资产减值损失		
加：公允价值变动收益（损失以"－"号填列）		
投资收益（损失以"－"号填列）		
其中：对联营企业和合营企业的投资收益		
资产处置收益（损失以"－"号填列）		
其他收益		
二、营业利润（亏损以"－"号填列）		
加：营业外收入		
减：营业外支出		
其中：非流动资产处置损失		
三、利润总额（亏损总额以"－"号填列）		
减：所得税费用		
四、净利润（净亏损以"－"号填列）		

四、利润表的编制方法

不论利润表采用什么格式来计算净利润,其理论依据总是动态会计方程"收入－费用＝利润"。利润表反映企业资金运动的动态表现。因此,利润表中各项目的指标数值都为时期指标数值,由相关账户的发生额指标填列,其编报时间也以时期为单位,如某月、某季、某年等。

利润表中各项目的具体内容及其填列方法如下。

(1)"营业收入"项目,包括"主营业务收入"和"其他业务收入"两个部分。其中"主营业务收入"反映企业经营主要业务所取得的收入总额,"其他业务收入"反映企业除主营业务以外所取得的收入。本项目应根据"主营业务收入"、"其他业务收入"科目的发生额分析填列。

(2)"营业成本"项目,包括"主营业务成本"和"其他业务成本"两个部分。其中"主营业务成本"反映企业经营主要业务发生的实际成本,"其他业务成本"反映企业除主营业务以外发生的成本。本项目应根据"主营业务成本"、"其他业务成本"科目的发生额分析填列。

(3)"税金及附加"项目,反映企业经营主要业务应负担的消费税、城市维护建设税、资源税、土地增值税和教育费附加等。本项目应根据"营业税金及附加"科目的发生额分析填列。

(4)"销售费用"项目,反映企业在销售商品和商品流通企业在购入商品等过程中发生的费用。本项目应根据"销售费用"科目的发生额分析填列。

(5)"管理费用"项目,反映企业发生的管理费用。本项目应根据"管理费用"科目的发生额分析填列。

(6)"财务费用"项目,反映企业发生的财务费用。本项目应根据"财务费用"科目的发生额分析填列。

(7)"资产减值损失"项目,反映企业资产的账面价值低于其可收回金额而造成的损失。本项目应根据"资产减值损失"科目的发生额分析填列。

(8)"公允价值变动收益"项目,反映企业某些以公允价值计量的资产(如股票)的公允价值发生变动而产生的收益。本项目应根据"公允价值变动损益"科目的发生额分析填列;如果为公允价值变动损失,则以"－"号填列。

(9)"投资收益"项目,反映企业以各种方式对外投资所取得的收益。本项目应根据"投资收益"科目的发生额分析填列;如果为投资损失,则以"－"号填列。

(10)"资产处置收益"项目反映企业出售划分为持有待售的非流动资产(金融工具、长期股权投资和投资性房地产除外)或处置组时确认的处置利得或损失,以及处置未划分为持有待售的固定资产、在建工程、生产性生物资产及无形资产而产生的处置利得或损失。债务重组中因处置非流动资产产生的利得或损失和非货币性资产交换产生的利得或损失也包括在本项目内。本项目应根据在损益类科目新设置的"资产处置损益"科目的发生额分析填列;如为处置损失,以"一"号填列。

(11)"其他收益"项目反映记入其他收益的政府补助等。本项目应根据在损益类科目新设置的"其他收益"科目的发生额分析填列。

(12)"营业外收入"项目和"营业外支出"项目,分别反映企业发生的与其生产经营无直接关系的各项收入和支出。这两个项目应分别根据"营业外收入"科目和"营业外支出"科目的发生额分析填列。

(13)"利润总额"项目,反映企业实现的利润总额。如果为亏损总额,则以"一"号填列。

(14)"所得税费用"项目,反映企业按规定从本期利润中减去的所得税。本项目应根据"所得税费用"科目的发生额分析填列。

(15)"净利润"项目,反映企业实现的净利润。如果为净亏损,则以"一"号填列。

利润表各项目均需填列"本期金额"和"上期金额"两栏。其中"上期金额"栏内各项数字,应根据上年该期利润表的"本期金额"栏内所列数字填列。"本期金额"栏内各期数字,应当按照相关科目的发生额分析填列。

例2:假设通海公司20×8年有关收入、成本和费用账户的全年累计发生额如表9-9所示。

表9-9 账户发生额表

账 户	借方发生额	贷方发生额
主营业务收入		25 000 000
其他业务收入		3 400 000
主营业务成本	16 500 000	
其他业务成本	3 500 000	
销售费用	3 000 000	
税金及附加	250 000	
管理费用	3 500 000	
财务费用	400 000	
投资收益		600 000
营业外收入		50 000
营业外支出	200 000	
所得税费用	150 000	

根据上表编制的多步式利润表如表 9-10 所示。

表 9-10　通海公司利润表

编制单位：通海公司　　　　　　　　　20×8 年度

项　　目	本期金额	上期金额
一、营业收入	28 400 000	
减：营业成本	20 000 000	
税金及附加	250 000	
销售费用	3 000 000	
管理费用	3 500 000	
财务费用	400 000	
资产减值损失	0	
加：公允价值变动收益（损失以"－"号填列）	0	
投资收益（损失以"－"号填列）	－600 000	
其中：对联营企业和合营企业的投资收益	0	
资产处置收益（损失以"－"号填列）		
其他收益		
二、营业利润（亏损以"－"号填列）	650 000	
加：营业外收入	50 000	
减：营业外支出	200 000	
其中：非流动资产处置损失	0	
三、利润总额（亏损总额以"－"号填列）	500 000	
减：所得税费用	150 000	
四、净利润（净亏损以"－"号填列）	350 000	

请注意一个现象：利润表中的利润总额项目与所得税项目之间的金额资料，并未保持所得税税率 25% 的比例关系，原因在于利润表中的利润总额是财务会计上的利润总额，并非是税法上的应纳税所得额。而所得税的计算，是以后者为依据的。

五、所有者权益变动表

所有者权益变动表是反映构成所有者权益的各组成部分当期的增减变动情况的会计报表。所有者权益变动表的基本格式如表 9-11 所示。

表 9-11 所有者权益变动表

编制单位：　　　　　　　　　　　年度　　　　　　　　　　　　　　　　　　　　企业04表
　　　　　　　　　　　　　　　　　　　　　　　　　　　　　　　　　　　　　　　单位：元

项目	本年金额									上年金额							
	实收资本(或股本)	其他权益工具			资本公积	减：库存股	其他综合收益	盈余公积	未分配利润	所有者权益合计	实收资本(或股本)	其他权益工具			资本公积	减：库存股	其他综合收益	盈余公积	未分配利润	所有者权益合计
		优先股	永续债	其他								优先股	永续债	其他						
一、上年年末余额																				
加：会计政策变更																				
前期差错更正																				
其他																				
二、本年年初余额																				
三、本年增减变动金额（减少以"一"号填列）																				
（一）综合收益总额																				
（二）所有者投入和减少资本																				
1.所有者投入的普通股																				
2.其他权益工具持有者投入资本																				
3.股份支付计入所有者权益的金额																				

续表

项目	本年金额									上年金额							
	实收资本(或股本)	其他权益工具			资本公积	减:库存股	其他综合收益	盈余公积	未分配利润	所有者权益合计	实收资本(或股本)	其他权益工具			资本公积	减:库存股	其他综合收益	盈余公积	未分配利润	所有者权益合计
		优先股	永续债	其他								优先股	永续债	其他						
4. 其他																				
(三)利润分配																				
1. 提取盈余公积																				
2. 对所有者(或股东)的分配																				
3. 其他																				
(四)所有者权益内部结转																				
1. 资本公积转增资本(或股本)																				
2. 盈余公积转增资本(或股本)																				
3. 盈余公积弥补亏损																				
4. 其他																				
四、本年年末余额																				

在财政部 2006 年颁布新的会计准则之前,企业所有者权益的变动情况是以资产负债表和利润分配表以及一系列附表的形式反映的。2006 年新会计准则取消了利润分配表,要求企业编制所有者权益变动表。

(一)所有者权益变动表的作用

通过所有者权益变动表可以了解企业的所有者在企业拥有的权益从年初到年末发生了怎样的变化,所有者在会计期末拥有哪些权益,金额各是多少。

所有者权益变动表提供的信息不仅包括所有者权益总量的增减变动,还包括所有者权益增减变动的重要结构性信息,特别是要反映直接记入所有者权益的利得和损失,有利于报表使用者准确理解所有者权益增减变动的根源。

(二)所有者权益变动表的编制方法

所有者权益变动表中的项目是所有者权益类的各个账户,反映企业所有者权益各项目的年初金额、本年增减变化及年末金额。因而所有者权益变动表以矩阵的形式列示,一方面反映引起本期所有者权益增减变化的交易或事项,即所有者权益变动的原因,另一方面反映这些交易或事项对所有者权益各组成部分(即实收资本、资本公积、盈余公积、未分配利润和库存股)的影响。这些项目应根据"实收资本(股本)"、"资本公积"、"盈余公积"、"库存股"、"利润分配"各账户的本年年初余额、借方发生额、贷方发生额、年末余额分析填列。具体如下。

1. 会计政策变更

"会计政策变更"项目反映由于会计政策变更采用追溯调整法的情况下,会计政策变更的累积影响数对企业期初留存收益的影响金额。本项目根据"盈余公积"、"利润分配"账户的发生额分析填列。

2. 前期差错更正

前期差错,是指由于没有运用或错误运用可靠信息,而对前期财务报表造成漏报或错报,通常包括计算错误、应用会计政策错误、疏忽或曲解事实、舞弊产生的影响以及存货、固定资产盘盈等。《企业会计准则第 28 号——会计政策、会计估计变更和差错更正》中规定,企业发生重要的前期差错时,应采用追溯重述法进行更正,除非确定前期差错累积影响数不切实可行。本项目根据追溯重述法下,应调整财务报表最早期间的留存收益的发生额分析填列。

3. 实收资本(或股本)

"实收资本"(或股本)项目反映投资者投入资本的变化情况。本项目的增加数根据投资者投入、发放股票股利、资本公积或盈余公积转增资本、可转换公司债券转为资本、债务重组转为资本等交易而增加的金额填列。本项目的减少数根据注销股本、减少注册资本等交易而减少的金额填列。

4.其他权益工具

其他权益工具项目反映优先股、永续债等权益工具的变化情况。本项目根据"其他权益工具"账户及其明细账户的发生额分析填列。

5.资本公积

"资本公积"项目反映企业收到投资者出资额超过其在注册资本或股本所占份额的部分及一部分直接记入所有者权益的利得或损失。本项目根据"资本溢价（股本溢价）"、"其他资本公积"账户的发生额分析填列。

6.库存股

"库存股"项目反映企业收购、转让或注销本公司股份的金额。本项目根据"库存股"账户的发生额分析填列。

7.其他综合收益

其他综合收益反映企业未在损益中确认且不记入资本公积的各项利得和损失。本项目根据"其他综合收益"账户的发生额分析填列。

8.盈余公积

"盈余公积"项目反映企业在分配利润的过程中所提取的盈余公积的金额，分别"法定盈余公积"和"任意盈余公积"进行明细核算。本项目根据"盈余公积"账户的发生额分析填列。

9.未分配利润

"利润分配"项目反映企业利润的分配（或亏损的弥补）和历年分配（或弥补）后的余额，利润分配的余额主要在"利润分配——未分配利润"明细账户反映。"利润分配"应当分别"提取法定盈余公积"、"提取任意盈余公积"、"应付现金股利或利润"、"转作股本的股利"、"盈余公积补亏"、"未分配利润"等项目进行填列。

资产负债表和利润表都是在权责发生制的基础上编制的，但正如前文所说的，权责发生制偏离了现金的流入和流出，不能明确企业经营周期内的现金量增减变化，利润表上的净利润做得再好看，也不如实在的现金流来得让人放心。因此，编制一张现金流量表实在是众望所归。

第五节　现金流量表

现金流量表是反映企业在一定会计期间现金和现金等价物流入和流出情况的报表。它是广义的财务状况表的一种，属于动态的会计报表。资产负债表和利润表分别从不同的角度反映企业的财务状况、经营成果，而现金流量表则是在资产负债表和利润表已经反映的信息的基础上，为会计报表使用者提供企业在一定期间的现金流量信息，以便于会计报表使用者了解企业获取现金和现金等价物的能力,评价企业的支付能力,并据此预测企业未来的现金流量。

一、现金流量表的编制基础

现金流量表是以现金为基础编制的,这里所说的现金包括库存现金、可以随时用于支付的银行存款以及现金等价物。具体如下。

(1)库存现金:指企业持有可随时用来支付的现金,它与会计核算中"库存现金"科目所核算的内容一致。

(2)银行存款:指企业存在金融企业随时可以用来支付的存款。它与会计核算中"银行存款"科目所核算的内容基本一致,区别在于:对于存在金融企业不能随时用来支付的存款,不能作为现金流量表中的现金,但提前通知金融企业便可支取的定期存款,则包括在现金流量表中的现金范围内。

(3)其他货币资金:指企业存在金融企业有特定用途的资金,如外埠存款、银行汇票存款、银行本票存款等。

(4)现金等价物:指企业持有的期限短、流动性高、易于转换为已知金额的现金,价值变动风险很小的短期投资。现金等价物通常是指在3个月或更短时间内即到期或可转换为现金的投资。当然,不同企业现金等价物的范围也可能不同。

二、现金流量表的结构

现金流量表的结构包括基本报表和补充资料两部分,如表9-12所示。基本报表主要按照不同类别的现金流量来分类,分项列示。现金流量是指某一时期内现金流入和流出的数量。企业的现金流量分为三类:经营活动产生的现金流量、投资活动产生的现金流量和筹资活动产生的现金流量。

表 9-12 现金流量表

会企 03 表

编制单位: _____年_____月 单位:元

项　　目	本期金额	上期金额
一、经营活动产生的现金流量:		
销售商品、提供劳务收到的现金		
收到的税费返还		
收到其他与经营活动有关的现金		
经营活动现金流入小计		
购买商品、接受劳务支付的现金		

续表

项　　目	本期金额	上期金额
支付给职工以及为职工支付的现金		
支付的各项税费		
支付其他与经营活动有关的现金		
经营活动现金流出小计		
经营活动产生的现金流量净额		
二、投资活动产生的现金流量：		
收回投资收到的现金		
取得投资收益收到的现金		
处置固定资产、无形资产和其他长期资产收回的现金净额		
处置子公司及其他营业单位收到的现金净额		
收到其他与投资活动有关的现金		
投资活动现金流入小计		
购建固定资产、无形资产和其他长期资产支付的现金		
投资支付的现金		
取得子公司及其他营业单位支付的现金净额		
支付其他与投资活动有关的现金		
投资活动现金流出小计		
投资活动产生的现金流量净额		
三、筹资活动产生的现金流量		
吸收投资收到的现金		
取得借款收到的现金		
收到其他与筹资活动有关的现金		
筹资活动现金流入小计		
偿还债务支付的现金		
分配股利、利润或偿付利息支付的现金		
支付其他与筹资活动有关的现金		
筹资活动现金流出小计		
筹资活动产生的现金流量净额		

续表

项　　目	本期金额	上期金额
四、汇率变动对现金及现金等价物的影响		
五、现金及现金等价物净增加额		
加:期初现金及现金等价物余额		
六、期末现金及现金等价物余额		
补　充　资　料	本期金额	上期金额
1.将净利润调节为经营活动现金流量:		
净利润		
加:资产减值准备		
固定资产折旧、油气资产折耗、生产性生物资产折旧		
无形资产摊销		
长期待摊费用摊销		
处置固定资产、无形资产和其他长期资产的损失（收益以"－"号填列）		
固定资产报废损失（收益以"－"号填列）		
公允价值变动损失（收益以"－"号填列）		
财务费用（收益以"－"号填列）		
投资损失（收益以"－"号填列）		
递延所得税资产减少（增加以"－"号填列）		
递延所得税负债增加（减少以"－"号填列）		
存货的减少（增加以"－"号填列）		
经营性应收项目的减少（增加以"－"号填列）		
经营性应付项目的增加（减少以"－"号填列）		
其他		
经营活动产生的现金流量净额		
2.不涉及现金收支的重大投资和筹资活动		
债务转为资本		
一年内到期的可转换公司债券		
融资租入固定资产		

续表

补 充 资 料	本期金额	上期金额
3.现金及现金等价物净变动情况		
现金的期末余额		
减:现金的期初余额		
加:现金等价物的期末余额		
减:现金等价物的期初余额		
现金及现金等价物净增加额		

（一）经营活动产生的现金流量

经营活动是指企业投资活动和筹资活动以外的所有交易和事项。主要包括销售商品、提供劳务、经营租赁、购买商品、接受劳务、广告宣传、推销产品、交纳税款等。

（二）投资活动产生的现金流量

投资活动是指企业长期资产的购建和不包括在现金等价物范围内的投资及其处置活动。其中的长期资产是指固定资产、在建工程、无形资产、其他资产等持有期限在一年或一个营业周期以上的资产。主要包括取得和收回投资、购建和处置固定资产、无形资产和其他长期资产等。

（三）筹资活动产生的现金流量

筹资活动是指导致企业资本及债务规模和构成发生变化的活动。其中的资本,包括实收资本(股本)、资本溢价(股本溢价),如吸收投资、发行股票、分配利润等。其中的债务是指企业对外举债所借入的款项,如发行债券、向金融企业借入款项以偿还债务等。

基本报表除上述三类现金流量之外,还有三项内容:

(1)汇率变动对现金的影响;(2)现金及现金等价物净增加额;(3)期末现金及现金等价物余额。

补充资料包括三项内容:一是将净利润调节为经营活动而发生的现金流量;二是不涉及现金收支的重大投资和筹资活动;三是现金及现金等价物净变动情况。

基本报表与补充资料所填列数值中存在钩稽关系的两处为:

(1)基本报表第一项经营活动发生的现金流量净额与补充资料第一项经营活动发生的现金流量净额,应当核对相符;

(2)基本报表中的第五项"现金及现金等价物净增加额"余额与补充资料中的第三项"现金及现金等价物净变动情况"的余额应当相等。

三、现金流量表的编制方法

(一)经营活动发生的现金流量的编制方法

1. 直接法和间接法

经营活动发生的现金流量是一项重要的指标,它可以说明企业在不借助向外部筹资的情况下,通过经营活动发生的现金流量是否足以偿还负债、支付股利和对外投资。经营活动发生的现金流量通常可以采用直接法和间接法来反映。

直接法是通过现金收入和现金支出的主要类别反映来自企业经营活动的现金流量。在编制时,一般以利润表中的营业收入为起算点,调整与经营活动有关的项目的增减变动,然后计算出经营活动的现金流量。

间接法是以本期净利润为起算点,调整不涉及现金的收入、费用、营业外收支等有关项目的增减变动,据此计算出经营活动发生的现金流量。

我国《企业会计准则第 31 号——现金流量表》第八条明确规定:企业应当采用直接法列示经营活动产生的现金流量。

2. 经营活动发生的现金流量各项目的填制

(1)"销售商品、提供劳务收到的现金"项目,反映企业销售商品、提供劳务实际收到的现金(含销售收入和应向购买者收取的增值税税额),包括本期销售商品、提供劳务收到的现金,以及前期销售和前期提供劳务收到的现金和本期预收的账款,减去本期退回本期销售商品和前期销售本期退回的商品支付的现金。企业销售材料和代购代销业务收到的现金,也在本项目中反映。本项目可以根据"库存现金"、"银行存款"、"应收账款"、"应收票据"、"预收账款"、"主营业务收入"、"其他业务收入"等科目的记录分析填列。

(2)"收到的税费返还"项目,反映企业收到返还的各种税费,如收到的增值税、消费税、营业税、所得税、教育费附加返还等。本项目可以根据"库存现金"、"银行存款"、"营业税金及附加"等科目的记录分析填列。

(3)"收到其他与经营活动有关的现金"项目,反映企业除了上述各项外,收到的其他与经营活动有关的现金流入,如罚款收入、流动资产损失中由个人赔偿的现金收入等,其他现金流入如果价值较大,应单列项目反映。本项目可以根据"库存现金"、"银行存款"、"营业外收入"等科目的记录分析填列。

(4)"购买商品、接受劳务支付的现金"项目,反映企业购买材料和其他商品、接受劳务实际支付的现金,包括本期购入材料和其他商品、接受劳务支付的现金

(包括支付增值税的进项税额),以及本期支付前期购入商品、接受劳务的未付款项和本期预付款项。本期发生的购货退回而收到的现金应从本项目内减去。本项目可以根据"库存现金"、"银行存款"、"应付账款"、"应付票据"、"主营业务成本"等科目的记录分析填列。

(5)"支付给职工以及为职工支付的现金"项目,反映企业实际支付给职工,以及为职工支付的现金,包括本期实际支付给职工的工资、奖金、各种津贴和补贴等,以及为职工支付的其他费用。不包括支付给离退休人员的各项费用和支付给在建工程人员的工资等。企业支付给离退休人员的各项费用,包括支付的统筹退休金以及未参加统筹的离退休人员的费用,在"支付的其他与经营活动有关的现金"项目中反映;支付给在建工程人员的工资,在"购建固定资产、无形资产和其他长期资产所支付的现金"的项目中反映。本项目可以根据"应付职工薪酬"、"库存现金"、"银行存款"等科目的记录分析填列。企业为职工支付的养老和失业等社会保险基金、补充养老保险、住房公积金,支付给职工的住房困难补助,以及企业支付给职工或为职工支付的其他福利费用等,应按职工的工作性质和服务对象,分别在本项目和"购建固定资产、无形资产和其他长期资产所支付的现金"项目中反映。

(6)"支付的各项税费"项目,反映企业按规定支付的各种税费,包括本期发生并支付的税费,以及本期支付以前各期发生的税费和预交的税金,如支付的教育费附加、矿产资源补偿费、印花税、房产税、土地增值税、车船使用税、预交的营业税等。不包括记入固定资产价值、实际支付的耕地占用税等,也不包括本期退回的增值税、所得税。本期退回的增值税、所得税在"收到的税费返还"项目中反映。本项目可以根据"应交税费"、"库存现金"、"银行存款"等科目的记录分析填列。

(7)"支付的其他与经营活动有关的现金"项目,反映企业除上述各项目外,支付的其他与经营活动有关的现金流出,如罚款支出、支付的差旅费、业务招待费现金支出、支付的保险费等,其他现金流出如果价值较大,则应单列项目反映。本项目可以根据有关科目的记录分析填列。

(二)投资活动产生的现金流量的编制方法

(1)"收回投资收到的现金"项目,反映企业出售、转让或到期收回除现金等价物以外的短期投资、长期股权投资而收到的现金,以及收回长期债权投资本金而收回的现金。不包括长期债权投资收回的利息,以及收回的非现金资产。本项目可以根据"交易性金融资产"、"长期股权投资"、"库存现金"、"银行存款"等科目的记录分析填列。

(2)"取得投资收益收到的现金"项目,反映企业因股权性投资和债权性投资而取得的现金股利、利息,以及从子公司、联营企业和合营企业分回利润收到的现金。不包括股票股利。本项目可以根据"库存现金"、"银行存款"、"投资收益"等科目的记录分析填列。

(3)"处置固定资产、无形资产和其他长期资产收回的现金净额"项目,反映企业处置固定资产、无形资产和其他长期资产所取得的现金,减去为处置这些资产而支付的有关费用后的净额。由于自然灾害所造成的固定资产等长期资产损失而收到的保险赔偿收入,也在本项目反映。本项目可以根据"固定资产清理"、"库存现金"、"银行存款"等科目的记录分析填列。

(4)"处置子公司及其他营业单位收到的现金净额"项目,反映企业处置其子公司及其他营业单位所收到的现金,扣除因处置该子公司及其他营业单位而支付的现金后的净额。本项目可以根据"长期股权投资"、"库存现金"、"银行存款"等科目的记录分析填列。

(5)"收到其他与投资活动有关的现金"项目,反映企业除了上述各项以外,收到的其他与投资活动有关的现金流入。其他现金流入如果价值较大,则应单列项目反映。本项目可以根据有关科目的记录分析填列。

(6)"购建固定资产、无形资产和其他长期资产支付的现金"的项目,反映企业购买、建造固定资产,取得无形资产和其他长期资产所支付的现金,不包括为购建固定资产而发生的借款利息资本化的部分,以及融资租入固定资产支付的租赁费。借款利息和融资租入固定资产支付的租赁费,在筹资活动发生的现金流量中反映。本项目可以根据"固定资产"、"在建工程"、"无形资产"、"库存现金"、"银行存款"等科目的记录分析填列。

(7)"投资支付的现金"项目,反映企业进行权益性投资和债权性投资支付的现金,包括企业取得的除现金等价物以外的短期股票投资、短期债券投资、长期股权投资支付的现金,以及支付的佣金、手续费等附加费用。本项目可以根据"长期股权投资"、"交易性金融资产"、"库存现金"、"银行存款"等科目的记录分析填列。

企业在购买股票和债券时,实际支付的价款中包含的已宣告但尚未领取的现金股利或已到付息期但尚未领取的债券的利息,应在投资活动的"支付的其他与投资活动有关的现金"项目中反映;收回购买股票和债券时支付的已宣告但尚未领取的现金股利或已到付息期但尚未领取的债券的利息,在投资活动的"收到的其他与投资活动有关的现金"项目中反映。

(8)"取得子公司及其他营业单位支付的现金净额"项目反映企业取得其子公司及其他营业单位所支付的现金,扣除因取得该子公司及其他营业单位所支付的现金而支付的现金后的净额。本项目可以根据"长期股权投资"、"库存现金"、"银行存款"等科目的记录分析填列。

(9)"支付其他与投资活动有关的现金"项目,反映企业除了上述各项以外,支付其他与投资活动有关的现金流出。其他现金流出如果价值较大,应单列项目反映。本项目可以根据有关科目的记录分析填列。

(三)筹资活动发生的现金流量的编制方法

(1)"吸收投资收到的现金"项目,反映企业收到的投资者投入的现金,包括以发行股票、债券等方式筹集的资金而实际收到款项净额(发行收入减去支付的佣金等发行费用后的净额)。以发行股票、债券等方式筹集资金而由企业直接支付的审计、咨询等费用,在"支付其他与筹资活动有关的现金"项目中反映,不从本项目内减去。本项目可以根据"实收资本(或股本)"、"库存现金"、"银行存款"等科目的记录分析填列。

(2)"取得借款收到的现金"项目,反映企业举借各种短期、长期借款所收到的现金。本项目可以根据"短期借款"、"长期借款"、"库存现金"、"银行存款"等科目的记录分析填列。

(3)"收到其他与筹资活动有关的现金"项目,反映企业除上述各项目外,收到的其他与筹资活动有关的现金流入,如接受现金捐赠等。其他现金流入如果价值较大,应单列项目反映。本项目可以根据有关科目的记录分析填列。

(4)"偿还债务支付的现金"项目,反映企业以现金偿还债务的本金,包括偿还金融企业的借款本金、偿还债券本金等。企业偿还的借款利息、债券利息,在"分配股利、利润或偿付利息支付的现金"项目中反映,不包括在本项目内。本项目可以根据"短期借款"、"长期借款"、"库存现金"、"银行存款"等科目的记录分析填列。

(5)"分配股利、利润或偿付利息支付的现金"项目,反映企业实际支付的现金股利、支付给其他投资单位的利润以及支付的借款利息、债券利息等。本项目可以根据"应付股利"、"财务费用"、"长期借款"、"库存现金"、"银行存款"等科目的记录分析填列。

(6)"支付其他与筹资活动有关的现金"项目,反映企业除了上述各项外,支付的其他与筹资活动有关的现金流出,如捐赠现金支出、融资租入固定资产支付的租赁费等。其他现金流出如果价值较大,应单列项目反映。本项目可以根据有关科目的记录分析填列。

(四)汇率变动对现金的影响

该项目反映企业外币现金流量及境外子公司的现金流量折算为人民币时,所采用的现金流量发生日的汇率或平均汇率折算的人民币金额与"现金及现金等价物净增加额"中外币现金净增加额按期末汇率折算的人民币余额之间的差额。

(五)现金及现金等价物净增加额

该项目是指经营活动发生的现金流量净额、投资活动发生的现金流量净额、筹资活动发生的现金流量净额等三项之和。

第六节　会计报表的分析

会计报表分析是指利用会计报表所提供的信息和有关核算资料,运用比较、比率、连环替代和趋势等分析方法,对企业在一定时期的经营成果和某一特定日期的财务状况进行的全面、系统的分析。

企业的财务状况、经营状况,以及筹资、投资理财活动的历史资料,已具体反映在资产负债表、利润表和现金流量表等三大报表上。通览这些报表,虽然能够得到大量信息,但要进行成功决策,这些信息还显肤浅,还必须对会计报表进行更为全面、深入的分析,透过大量的数据抓住企业经营活动的实质,使数据由死变活,更加积极地发挥会计报表的作用。

一、会计报表分析的内容

会计报表使用者的不同,要求从会计报表中得到的信息也就不同,如企业的原料供应商主要关心该企业资金的流动性,因为这种赊销债权是短期的,只要通过流动性分析就能判断企业清偿短期债务的能力。企业的投资者主要关心企业目前收益、未来收益及稳定增长趋势如何,以预测其投资回报率的高低。企业的管理当局出于有效地进行调控的目的,也需要对财务报表做出全面而及时的分析。详尽的财务报表分析和对财务报表的解释,可以帮助管理人员考核企业过去的经营业绩,评估企业当前的经营、财务状况,评价各种投资机会,争取外部资金流入,并预测出企业实现未来经营目标的可能性及控制重点。总之,无论是企业的债权人、投资者,还是企业的管理当局,都需要而且可以通过会计报表分析手段使大量的会计报表数据更为条理化、形象化,并揭示这些数据的内在含义,以便于报表使用者做出正确决策。

会计报表分析的内容,大致如下:
(1)分析企业资产、负债和所有者权益的构成情况,评价企业的偿债能力;
(2)分析企业的盈利水平,评价企业的盈利能力;
(3)分析企业资产的使用效果,评价企业的资产营运能力。

二、会计报表分析的方法

企业会计报表的使用者,首先期望能通过会计报表分析了解企业的财务状况和经营成果,这就要求有某种衡量尺度,这种尺度大都体现为用两个相关财务数据对比求得的各种比率或指数。事实上,报表使用者若能掌握、分析和解释各种财务比率,远比单纯分析一些财务数据(绝对数)更能了解企业的财务状况和经营成果。其原因是相对数指标更能反映"质量"。

当然,关于财务报表上的数据及各种比率,更重要的是在比较中分析与解释它们的真正含义,仅仅是静态的描述是不够的,还要把若干年的财务数据或比率排列在一起,研究其变化规律,测定企业财务状况和经营成果在一个较长时期内的趋势,从更高要求上满足报表使用者对信息的需求。因此,在进行财务报表分析时,常常结合使用多种分析方法,以便能综合、全面地分析企业的财务状况和经营成果。

会计报表的分析方法主要有比率分析法、比较分析法、趋势分析法和连环替代法等四种,下面分别介绍这四种方法。

(一)比率分析法

比率分析法是指运用各种财务比率来分析判断企业资金的流动性、偿债能力,以及获利能力等情况的财务分析方法。按财政部1995年公布采用的新的企业经济效益评价指标体系,财务比率主要有销售利润率、总资产报酬率、资本收益率、资本保值增值率、资产负债率、流动比率、速动比率、应收账款周转率、存货周转率、社会贡献率、社会积累率。上述企业经济效益评价指标主要是从企业投资者、债权人,以及企业对社会的贡献等三个方面来考虑的。

下面逐一列出各种比率的计算方法,并对其进行解释。

1. 销售利润率

销售利润率是企业利润总额与产品销售净收入的比率,用来衡量企业销售收入的获利水平。该指标是一个正指标,越大越好,其计算公式如下:

$$\text{销售利润率} = \frac{\text{利润总额}}{\text{产品销售净收入}} \times 100\%$$

产品销售净收入是指扣除销售折让、销售折扣和销售退回之后的销售净额。销售利润率表明企业每取得100元销售净收入获得多少利润。

2. 总资产报酬率

总资产报酬率是企业利润总额加利息支出与平均资产总值的比率,用来反映企业全部资产的获利能力。该指标也是一个正指标,越高越好。高,表明企业全部资产的获利能力强,经济效益好,其计算公式如下:

$$\text{总资产报酬率} = \frac{\text{利润总额} + \text{利息支出}}{\text{平均资产总值}} \times 100\%$$

$$\text{平均资产总值} = \frac{\text{期初资产总值} + \text{期末资产总值}}{2}$$

注:"利息支出"之所以加到"利润总额"中,是考虑利息支出往往是作为"财务费用"从"利润总额"中减除,而利息是为了取得资产的成本,明显是资产营运的"效果"。因此,为计算总资产的真正报酬率,应将"利息支出"加到"利润总额"中。此外,也可以避免因资本结构不同而导致不同的利润。

3. **净资产收益率**

净资产收益率是指企业的净利润与所有者权益之间的比率,反映企业运用投资者投入资本来获得收益的能力。该指标是一个正指标,越高越好。高,说明投资者的投资获得了良好的回报。其计算公式为:

$$\frac{\text{净资产}}{\text{收益率}} = \frac{\text{净利润}}{\text{平均所有者权益}} \times 100\%$$

4. **资本保值增值率**

资本保值增值率是企业期末所有者权益总额与期初所有者权益总额之间的比率。它反映投资者投入企业资本的完整性和保全性。其计算公式为:

$$\frac{\text{资本保值}}{\text{增值率}} = \frac{\text{期末所有者权益总额}}{\text{期初所有者权益总额}} \times 100\%$$

资本保值增值率等于100%,为资本保值;资本保值增值率大于100%,为资本增值;资本保值增值率小于100%,为资本受到侵蚀。

上面四个比率是从投资者的角度出发,侧重反映企业的盈利能力和资本保值增值的情况。

5. **资产负债率**

资产负债率是负债总额与资产总额之间的比率。它反映企业负债水平的高低情况,即每100元资产中有多少元是以负债形式取得的。其计算公式为:

$$\text{资产负债率} = \frac{\text{负债总额}}{\text{资产总额}} \times 100\%$$

该指标用于衡量企业负债水平和风险程度。一般情况下,通过债务进行融资的成本小于权益资本成本,增加负债可以改善企业的获利能力,提高自由资金的收益率。但是负债又是一把双刃剑,负债过多会增加企业偿还利息的负担,财务风险较大。因此,如何合理的利用财务杠杆是十分重要的。一般认为,资产负债率在40%~60%合适,但是在不同行业、地区的企业对资产负债率的要求不尽相同,同一企业在不同的发展阶段的资产负债率也会有较大差异,例如成长期的资产负债率一般较高、衰退期的资产负债率则较低。

6. **流动比率**

流动比率是流动资产与流动负债之间的比率,反映企业在某一时点上偿付即将到期债务的能力,又称短期偿债能力比率。其计算公式为:

$$\text{流动比率} = \frac{\text{流动资产总额}}{\text{流动负债总额}}$$

流动比率表明企业每100元流动负债有多少元流动资产作为其偿付的后盾。

企业的流动比率越大,表明短期债务风险越小,对债权人越有保障。过大的流动比率也可能表明企业对资金未能有效运用,持有过多流动资产,也可能是企业在流动资产上占用的资金过多,如赊销业务增多应收账款增加或产销失衡、存货积压呆滞等;过小的流动比率可能造成流动性困难、经营风险增大等问题。通常认为流动比率以2∶1为好,但也要视企业的具体情况而定。如酒店业一般把流动比率保持在1.5∶1或更小较为稳妥。如果流动比率小与1,表明企业营运资金不足,短期偿债能力较弱。

另外,一些在流动资产总额中以现金和应收账款为主的企业,其流动性一般比主要由存货组成流动资产的企业要大些,原因在于"存货"的流动性没有"应收账款"的流动性强。因此,只计算流动比率尚不能准确地估计企业的资金流动性。

7. 速动比率

速动比率是速动资产与流动负债之间的比率,用来衡量企业在某一时点上运用随时可以变现的资产来偿付到期债务的能力,速动比率是对流动比率的补充,更能成为测定资金流动性的一个较为准确的尺度,也称酸性测试比率,其计算公式为:

$$速动比率 = \frac{速动资产}{流动负债}$$

$$速动资产 = 流动资产 - 存货 - 待摊费用 - 预付账款$$

通常情况下,1∶1被认为是较为正常的速动比率。与流动比率一样,速动比率不一定越高越好,并且行业对速动比率的影响较大。如商店几乎没有应收账款,该比率会大大低于1。

分析速动比率时还应注意速动资产中应收账款与短期投资(有价证券)的"变现质量"。它们有时在变现时也要折价,从而给速动比率带来一定程度的虚夸性。我们在计算速动比率时,往往还须计算应收账款周转率,就是为了确认应收账款的变现能力,让速动比率更能体现其真实面貌。

8. 应收账款周转率

应收账款周转率是赊销净额与应收账款平均余额之间的比率,用以衡量企业应收账款的流动性。其计算公式为:

$$\frac{应收账款}{周转率} = \frac{赊销收入净额}{应收账款平均余额}$$

$$\frac{赊销}{净额} = \frac{销售}{收入} - \frac{现销}{收入} - 销售退回、折让与折扣$$

$$\frac{应收账款}{平均余额} = \frac{期初应收账款余额 + 期末应收账款余额}{2}$$

应收账款周转率反映企业应收账款周转的快慢。一般认为应收账款周转率越高越好,因为它表明收款速度快,资金占用少,坏账损失可以减少,流动性高,偿债能力强,收账费用可能相应减少。

一般说来,企业的信用政策是以货款收现期的长短如 20 天、30 天等来表示的。所以,应收账款周转率有时换算为另一个指标——"应收账款平均收款期"。其计算公式为:

$$\frac{应收账款}{平均收款期} = \frac{1}{应收账款周转率} \times 360 \text{ 天}$$

虽然一般认为应收账款平均收款期太长,对企业资金周转不利,但如果平均收款期太短,则表明该企业奉行较紧的信用政策,有可能因此不适当地削减了部分营业额,使实际得到的利润少于本来可以得到的利润。

需要说明一点的是,企业赊销资料为商业机密,计算应收账款周转率所用的赊销净额可能用销售总额代替。

9. 存货周转率

存货周转率是产品销售成本与平均存货成本之间的比率。它反映企业在一定时期内存货资产的周转次数。其计算公式为:

$$存货周转率 = \frac{销售成本}{存货平均余额}$$

$$\frac{存货平均}{余额} = \frac{期初存货余额 + 期末存货余额}{2}$$

在对存货周转率进行比较分析时,要谨慎小心地对比率的意义加以解释。一般而言,存货的周转率越高,表明企业的存货管理效率越高,存货资金得以有效利用。然而,太高的存货周转率则可能是存货水平太低或库存经常中断的结果,企业也许因此而丧失某些生产销售机会。

另外,存货是一个高度综合的项目,包括的内容多,企业应根据需要按类别对主要存货分别计算其周转率,检查彼此间的比例是否合理。

上面的 5 个比率(5—9)是从债权人角度出发,侧重反映企业的财务状况,即企业资产负债水平和偿债能力。

10. 社会贡献率

社会贡献率是企业社会贡献总额与平均资产总额之间的比率。它反映企业运用全部资产为国家或社会创造或支付价值的能力。计算公式为:

$$社会贡献率 = \frac{企业社会贡献总额}{平均资产总额}$$

企业社会贡献总额,即企业给国家或社会创造或支付的价值总额,包括工资(含奖金,津贴等工资性收入)、劳保退休统筹及其他社会福利支出、利息支出净额、应交增值税、应交产品销售税金及附加、应交所得税、其他税收、净利润等。社会贡献率越高,说明企业对社会的贡献越大。

11. 社会积累率

社会积累率是上交国家财政总额与企业社会贡献总额之间的比率。它反映企业社会贡献总额中多少用于上交国家财政。其计算公式为：

$$社会积累率 = \frac{上交国家财政总额}{企业社会贡献总额} \times 100\%$$

上交国家财政总额包括应交增值税、应交产品销售税金及附加、应交所得税、其他税收等。

上面的两个比率(10、11)是从国家或社会的角度来看,侧重于反映企业对国家或社会的贡献水平。

在应用财务比率做出决策时,需要注意的是,任何一项财务比率都不足以判断企业的财务状况和经营成果,只有综合分析了一组比率,才能做出合理的判断。这样在运用各种比率分析企业的财务状况和经营成果时,应做到以下两点。

(1)应把企业现在的财务比率与其过去同期比率或未来预计的比率相比较。如将企业本年末的流动比率和上年末的流动比率进行对比,分析企业的资金状况是否得到改善,抑或有所恶化,从而促使管理人员采取相应措施,以加速资金的周转。

(2)将企业的财务比率与同一行业的其他企业的比率或行业平均数相比较,更深入地了解本企业与所在行业平均水平的财务状况和经营成果的差异,这就要求各企业的会计资料应该尽可能地加以标准化,使财务比率具有可比性和可比依据,否则千辛万苦整理、计算出来的财务比率将无法说明任何问题。

(二)比较分析法

比较分析法是财务报表分析中最常见的一种方法,有比较才会有差异。它是指将实际数据同特定的各种标准相比较,进行差异分析或趋势分析的一种分析方法。用于比较分析的指标,可以是绝对数指标,也可以是相对数指标;可以是企业的总括指标,也可以是局部指标。一般来说,绝对数指标差异能够说明差异金额,但是不能表明变动的程度,而相对数指标差异能够弥补这一不足之处。

实际工作中运用比较分析法主要有下列"三比"。

(1)比计划。将实际指标与计划或定额指标对比,检查计划或定额指标的完成情况。

(2)比前期。将本期实际指标与以前(上期、上年同期与历史最好水平)的实际指标对比,观察企业经济活动的变动情况和变动趋势,了解企业生产经营活动是向好的方面还是向坏的方面转化。

(3)比先进。将本企业、企业内部某单位报告期的实际指标与先进企业或其企业内先进单位同期所完成的指标比较,可以在更大范围内找差距,学先进,推动企业改进经营管理。

在运用比较分析法时,有一点特别重要,即用于对比分析的指标一定要是同质指标的对比,指标的口径大小、计算方法一定要相同,否则,对比指标不具备可比性,比较分析的结果也就无指导意义。

现以表 9-13 中的资料为例说明比较分析法的应用。

表 9-13 某企业产品单位成本比较表

20×8 年度

项 目	计量单位	上年实际平均单位成本	本期计划单位成本	本期实际单位成本	比上年实际	比本期计划
一、可比产品						
甲种产品	台	21 000	2 000	1 900	−200	−100
乙种产品	件	520	500	510	−10	+10
二、不可比产品						
丙种产品	件		120	110	—	−10

从表 9-13 中的资料可以看出,该企业 200×年甲种产品的实际单位成本较上年实际和本期计划分别降低了 200 元和 100 元;丙种产品本期实际单位成本 110 元,因为是不可比产品,只能与计划比较,比较结果,降低 10 元。以上甲、丙两种产品在降低成本方面都取得了成绩。乙种产品本期实际平均单位成本较上年实际降低了 10 元,但较本年同期计划超支 10 元,说明该产品单位成本未完成本期计划。甲、丙两种产品成本降低,成绩是怎样取得的,还存在哪些问题,乙种产品未完成计划的原因是什么,都要做进一步分析。

对表 9-13 中的资料的对比分析,是从绝对数的角度进行的。也可从相对数的角度进行对比分析,如从相对数角度分析甲种产品的单位成本计划完成情况,可计算下面的指标:

$$\text{甲种产品单位成本计划完成相对数} = \frac{\text{实际单位成本}}{\text{计划单位成本}} \times 100\%$$

$$= \frac{1\ 900}{2\ 000} \times 100\% = 95\%$$

可见,甲种产品的单位成本从相对数角度看,超额完成 5%。

比较分析法使我们从量上获得了差异,但差异形成的原因,还需要借助其他分析方法去寻找。

(三)趋势分析法

趋势分析法实际上是财务报表及财务比率比较分析的延伸,它是通过较长时期(通常是 5 年或 10 年)的数据或比率的比较,揭示财务报表上各项目或重要的财务比率的变动趋势,从而对企业未来的财务状况及经营成果做出相应的预测。

趋势分析多采用图解法,或采用数学模型(如回归方程)的方法。这些比较直观,使分析者容易发现一些仅看报表不易发现的财务关系。

(四)连环替代法

连环替代法又称因素分析法,用来分析经济因素的影响,测定各个因素对综合经济指标影响程度的一种分析法。现以材料费用总额的变动分析为例,说明这一分析方法的特点。

影响材料费用总额的因素,按其相互关系可归纳为三个:产品产量、单耗(即单位产品的材料消耗量)、材料单价。按各因素的依存关系,列成的分析计算式为:

材料费用总额＝产品产量×单耗×材料单价,即
$$M = Q \times C \times P$$

M、Q、C、P 分别代表材料费用总额、产品产量、单耗、材料单价。再以"1"代表实际状况或报告期状况,以"0"代表计划期或基期状况。

假定上述指标的计划和实际资料如表 9-14 所示。

表 9-14　材料费用的实际和计划指标

指　　标	单　位	计　划(0)	实　际(1)	差　异
产品产量(Q)	件	20	21	+1
单位产品材料消耗量(C)	公斤	18	17	−1
材料单价(P)	元	10	12	+2
材料费用总额(M)	元	3 600	4 284	+684

首先,以材料费用总额的实际数(M_1)与计划数(M_0)对比,确定实际与计划的差异数,作为分析对象:$M_1 - M_0 = Q_1 \times C_1 \times P_1 - M_0 = 4\ 284 - 3\ 600 = 684$(元)。这一差异总额,是产品产量($Q$)、单耗($C$)、材料单价($P$)三个因素的实际脱离计划而导致的,是三个因素共同作用的结果。

明确了分析对象之后,按照上述计算式中各因素的排列顺序,用连环替代法测定各因素变动对材料费用总额变动的"贡献"。计算程序如下。

(1)以计划期或基期状况为基础。

(2)确定各因素的替代顺序,一般是根据各因素的重要性确定顺序。按照确定的程序,依次以各因素的实际值替换标准值,直到所有因素都被替换成实际值为止。形象地用符号显示其状况变化如下:

状况(Q_0, C_0, P_0)→状况(Q_1, C_0, P_0)→状况(Q_1, C_1, P_0)→状况(Q_1, C_1, P_1)

(3)每次替换后,计算替换前后两个指标数值的差,两者的差额就是该因素变动对综合经济指标总变动的"贡献",借用上面状况变化的显示,本例各因素的变

动对总变动的"贡献"可计算如下：

$Q_1 \times C_0 \times P_0 - Q_0 \times C_0 \times P_0$（产量变动对总变动的"贡献"）

$Q_1 \times C_1 \times P_0 - Q_1 \times C_0 \times P_0$（单耗变动对总变动的"贡献"）

$Q_1 \times C_1 \times P_1 - Q_1 \times C_1 \times P_0$（材料价格变动对总变动的"贡献"）

上面的三式相加的结果为：

$(Q_1 \times C_0 \times P_0 - Q_0 \times C_0 \times P_0) + (Q_1 \times C_1 \times P_0 - Q_1 \times C_0 \times P_0) + (Q_1 \times C_1 \times P_1 - Q_1 \times C_1 \times P_0) = Q_1 \times C_1 \times P_1 - Q_0 \times C_0 \times P_0$

即综合经济指标的总变动等于各影响因素对总变动的"贡献"的代数和。

从第三步的计算中，可以看出一个特点：第一次计算使用的尾项，正是第二次计算使用的首项，如此类推，这是连环替代法的命名由来。

将表中的资料代入第三步的计算式中，有如下结果：

$Q_1 \times C_0 \times P_0 - Q_0 \times C_0 \times P_0 = 21 \times 18 \times 10 - 20 \times 18 \times 10 = 3\,780 - 3\,600 = 180$（元）（产量变动影响）

$Q_1 \times C_1 \times P_0 - Q_1 \times C_0 \times P_0 = 21 \times 17 \times 10 - 20 \times 18 \times 10 = 3\,570 - 3\,780 = -210$（元）（单耗变动影响）

$Q_1 \times C_1 \times P_1 - Q_1 \times C_1 \times P_0 = 21 \times 17 \times 12 - 21 \times 17 \times 10 = 4\,284 - 3\,570 = 714$（元）（材料单价变动影响）

合计 $Q_1 \times C_1 \times P_1 - Q_0 \times C_0 \times P_0 = 684$（元）

通过计算可以看出：材料费用总额实际数超过计划数684元，这是以下三个方面共同影响的结果：(1)产量的提高，使材料费用总额增加180元，这是正常的；(2)单耗的降低，使材料费用总额节约210元，这证明生产单位在成本节约方面取得了成绩，值得奖励；(3)材料价格的上升，使材料费用总额增加714元，这一增加额是由于材料的供求关系环节的脱节决定了其采购价格不可避免的上涨，还是采购部门的违法乱纪行为所导致的，值得认真分析。

通过连环替代法，我们分清了"混合"的总变动中各因素的变动影响额到底有多大。这对于加强管理、分清责任是有帮助的。

从上述计算程序中，可以看出连环替代法具有以下特点。

(1)计算程序的连环性。上述计算是按规定顺序，逐次以一个因素的实际数替换其计划数或基期数。除第一次替换外，每个因素替换都是在前一个因素已被替换的基础上进行的。

(2)因素替换的顺序性。使用连环替代法的一个重要问题是，如何确定各因素的替换顺序。对同一现象，如果改变各因素的替换顺序，则所得出的分析结果不同。在确定各因素的替换顺序时，通常的取舍标准是：在分析因素中，如果既有数量指标又有质量指标，则应先查明数量指标的变动影响，然后再查明质量指标的变动影响；如果既有实物量指标又有价值量指标，则一般先替换实物量指标，再替换价值量指标。如果有几个数量指标和质量指标,就要分析哪个是基本因素,哪个是从属因素;哪个是主要因素,哪个是次要因素,然后根据它们的相互依存关系确定替换顺序。

(3)计算结果的假定性。运用连环替代法测定某一因素变动影响时,是以假定其他因素不变为条件的,而实际情况并非如此,各因素之间也相互影响。因此,连环替代法的计算结果只能说明是在某种假定条件下的结果。

习 题 九

一、单项选择题

1. 某企业"应收账款"科目月末借方余额 20 000 元,其中:"应收甲公司账款"明细科目借方余额 15 000 元,"应收乙公司账款"明细科目借方余额 5 000 元。"预收账款"科目月末贷方余额 15 000 元,其中:"预收 A 工厂账款"明细科目贷方余额 25 000 元,"预收 B 工厂账款"明细科目借方余额 10 000 元。则月末该企业资产负债表中"应收账款"项目的金额为( )元。

   A. 20 000　　　　B. 5 000　　　　C. 15 000　　　　D. 30 000

2. 下列属于静态报表的是( )。

   A. 资产负债表　　B. 现金流量表　　C. 利润表　　　　D. 利润分配表

3. 如果某企业本月利润表中的营业收入为 50 000 元,营业成本为 45 000 元,营业税金及附加为 4 000 元,管理费用为 100 元,财务费用为 50 元,销售费用为 50 元,则其营业利润应为( )元。

   A. 1 000　　　　B. 1 500　　　　C. 1 400　　　　D. 800

4. 下列项目中,不包括在利润表中的是( )。

   A. 销售费用　　　B. 管理费用　　　C. 制造费用　　　D. 财务费用

5. 下列资产负债表项目中,应根据多个总账科目余额计算填列的是( )。

   A. 应付账款　　　B. 盈余公积　　　C. 未分配利润　　D. 长期借款

6. 资产负债表中的资产项目和负债项目都是按其( )排列的。

   A. 流动性　　　　B. 重要性　　　　C. 有用性　　　　D. 随意性

7. 在企业下述流动资产项目中,流动性最强的是( )。

   A. 存货　　　　　B. 应收账款　　　C. 银行存款　　　D. 预付账款

8. 如果"应付账款"账户所属的明细账中有借方余额,则该余额数应填入资产负债表中的( )项目。

   A. 应收账款　　　B. 应付账款　　　C. 预收账款　　　D. 预付账款

9. 编制多步式利润表的第一步,应( )。

   A. 以营业收入为基础,计算营业利润

B. 以营业收入为基础,计算利润总额

C. 以营业利润为基础,计算利润总额

D. 以利润总额为基础,计算净利润

10."偿还债务支付的现金"属于现金流量表中（　　）产生的现金流量。

A. 经营活动　　　B. 筹资活动　　　C. 投资活动　　　D. 分配活动

二、多项选择题

1. 资产负债表中"货币资金"项目,应根据（　　）等账户期末余额的合计数填列。

A. 库存现金　　　B. 银行存款　　　C. 应收票据　　　D. 其他货币资金

2. 以下（　　）属于资产负债表的项目内容。

A. 货币资金　　　B. 应交税费　　　C. 未分配利润　　　D. 所得税费用

3. 现金流量表中的"现金"是指的广义的现金,它包括（　　）。

A. 库存现金　　　B. 银行存款　　　C. 其他货币资金　　　D. 现金等价物

4. 下列各项中,属于中期财务报告的有（　　）。

A. 月度财务会计报告　　　　　　B. 季度财务会计报告

C. 年度财务会计报告　　　　　　D. 半年度财务会计报告

5. 下列各项目中,影响营业利润金额的项目是（　　）。

A. 主营业务收入　　B. 投资收益　　C. 管理费用　　D. 营业外收入

6. 需根据明细科目余额计算填列的资产负债表项目有（　　）。

A. 应付账款　　　B. 货币资金　　　C. 长期待摊费用　　　D. 应收账款

7. 下列资产负债表的项目中可直接根据有关总分类账户余额填列的是（　　）。

A. 货币资金　　　B. 短期借款　　　C. 实收资本　　　D. 资本公积

8. 以下（　　）利润表项目需根据两个损益类账户分析填列。

A. 营业税金及附加　　　　　　B. 营业收入

C. 营业成本　　　　　　　　　D. 投资收益

9. 现金流量表主要是从现金流入和流出两个方面反映企业在一定会计期间内（　　）的动态情况。

A. 经营活动　　　B. 投资活动　　　C. 分配活动　　　D. 筹资活动

10. 多步式利润表分三步计算出利润总额,这三步是（　　）。

A. 计算主营业务利润　　　　　　B. 计算营业利润

C. 计算利润总额　　　　　　　　D. 计算净利润

三、判断题

1. 资产负债表中的"固定资产"项目应包括融资租入固定资产的价值。

（　　）

2. 用银行存款清偿20万元的债务会引起现金流量净额的变动。　　（　　）
3. 利润表中"营业税金及附加"项目不包括增值税。　　（　　）
4. 资产负债表资产类存货项目一般包括企业的全部流动资产。　　（　　）
5. 利润表中的"本月数"是指本月实际发生数,它不包括上月发生数。（　　）
6. 企业的利润分配表中,可供分配的利润减去应付利润后等于未分配利润。
　　　　　　　　　　　　　　　　　　　　　　　　　　　（　　）
7. 利润分配表中"未分配利润"项目的金额应同资产负债表中"未分配利润"项目的期末余额一致。否则,报表编制肯定有误。　　（　　）
8. "固定资产"项目,应根据"固定资产"科目的期末余额,减去"累计折旧"和"固定资产减值准备"科目的期末余额后的金额填列。　　（　　）
9. 资产负债表中的"未分配利润"是根据"利润分配"账户的期末余额直接填列的。　　　　　　　　　　　　　　　　　　　　　　　（　　）
10. 资产负债表中的"存货"项目,应根据"在途物资"、"原材料"、"周转材料"、"库存商品"、"生产成本"等科目期末余额的合计数填列。　　（　　）

四、填空题

1. 资产负债表以会计等式_____为理论依据。
2. 现金流量表应当就经营活动、投资活动和_____这三项活动展示企业有关现金流量的全部信息。
3. 利润表是反映企业在一定会计期间_____的报表。
4. 用现金购买办公用品属于_____产生的现金流量。
5. "预付账款"科目明细账中如果有贷方余额,则应将其记入资产负债表中的_____项目。
6. 某企业20×8年8月底"本年利润"账户的期末贷方余额为5 000元,"利润分配"账户的期末贷方余额为800元,则"未分配利润"项目在资产负债表中应填列_____元。
7. 某企业期末"原材料"科目的余额为100万元,"生产成本"科目余额为5万元,"库存商品"科目的余额为140万元,"工程物资"科目的余额为200万元,则该企业期末资产负债表中"存货"项目的金额为_____万元。
8. 利润表应根据_____类账户的本期发生额分析计算填列。
9. 某企业8月底"预收账款"总账户期末借方余额为2 000元,其明细账户情况为:"预收账款——甲"期末借方余额为10 000元,"预收账款——乙"期末贷方余额为8 000元,则预收款项项目在资产负债表中应填列_____元。
10. 现金流量表,是指反映企业在一定会计期间的_____流入和流出的会计报表。

五、实训题

1. 黄河公司20×8年5月31日的总分类账户期末余额如下表所示：

账户名称	借方余额	贷方余额
库存现金	900	
银行存款	42 000	
其他货币资金	2 100	
原材料	60 000	
在途物资	20 000	
生产成本	5 000	
库存商品	10 000	
包装物	700	
应收账款	8 000	
其中:甲公司	9 000	
乙公司		1 000
预付账款	12 000	
其中:丙公司	14 000	
丁公司		2 000
应付账款		26 400
其中:A单位		30 000
B单位	3 600	
预收账款		8 000
其中:D单位		10 000
E单位	2 000	
长期借款		80 000
其中:一年内到期		20 000
应付债券		50 000
其中:一年内到期		10 000
利润分配		60 000
本年利润		140 000

要求:根据以上账户期末有关资料,计算资产负债表中有关项目：
(1)货币资金
(2)存货
(3)应收账款
(4)预付款项
(5)预收款项

(6)应付账款

(7)一年内到期的非流动负债

(8)未分配利润

2.长城公司 20×8 年 12 月 31 日有关账户的期末余额情况如下：

账户名称	借方余额	账户名称	贷方余额
库存现金	5 400	累计折旧	13 000
银行存款	256 600	短期借款	32 000
应收票据	22 000	应付账款	16 000
应收账款	26 000	应付职工薪酬	1 680
原材料	16 000	应交税费	15 589
生产成本	38 000	应付股利	30 000
库存商品	15 560	预收账款	300
固定资产	101 000	长期借款	25 000
		盈余公积	36 190
		利润分配	10 801
		实收资本	300 000
合计	480 560	合计	480 560

要求：根据以上资料，编制长城公司 20×8 年资产负债表。（不考虑年初余额）

3.海岛公司 20×8 年 1 月份有关账户发生额资料如下：

账户名称	借方发生额	贷方发生额
主营业务收入		15 000
主营业务成本	5 000	
营业税金及附加	3 000	
销售费用	1 200	
管理费用	1 200	
财务费用	800	
其他业务收入		5 000
其他业务成本	1 500	
营业外收入		2 200
营业外支出	1 500	
所得税费用	2 000	

要求：根据以上资料编制海岛公司 20×8 年 1 月份利润表。

4.方舟公司 20×8 年 9 月 1 日有关会计科目的余额如下：

账户名称	借方余额	账户名称	贷方余额
库存现金	600	短期借款	4 500
银行存款	31 800	应付票据	7 600
应收票据	6 800	应付职工薪酬	17 800
原材料	6 500	应交税费	3 400
库存商品	7 600	其他应付款	1 500
固定资产	24 000	实收资本	60 500
长期股权投资	21 000	利润分配	26 000
在建工程	18 000		
无形资产	5 000		
合计	121 300	合计	121 300

方舟公司为一般纳税人，20×8年9月份发生以下经济业务。

(1)购入A材料，价款6 000元，增值税1 020元，材料已验收入库，款项以银行存款支付。

(2)销售丙产品一批，价款为50 000元，增值税为8 500元。款项收到存入银行。该批产品的成本为15 000元。

(3)购入不需要安装的设备一台，价款为10 000元，增值税为1 700元，运杂费1 300元，款项以银行存款支付。设备已经交付使用。

(4)生产车间为生产甲产品领用A材料，价款5 000元。

(5)以银行存款归还短期借款4 500元及本月借款利息1 000元。

(6)以银行存款支付管理人员的工资薪酬21 000元。

(7)分配本月工资费用47 000元(其中，生产甲产品工人工资20 000元，生产丙产品工人工资12 000元，车间管理人员工资15 000元)。

(8)按照生产工人工资分配结转本月制造费用。

(9)结转本月完工丙产品成本8 000元。

(10)结转上述业务涉及的各损益类账户。

(11)按25%的所得税率计算本月所得税费用，结转后予以支付。

要求：

(1)根据上述资料，编制9月份相关会计分录；

(2)结出各账户的本期借贷方发生额和期末余额；

(3)编制方舟公司资产负债表。

5.大东公司20×8年11月发生下列销售业务：

(1)销售甲产品1 000件，货款200 000元和销项税额34 000元，款项均收到存入银行；销售乙产品400件，货款100 000元和销项税额17 000元，款项尚未收到；

(2)用银行存款支付销售过程中发生的运杂费1 000元和广告费2 500元；

(3)结转已销产品成本,甲产品销售1 000件,乙产品销售400件,甲产品单位产品成本150元/件,乙产品单位产品成本200元/件；

(4)本月销售的产品应负担消费税为24 000元；

(5)计算本月发生的短期借款利息3 000元；

(6)汇总本月发生的管理费用10 000元,其中500元已用现金支付,9 500元尚未支付；

(7)企业本月将未用的成本价为5 000元的材料进行销售,价款8 000元,增值税1 360元,款项已收到存入银行；

(8)本月取得罚款收入15 000元,存入银行;同时因自然灾害毁损的原材料的价款5 000元,已处理完毕；

(9)月末结转"本年利润"账户；

(10)假定本月投资收益10 500元,所得税税率适用25%。

要求：

(1)编制业务(1)～(9)的会计分录；

(2)编制大东公司利润表。

参考答案

习题一

一、
1. B 2. A 3. C 4. B 5. A
6. C 7. A 8. D 9. A 10. C

二、
1. A C 2. A B C D 3. A B D 4. A B D 5. A D
6. B D 7. A B C D 8. A B C D 9. A B C 10. B C D

三、
1. × 2. × 3. × 4. × 5. ×
6. √ 7. × 8. √ 9. √ 10. ×

四、
1. 货币
2. 真实可靠,内容完整
3. 经济实质
4. 可理解性
5. 及时性
6. 提高经济效益
7. 重要性
8. 会计报表
9. 两个或两个以上
10. 反映

习题二

一、
1. D 2. C 3. C 4. B 5. B
6. B 7. D 8. C 9. B 10. C

二、
1. A C D 2. A B 3. A B 4. A C D 5. A C D
6. A D 7. A C D 8. A C D 9. B C D 10. A B C D

三、
1. × 2. × 3. × 4. × 5. ×
6. × 7. × 8. √ 9. × 10. ×

四、
1. 收入、费用、利润
2. 所有者权益
3. 两个或两个以上
4. 所有者权益
5. 825
6. 权益
7. 贷方
8. 有借必有贷、借贷必相等
9. 另一项资产减少

10.资产、负债、所有者权益

五、略

习题三

一、
1. C 2. B 3. D 4. C 5. A
6. A 7. B 8. D 9. C 10. B

二、
1. A C 2. A B 3. B C 4. B C D 5. C D
6. B C 7. C D 8. B C D 9. A B C D 10. B C

三、
1. × 2. × 3. √ 4. √ 5. √
6. √ 7. × 8. × 9. × 10. √

四、
1. 复式记账法 2. 有借必有贷,借贷必相等 3. 试算平衡
4. 借贷记账法 5. 20 000 000 6. 两个或两个以上
7. 平行登记法 8. 权益 9. 其他应收款
10. 生产成本

五、略

习题四

一、
1. D 2. A 3. B 4. D 5. D
6. C 7. C 8. A 9. B 10. C

二、
1. A C D 2. A D 3. A B 4. B C D 5. A B C D
6. A B D 7. B C 8. B C D 9. A B D 10. B D

三、
1. × 2. × 3. × 4. × 5. √
6. × 7. √ 8. × 9. × 10. ×

四、
1. 主营业务收入 2. 4 000 3. 利润分配
4. 营业税金及附加 5. 销售费用 6. 制造费用
7. 财务费用 8. 生产成本 9. 所得税费用

10.损益

五、略

习题五

一、
1. C　　　　2. B　　　　3. D　　　　4. A　　　　5. C
6. A　　　　7. D　　　　8. A　　　　9. C　　　　10. D

二、
1. A B D　　2. A C D　　3. B D　　4. A C D　　5. B C D
6. C D　　　7. C D　　　8. A B C　9. A B D　　10. A C D

三、
1. ×　　　　2. ×　　　　3. ×　　　　4. √　　　　5. ×
6. √　　　　7. √　　　　8. ×　　　　9. √　　　　10. ×

四、
1. 备抵附加　　　　　2. 借　　　　　　　　3. 固定资产
4. 费用　　　　　　　5. 债权债务结算账户　6. 借
7. 减少数　　　　　　8. 借　　　　　　　　9. 附加
10. 权责发生制

习题六

一、
1. B　　　　2. A　　　　3. C　　　　4. A　　　　5. C
6. B　　　　7. A　　　　8. C　　　　9. D　　　　10. D

二、
1. B C D　　2. B D　　　3. A D　　　4. A B C D　5. A B C
6. B C D　　7. A C　　　8. A C D　　9. A B C D　10. A B C

三、
1. ×　　　　2. ×　　　　3. √　　　　4. √　　　　5. ×
6. ×　　　　7. ×　　　　8. ×　　　　9. ×　　　　10. ×

四、
1. 自制原始凭证　　　2. 汇总原始凭证　　　3. 原始凭证
4. 转账凭证　　　　　5. 发货单　　　　　　6. $99\frac{1}{2}$和$99\frac{2}{2}$
7. 累计凭证　　　　　8. 付讫　　　　　　　9. 登记账簿
10. 伍万零玖元肆角整

习题七

一、
1. D 2. C 3. A 4. A 5. B
6. A 7. A 8. C 9. D 10. B

二、
1. A C D 2. A B D 3. A B 4. A B 5. A B
6. A B C 7. A B C 8. A C D 9. A B C 10. A B D

三、
1. × 2. × 3. × 4. √ 5. ×
6. × 7. √ 8. × 9. × 10. ×

四、
1. 备查账簿 2. 会计报表 3. 总分类账户
4. 卡片式 5. 数量金额式账簿 6. 划线更正法
7. 三栏式 8. 账证核对 9. 三栏式
10. 单价

习题八

一、
1. B 2. D 3. C 4. B 5. D
6. B 7. D 8. C 9. A 10. B

二、
1. C D 2. B D 3. A D 4. B C D 5. A B D
6. A B C D 7. A C 8. A C D 9. A D 10. A C D

三、
1. √ 2. √ 3. √ 4. × 5. ×
6. √ 7. × 8. √ 9. √ 10. ×

四、
1. 盘存单 2. 局部清查
3. 库存现金盘点表 4. 银行存款日记账
5. 永续盘存制 6. 未达账项
7. 银行存款余额调节表 8. 管理费用
9. 待处理财产损溢——待处理流动资产损溢 10. 实地

习题九

一、
1. D 2. A 3. D 4. C 5. C
6. A 7. C 8. D 9. A 10. B

二、
1. A B D 2. A B C 3. A B C D 4. A B D 5. A B C
6. A C D 7. B C D 8. B C 9. A B D 10. B C D

三、
1. √ 2. √ 3. √ 4. × 5. √
6. × 7. √ 8. √ 9. × 10. ×

四、
1. 资产＝负债＋所有者权益 2. 筹资活动 3. 经营成果
4. 经营活动 5. 应付账款 6. 5 800
7. 240 8. 损益 9. 8 000
10. 现金和现金等价物

五、略